文化の枢軸

戦前日本の文化外交とナチ・ドイツ

清水雅大
Masahiro Shimizu

九州大学出版会

文化の枢軸――戦前日本の文化外交とナチ・ドイツ／目　次

凡　例

- 人名は原則として初出のみフルネームで記しているが、ファーストネームが不明な者はその限りではない。
- 「満洲」、「満洲事変」、「満洲国」、「対文文化事業」、「第三帝国」などは、当時の特定の立場からの表現であり、本来はすべて括弧をつけて表記すべきであるが、本書では繁雑さを避けるために、これらが歴史的用語であることを確認したうえで括弧をはずして用いる。
- 本書では出典表記に際して、基本的にはいわゆるハーヴァード方式で記しているが、一次史料などで出典情報量が多く、かえって繁雑になる場合には註で示した。
- 史料からの引用に際して、旧字体は新字体に改めた。
- 史料、文献からの引用文中の〔 〕は、特に断りのない限り、すべて引用者による補足である。
- 史料、文献からの引用文中の［…］は、特に断りのない限り、すべて引用者による省略を示す。
- 史料、文献からの引用文中の傍点強調は、特に断りのない限り、すべて引用者による。
- 本書で中心的に用いる一次史料である外務省記録については、外務省外交史料館で直接参照したものと、アジア歴史資料センターのデジタル史料の両方を利用しているが、より簡易に検証が行えるように、全史料について、巻末の「史料・参考文献」一覧表に外交史料館の分類番号とアジア歴史資料センターのレファレンスコードを併記している。
- 本文および引用文中の国名・都市名の宛字・省略表記は以下を参照（「米」「英」など一般に認知されているものは省略）。

亜爾然丁　アルゼンチン	維納　ウィーン	泰国　タイ	洪牙利　ハンガリー
漢堡　ハンブルク	比島　フィリピン	芬蘭　フィンランド	伯剌西爾　ブラジル
勃牙利　ブルガリア	白耳義　ベルギー	伯林　ベルリン	波蘭　ポーランド
葡萄牙　ポルトガル	莫斯科　モスクワ	羅馬尼　ルーマニア	羅馬　ローマ

序　章

問題の所在と先行研究

1938 年 7 月 17 日，日独伊親善協会の主催で実施された「防共富士登山」。
富士山頂にて。
出典：『写真週報』第 25 号，1938 年 8 月 3 日（JACAR Ref. A06031062000）

戦時日独関係における政治外交と文化交流についての研究状況

第一次世界大戦後に構築された国際秩序、ヴェルサイユ＝ワシントン体制下において相対的に安定していた一九二〇年代の国際関係は、三〇年代に入ると東アジアとヨーロッパの両地域において大きく変動していく。すなわち、東アジアにおいては、満洲事変（三一年九月一八日）、満洲国の成立（三二年三月一日）といった事件に端を発する日本の中国侵略が漸次的に拡大していく。他方、ヨーロッパにおいては、アドルフ・ヒトラーの「権力掌握」によるナチ政権の成立（三三年一月三〇日）以後、ドイツの対外侵略的な政策が段階的に発動していく。既存の国際秩序の修正ないしは否定する動きを強める日本とナチ・ドイツは、三三（昭和八）年には国際連盟を脱退（日本三月、ドイツ一〇月）し、その後も国際的孤立への道を歩んでいく。それぞれの膨張政策によって国際的孤立を深める日本とナチ・ドイツが、次第に相互に政治的な結びつきを強めていくことは、一見するとなかば必然であったようにも見えるが、当初からそうであったわけではない。両国の政治的提携が最初に具体化するのは、三六年一一月二五日の日独防共協定の締結によってであるが、これを皮切りに、両国間の政治的提携の努力は、四〇年九月二七日の日独伊三国同盟条約の締結に結実する。とはいえ、四〇年の軍事同盟成立に至る過程も、決して直線的・単線的なものではなかった。そこでは日独双方における複数のアクターが対立的に存在し、錯綜する彼らの政策路線は、国内の政治状況や国際環境の変転にも大きく左右されるものであった。

日独伊三国同盟の成立は、アジアとヨーロッパで個々に展開されていた戦争が世界戦争へと発展する、すなわち地域の枠を越えてグローバルに構造的に結びつく契機となった（油井 二〇〇五、二四一頁）。それゆえ、戦争拡大要因としての三国同盟形成過程の解明は、先行研究によってすでに早くから取り組まれてきた(1)。それら諸研究の成果によって、三国同盟成立に至る具体的経緯（三宅 一九七五）、同盟間の軍事協力の実態および世界戦争の展開における枢軸国の戦略的動向（Martin 1969、荒井 一九七九、クレープス 二〇〇八）、枢軸国と連合国――とりわけアメリカとソ連――との交渉過程（義井 一九七七［増補版一九八七］、三宅 二〇〇七）などが実証的に明らかにされてきた。[2]また、従来は単なるイデオロギーの協定として、かつ軍事同盟成立の前史として扱われがちであった日独防共協定についても、田嶋（一九九七、二〇一七）によって見直しがなされ、日独双方におけるこの協定の戦略的位置づけが斬新に論じられている。これら諸研究を通じて明らかにされてきたように、総じて日独双方における複数の外交路線とそれらの相克、そしてめまぐるしく変転する国際環境を背景とした枢軸同盟の形成過程は、それ自体が蜿蜒たるものであった。また、公式の「友好」関係の内実はさまざまな矛盾に満ちみちており、そうした矛盾は両国の戦争遂行過程のなかでますます露呈した。

三〇年代後半から四五年までのあいだには、日独同盟関係のさらなる発展・強化を試みる動きのなかで、政治外交・軍事の分野だけでなく、そのほかのあらゆる分野における両国の提携・協力関係の構築が目指された。その過程においては、「日独友好」の大々的なプロパガンダが繰り返し発せられながら、日本とドイツの強固な結びつきが声高に謳われた。しかしながら、当該時期の日独関係はこれまで一般にイメージされ、やや一面的に認識されてきたような全般的な友好・協力関係ではなく、実態はそれとは大きくかけ離れており、さまざまな局面における対立・摩擦を含む多面的な関係であった（工藤・田嶋編 二〇〇八a、二〇〇八b、二〇〇八c）。日独関係史研究が三国同盟形成過程に重きを置いていた段階では、その研究関心は主に政治外交・軍事戦略的な側面に集中していた。しかし九〇年代から、とりわけ二〇〇〇年代以降、その研究関心と考察対象領域が漸次拡大していくとともに、戦時期についても、[3]政治外交・軍事戦略のみならず経済・社会・文化の多様な側面から考察する研究が蓄積されている。[4]そのなかで文化的側面からアプローチした先行研究も多岐にわたるが、ひとまずは便宜上、それらを研究方法にしたがって三つに分類して概観したい。

第一に、これまで最も多く研究されてきたのは、日独両国において文化事業活動を展開した日独文化団体の組織的変遷や事業内容、そしてその活動に従事した人々の姿勢や思想についてである。なかでも二〇年代後半に姉妹機関として設立された伯林日本学会（Japaninstitut Berlin）[5]と東京日独文化協会は、三〇年代以降においても重要な活動主体であった。ドイツでは八〇年代から九〇年代にかけて、E・フリーゼの一連の研究（Friese 1984; 1985; 1987; 1989; 1990a; 1990b; 1993; 1997）、およびA・ハック（Hack 1995; 1997）によって取り上げられてきた。日本では葉（一九九八、二〇〇七）が、これら日独文化団体の活動を通じて日独提携を推し進めてきた鹿子木員信に着目し、彼の思想的断面およびナチズムとの共鳴性を考察している。日本とナチ・ドイツのあいだの文化事業の具体的な実施例については、中道（一九九九、二〇〇八）が、第一回・第二回日独青少年団交歓事業を詳細に紹介しながら、日本の青少年団活動との関わりにおいてこれを検討している。また、小川（二〇一〇）は、主にドイツ諸大学における日本語講座・日本人講師の活動状況を明らかにし、ヨーロッパにおける日本語講座の歴史のなかでその位置づけを図っている。

以上の諸研究は全体としては、日独双方の対外文化政策を、その実施主体や実際的な活動場面から明らかにしようとするものであるが、考察対象とされる時期は二〇年代と三〇年代が圧倒的に大きな比重を占めている。こうした時期設定の背景には、おそらくは研究者の側において、大きく二つの問題関心が存在したことが考えられる。それは一つには、第一次世界大戦後の日独関係修復過程のなかで二〇年代後半から本格的に再開された日独文化交流が、三〇年代後半における両国の文化的提携の動きへどのように接続していったのかという問題関心である。もう一つには、三〇年代における日独間の政治的緊密化が、文化的側面からどのように後押しされていったのかという問題関心である。それゆえ、いずれの場合にも日独伊三国同盟の成立が考察の終着点となっていることが少なくない。しかし、日本とナチ・ドイツのあいだでの文化的な協力体制の構築について、その歴史的位相を明らかにしようとするのであれば、四〇年代前半についてもさらに研究を進める必要があるだろうし、また、二〇年代から三〇年代における対外文化政策的な展開の帰結もまさに戦時期に求められるはずである。もっとも、この点に関して、近年公刊されたH・J・ビーバーの千頁を超える浩瀚な研究、『親衛隊とサムライ』（Bieber 2014）では、第一次世界大戦のころから第二次世界大戦終戦のころまでの広範な時期を研究対象としており、これによって四〇年代前半についても研究が大きく進展したと言える。そこでは独日協会（Deutsch-Japanische Gesellschaft. DJG）やＯＡＧ（Deutsche Gesellschaft für Natur- und Völkerkunde Ostasiens）などの日独文化団体の動向を軸に、ラジオや映画、音楽、学術、青少年交流などの文化事業の展開が網羅的に扱われている。

第二に、三〇年代における日本およびナチ・ドイツにおける、相手国の表象とその変化についての研究が挙げられる。例えば、岩村（二〇〇五）では、日本の新聞報道における「ヒトラー」や「ナチス」の表象と、三〇年代の政治局面の変動にともなうそれらの変化について体系的な分析がなされている。他方、ドイツ人の「日本」や「日本人」のイメージについては、Ｔ・Ｐ・コルターマン（Koltermann 2009）が、ヒトラーの日本認識について再考しつつ[6]、ナチ期の書籍や宣伝、親衛隊保安部の報告書などから読み取られる日本イメージ、戦争状況の推移にともなうドイツ人の対日姿勢の変化を考察している。この点でも従来、全体としては日独伊三国同盟成立以前の時期に関心が集中してきたが、先のビーバーの研究とともにコルターマンの研究を通じて、第二次世界大戦の後半期についても、特にドイツ国内の状況にかんして大きな進展を見せている。日本とナチ・ドイツはいわば「運命共同体」として四五年に共通の破局を迎えることとなるが、こうした日独同盟の帰結を考えた場合、実態が乏しく、戦争遂行における積極的・客観的な意義がほとんど失われたように見えるこの同盟が、いかなる目的から、どのような方法でもって延命されたのかという問題が引き続き重要な課題となるだろう。

第三に、在日ドイツ人および在独邦人の生活と活動状況、ならびに彼らが形成するコミュニティに着目した研究が挙げられる。これらは早くは同時代を生きた人々の回想録などを通じて、その一端が示されてきた[7]。近年では、日常生活史への関心の高まりとともに、同時代人による記録の史料的価値もますます高まっているように思われる。Ｆ・エームケ／Ｐ・パンツァー編集による回想録（Ehmcke / Pantzer (hrsg.) 2000）は、さまざまな社会的立場にあった日本在留ドイツ人の回想を類型的に収めており、彼らの多様な経験の幅を示している。中村（二〇一〇）

は、日本のみならず、東アジアにおける在留ドイツ人社会の具体的様相を実証的に明らかにしている。他方、ドイツに滞在した日本人の活動については、ヴァイマル期については加藤（二〇〇八）が挙げられるほか、ナチ期については小川（二〇一〇）が日本人講師の活動を通じてこれを論じている。

日本とナチ・ドイツのあいだでの人々の相互イメージや、相手国在留者たちの個人的経験、コミュニティの集団的経験についての研究が大きく進展したことによって、日常生活世界における「日本人」と「ドイツ人」の関係の多様性がかなりの程度、明らかにされてきた。これは表象の問題として考えるべき場合のほかに、実際的な場面においても、国籍やいわゆる「混血児（Mischlinge）」をめぐる議論と関連して、[8] 個人におけるナショナル・アイデンティティーの問題として考えなければならない場合もある。とりわけ後者のような場合には、行政上の区分、共同体内の基準に基づくカテゴライズや社会的視線、さらには当人の自己認識という複数の観点から考えなければならないだろう。そして、ナチ時代における日本人とドイツ人の関係性の問題は、ドイツ側のナチ人種主義と日本側の対反人種主義感情および人種平等のプロパガンダの相克と不可分に結びついている。これはまた、必然的に日本の対ユダヤ人政策にも深く関わってくる問題である。[9]

本書の問題視角と課題

日本とナチ・ドイツの関係史について、政治外交面からの実態解明はすでに多くの先行研究において着手されてきたこと。また、日独関係史研究の進展にともなって、それ以外の多様な側面からアプローチする研究が蓄積されてきたこと。そのなかで文化的諸領域における交流の実態が一定程度、明らかにされてきたことはすでに見た通りである。ただし、こうした研究の飛躍的な進展にもかかわらず、総じて政治外交と文化交流における展開はなかば切り離されて扱われる傾向にあって、両者の相互連関性について充分に論じられてきたとは言い難い。具体的には、両国間の政治外交関係の展開のなかで諸種の文化的手段がどのような形で利用されていたのか、それとは逆に、文化交流の展開のなかで政治外交関係のありようはこれにどう作用したのだろうか、という問題である。こうしたことから、以下で述べるように、三〇年代から四五年までを扱った日独外交関係の研究においては「文化」の問題はほとんど除外されていたし、他方で、同期間を扱った日独文化交流の研究において、その「政治的な意味」や「政治性」の考察がなされる場合にも、ほとんどが抽象的で硬直的な「日独友好」論に収斂していた。これに対して、本書は両国関係における政治外交と文化交流が重なる領域を問題化するものであり、これによって、従来なかば切り離されて扱われる傾向にあった二つの領域における展開を接合することを目的としている。

以上のような研究目的でもって、本書では日独間における文化外交の展開を取り上げる。とりわけ三八年一一月二五日に日独防共協定締結二周年に合わせて結ばれた、「文化的協力ニ関スル日本国独逸国間協定」（Abkommen über kulturelle Zusammenarbeit zwischen dem Deutschen Reich und Japan. 以下、日独文化協定）の成立過程および執行過程に着目して考察を進めていく。日独防共協定の締結以降、両国間には政治・軍事条約のほかに、経済的・文化的な協力関係の深化を目的とした各種条約・協定が結ばれている。このなかの文化条約を代表するのが日独文化協定であった[10]。日独文化協定は、それ以後の日独文化事業の実施における法的な基盤として重要な意味を有しており、その存在自体はよく知られているものの、その成立過程および執行過程について実証的に明らかにされている部分はなおも限定的であると言わざるをえない。そうした研究の遅れもあって、日独文化協定の理解においては、これまで大きく二つの問題点が存在した。

第一に、日独文化協定が当初から、三六年の日独防共協定から四〇年の日独伊三国同盟に至るまでの直線的な（そのように思い込まれた）過程において、これを促進するための政策的措置としてのみ捉えられてきたことである。例えば、イクレ『独日関係　一九三六－一九四〇年』（一九五六年）では、「もしドイツが〔日本との〕同盟を勝ち取ることができなかったとしても、この協定〔日独文化協定〕が少なくとも〔両国間の〕協力を促進したであろうし、両国関係のさらなる強化をもたらしたであろう」と述べられている（Iklé 1956, p. 68）。その後の論文、イクレ

「日本の対ドイツ政策」（一九七四年）でも、日独文化協定の締結は、軍事同盟の締結が困難な状況のなかでの「一種の妥協案」であったと評価している（Iklé 1974, p. 317）。また、ゾンマー『列強のあいだのドイツと日本　一九三五－一九四〇年』（一九六二年）も同様に、「三国同盟計画が、こんなわけで足ぶみ状態にあった時、ドイツ外交は、いわばその代償として価値はより少ないけれども、別の条約を東京で成立させることができた」と述べ、日独文化協定が当初から極めて政治性の強い文化協定であったことを指摘している（Sommer 1962 引用は邦訳、二一七－二一八頁）。

政治外交関係を主題とするイクレやゾンマーの研究では、そもそも日独文化協定について立ち入った検討がなされているわけではないが、総じてその後も日独文化協定のこうした側面のみがしばしば強調されている。松村正義「戦前期における日独・日伊両文化協定の文化外交史的地位」（『帝京国際文化』第五号、一九九二年）は、日本において比較的早い時期に日独文化協定を主題的に検討した論考であるが、その見方はイクレやゾンマーの議論の延長線上にあり、これを防共協定から来たるべき軍事同盟締結へ移行するあいだにとられた段階的措置、「より政治的な結び付きへの中継ぎ」であったと結論づけている（同上、一二一－一二七頁、一三一－一三五頁）。確かに、日独文化協定が一面ではこのような政治的性格を帯びていたことは考えられるにしても、同論文においてはその史料的な裏づけが充分になされているとは言い難く、それゆえに松村氏の議論は、のちに日独伊三国同盟が成立した事実を前提にしての結果論であると言わざるをえない。そのほかにも、小川誉子美『欧州における戦前の日本語講座――実態と背景』（風間書房、二〇一〇年）において、「日独防共協定締結（一九三六年一一月二五日）のちょうど二年後に日独文化協定が締結されたということから見ても、その性格は明らかである」（同上、六七頁）と述べられており、それ以後の日本側の対独文化事業全般の政治目標は、すべて抽象的な日独関係緊密化に収斂するものとなっている。外交政策の一環として展開される対外文化政策の理念や目的は、そのときどきの国際環境に応じて具体的に設定され、また、国内の政府内政治や省内政治の力学にも大きく影響される外交政策の全体的な方向性によっても規定されるはずである。それゆえ、日独両国の対外文化政策が重なりあう日独文化事業の政治的な意義や目的も一様ではありえず、日独関係の全体的な推移のなかで、常に変更を余儀なくされるものであったと考えられる。

葉照子「日独文化協定締結とその背景について――ナチスドイツの人種政策の観点から」（稲元萠先生古稀記念論集刊行会『ドイツ文学・語学論集　稲元萠先生古稀記念』二〇〇三年）は、日独文化協定締結をめぐる政治的諸問題について実証的に考察した研究であり、特にナチ人種主義をめぐる日独間の政策的対立の側面から日独文化協定を分析する視点は大いに示唆的である。それでも、日独文化協定締結に際して日本側の主要アクターであった外務省文化事業部の文化協定政策について言えば、これが枢軸国との政治的緊密化の文脈からのみ論じられることによって、当時、文化事業部に存在していた多角的な政策構想が見落とされてしまっている（同上、二〇三頁）。これに対して本書の議論は、文化事業部における政策体系を明らかにしたうえで、そのなかでの日独文化協定の位置づけを図るものである（第1章・第2章）。もう一つには、葉氏がここで問題提起的に言及している、日独文化協定の前文規定をめぐる日本側の政策的意図について（同上、二〇六－二〇七頁）、本書ではこれを、日本外務省における対独文化政策およびこれと密接に関わっていた対ユダヤ人政策との関連で明らかにする（第3章）。

確かに、日独文化協定の締結とこれに基づいて実施された日独文化事業は、全体としては枢軸同盟形成過程のなかで発生・拡大し、日独伊三国同盟締結後も日独両国のさらなる関係深化を目的として、その維持と拡充が図られている。本書の立場はこのような側面をすべて否定するものでは決してない。しかしながら、両国における内外の政治状況の変化や戦争状況の変化に応じて大きく揺れ動く日独同盟の姿を考えるならば、日独文化協定や日独文化事業の政治的性格も決して一義的なものではありえないだろう。さらには日独伊三国同盟成立以後の日独文化事業の性格についても、これが単にそれ以前からの日独友好のプロパガンダ活動の延長にすぎないものと見なされ、しばしば二重の意味で単純化されて捉えられている。だが、同盟成立以前の文化事業は単純に友好関係を促進する目的でなされていたわけではなく、また同盟成立後の文化事業においても、日独双方のさまざまな政策的利害が交錯する状況が続いていたのである。それゆえ本書では、日独文化事業の目的と意義を、固定的なものとしてではなく、状況変化によって揺れ動く動態的なものとして捉えることを意識している。

日独文化協定の理解における第二の問題点は、短くて抽象的な条文から構成されるこの文化協定が、両国間の文化的協力において象徴的な意味しか持たないものとして捉えられている点である。例えば、ハック「ナチ時代の東京日独文化協会――ヴィルヘルム・グンダートからヴァルター・ドーナートへ」（一九九五年）では、日独文化協定について、「それより前にドイツとハンガリーあるいはイタリアのあいだで結ばれた非常に明確な取り決めとは異なって、奇妙にもあいまいなままであった［…］独日文化協定は、実際的には文化的協力への意志表示をこえるものではない」と論じている（Hack 1995, S. 89）。しかしながら、協定締結後まもなくして、その実施機関として日独文化連絡協議会（以下、連絡協議会）という両国間の「共同事業」の内容を協議・調整する場が設けられたことで、文化協定の実際的な運用可能性が開かれている。さらには三九年以降、日独文化協定に基づいて文化事業の細目を規定する附属協定や取極が交渉され、そのなかのいくつかは締結にまで至っている。例えば四四年七月時点においては、日独医学取極（三九年六月二日署名、四三年六月一日失効）、日独交換放送協定（四一年一二月一八日署名）、日独翻訳取極（四三年七月一〇日署名）、日独医事取極（四三年一一月二四日署名）が挙げられ、日独複製取極が交渉中であった[11]。このほかにもいくつかの附属協定が審議・交渉されているが、連絡協議会はそのためにも重要な場であった。三八年一一月以後の日独文化事業の展開においては、まずもってその法的基盤として日独文化協定の存在があったこと。そして日独双方において、自らがその内容を規定する自国の公式の「文化」を、またこれについての自らの解釈を文化協定が保証すると理解されていたこと。さらには、それぞれの公式の「文化」についての解釈枠組みが日独文化事業の性格を規定し、事業実施に際して両国間の摩擦を引き起こしたことを考えれば、日独文化協定の政治的な意味や影響の及ぼした範囲は、これらの内容を広く検討して初めて明らかになるものと思われる。

日独文化協定について論じたこれまでの研究においても連絡協議会の活動は多少とも言及されてはいるが、なおも断片的であると言わざるをえない。日独間の政策レベルでの動向に着目した重要な先行研究としては山本尚志氏の一連の研究が挙げられ、そこでは日本在留ユダヤ系音楽家をめぐる両国間の政策的対立について、東京の連絡協議会活動の検討を通じて考察がなされている。とりわけ山本尚志「在日ユダヤ系音楽家問題——ナチス・ドイツの圧力に対する日本側対応の背景」(『ユダヤ・イスラエル研究』第一七号、一九九九年)では、日本側がドイツ側からの反ユダヤ主義的な政策実施の要求に応じなかった理由を、①日本世論のユダヤ系音楽家に対する支持、②米国ユダヤ人社会など海外世論に対する配慮、③在日ユダヤ系音楽家の能力に対する評価の面から説明している。山本氏のこの議論をふまえ、本書は、第二と第三の理由に関して、こうした具体的配慮・措置をもたらした日本側の政策的基盤について考察するものである(第3章)。また、小川『欧州における戦前の日本語講座』では、日本語講座支援事業の展開について議論を進めるなかで、ベルリンの連絡協議会活動にも触れている。ただし、同書はドイツ諸大学における日本語講座支援事業の具体的な実施内容を明らかにすることに力点が置かれているが、本書では連絡協議会における学術交換をめぐる論議に着目して、その全体的な推移を明らかにしていく(第4章)。ビーバー『親衛隊とサムライ』(Bieber 2014)でも、東京とベルリンにおける連絡協議会の活動に比較的よく言及されてはいるが、すべてドイツ語議事録にのみ依拠していることもあって、そこでの日独交渉における日本側の政策的意図や政策基盤についてはなおも明らかではない。

戦前期日本の国際文化事業については、芝崎厚士『近代日本と国際文化交流——国際文化振興会の創設と展開』(有信堂、一九九九年)が、その嚆矢として挙げられる。同書では、三〇年代後半以降の展開について、これが日中戦争からアジア・太平洋戦争へと日本の戦争が拡大していくにともなって、「国際」文化事業から「対外」文化事業へ、そして「大東亜文化事業」へと変質を遂げていく過程を、国際文化振興会の動向を軸に描いている。国際文化振興会の活動から見た戦前期日本の国際文化事業の展開と、外務省文化事業部の対外文化政策から見た展開は大枠では一致するが、本書では、芝崎氏の議論においては主な考察対象ではなかった対欧米諸国、とりわけ対ドイツ政策の事例からこれを検証するものである。

第一次世界大戦後の対外文化政策は、全体としては日本の帝国主義的な膨張によって当然に生じうる諸外国との摩擦への処方策という性格を色濃く帯びており、また、日本の国際的な文化的影響力の拡大を企図してなされたものであった。いわゆる対支文化事業（東方文化事業）はそのなかで最も主要な文化事業であった[12]。対支文化事業の実施過程については、阿部洋『「対支文化事業」の研究――戦前期日中教育文化交流の展開と挫折』（汲古書院、二〇〇四年）、山根幸夫『東方文化事業の歴史――昭和前期における日中文化交流』（汲古書院、二〇〇五年）により詳細に明らかにされている。また、同事業の政策決定過程については、熊本史雄『大戦間期の対中国文化外交――外務省記録にみる政策決定過程』（吉川弘文館、二〇一三年）が、「史料学的アプローチ」（同上、一一－一五頁）による外務省記録の分析に基づいて論じている。このほかには「大東亜共栄圏」構想の実現への期待が高まるなかで、それに対応する形で戦時中に実施された「南方文化事業」、とりわけタイとのあいだの文化事業を、市川健二郎「日泰文化協定をめぐる異文化摩擦」（『大正大学研究紀要　人間学部・文学部』第七九号、一九九四年）と加納寛「一九四二年日泰文化協定をめぐる文化交流と文化政策」（『愛知大学国際問題研究所紀要』第一一五号、二〇〇一年）が日泰文化協定を軸に考察している。こうした日本が直接的な利害関心を有していた中国をはじめとする対アジア諸国との文化事業は、日本側の外交政策や軍事行動に応じて、対欧米諸国やそのほかの非アジア地域に対する場合と比較して、ある時期までは共通の政策理念に基づいて実施されながらも、全体としては質的にも量的にも異なる展開を見せている[13]。本書は対支文化事業や対アジア諸国との文化事業について立ち入った考察を行うことはしないが、対ドイツ文化事業を軸とした欧米諸国との文化事業の考察によって、これらの議論を補完ないしは修正することになるだろう。

本書の構成

本書の本論部分は全五章で構成されており、第1章と第2章が日独文化協定の成立過程を扱った前半部分となる。前半部分での考察では、日本側において欧米諸国との国際文化事業を主管した外務省文化事業部の政策動向に着目する。その理由は一つには、外務省文化事業部は日独文化協定締結に直接的に関与した主要機関であったにもかかわらず、これまで彼らの文化協定政策の具体的内容や、そのなかに強く表れている彼らの対外文化政策の理念が対ドイツ関係においてどのように作用したのかという問題について、充分に検討されてこなかったからである。もう一つには、日独文化協定の成立後も文化事業部は連絡協議会における日本側グループの中心的な存在であって、彼らの対独文化政策の理念や基本方針はその後の日独文化事業のありかたにも大きな影響を与えるとともに、それによってドイツ側とのあいだに鋭い対立関係を生じさせていたからである。そのため、前半部分では外務省文化事業部の政策展開を議論の軸とし、それ以外の要素、例えば日本側における陸軍や外務省革新派などの親独的潮流や国内の対独世論、ドイツ政府の対日政策および現地での活動主体については、その関連において取り上げている。

ここで前半部分の議論において中心的に用いる史料について述べておきたい。日独文化協定の締結交渉過程の詳細やそこでの日本側の政策目標について、これまでほとんど実証的に明らかにされてこなかった原因の一つには、そもそもの史料的な制限があったことが考えられる。本書では、日本側の締結交渉主体であった外務省の史料に主に依拠しているが、管見の限り、例えば外務省記録「日、独文化協定並医事取極関係一件」といった最も重要な史料ファイルにさえ、協定締結に至るまでの交渉過程の詳細を明示的に示す史料は含まれておらず、そのほかの関連史料ファイル（巻末の史料・参考文献を参照）のいずれにも見当たらない。したがって、こうした史料状況から、本書では日独文化協定締結をめぐる日本側の政治過程を考察するに際して、①三〇年代後半の日本における文化協定政策論およびその政策展開、②三八年の第一次三国同盟問題、すなわち日本の対独政策の方針をめぐる政府内政治や省内政治、および国内世論の動向、そのなかで外務省外交が直面していた諸状況、③日独文化協定成立前後の外務省の政策動向に着目した。これらを複合的に見ることによって、日本外務省にとっての日独文化協定成立の意味を考察する。これらの考察においては、外務省記録のうち、主にB門（条約、協定、国際会議）の文化協定関連史料を利用した。

次に第3章から第5章までが日独文化協定の執行過程を扱った本書の後半部分となる。後半部分での考察に際しては、三九年六月と四〇年四月にそれぞれ東京とベルリンに設置された連絡協議会の活動、そこでの共同文化事業の実施をめぐる日独間の協議内容に着目する。これは日独文化事業の政策決定環境が、文化協定の締結という、両国の文化的協力に関する政府レベルでの合意が確立したことによって大きく変化したことによる。日独文化事業の実施内容・方針をめぐる問題はここに至ってはっきりと公的な問題となった。それに加えて、日本側では四〇年末における外務省文化事業部の廃止以後、国際文化事業はもはや外務省ではなく情報局の管理下に置かれたことで、それ以前のように特定の官庁部局が独自の政策体系でもって指導的に日独文化事業を牽引するという状況は見られなくなったからである。そして、もちろんそれはドイツ側との共同を必要としていた。両国政府の関係官庁や大使館、軍関係者、現地の日独文化団体といった多様な主体が直接・間接に関与し、それぞれの目的や姿勢が複雑に入り混じっていた戦時期の日独文化事業の展開を俯瞰的に見ていくうえで、全体的な協議・調整の場であった二つの連絡協議会についての考察は極めて重要になってくる。それゆえ、戦時期の日独文化事業の実施内容は多岐にわたって試みられているが、本書では政策レベルでの動向や交渉過程に焦点を絞り、個別具体的な事業内容については、必要な限りで言及するに留めたい。

後半部分で用いる史料についてもやはり外務省記録が中心になるが、ここでは主にI門（文化、宗教、衛生、労働及社会問題）に属する日独文化事業関連史料を用いている。特に日本語とドイツ語で作成された連絡協議会の議事録は、日独文化事業の政策レベルでの展開を見るうえで不可欠な史料である。ただし、これは当初は両国でそれぞれ作成されたものの、東京ではのちには日本語版が公式議事録とされたこともあって、日本外務省史料の関連ファイルにおいては、いくつもの会合でドイツ語版を欠いている。それゆえ、本書では協議内容を検討するに際して、ほぼすべての会合について作成されている日本語版の方を主とし、ドイツ語版は可能な限り、また必要に応じて補足的に利用した。確かに、連絡協議会の議事録に記録されたことがらの多くは、無味乾燥な事項の列挙や参加者の断片的な発言である。しかし、記録されたことがらをより大きな政策的文脈のなかに位置づけて見たとき、これらは日独間の「文化協力」の実相を映しだす鏡となる。本書ではここから、日本とナチ・ドイツが総力戦を遂行するなかで、それぞれの「思想戦」・「文化戦」がどのような形で共同戦線を形成しえたのか、それとも形成しえなかったのかという問題に取り組み、その可能性と限界性を示すことを試みたい。

第 *1* 章

日本外務省の文化協定政策

──1930 年代後半における

日独伊防共協定 1 周年記念国民大行進式の様子。1938 年，東京にて。
出典：『写真週報』第 40 号，1938 年 11 月 16 日（JACAR Ref. A06031063500）。

第*1*節　戦間期の文化協定——学事協定から「包括的文化協定」へ

「文化交流（Cultural exchange）」は、これを広い意味で捉えれば古くよりどの時代にもあって、世界のあらゆる地域で、さまざまな主体のさまざまな活動を通じて行われてきたものである。だが二〇世紀以降、とりわけ第一次世界大戦後、国民国家を基本的な文化的単位とした「国際文化交流」が、国家による主導のもと、あるいは公的機関によって、一定の目的をともなって拡大していく。外交政策の一環としての諸外国との文化交流において、政府が主導的な地位を高めるにつれて、さまざまな形で「文化政策」が構想されると同時に、文化政策の具体的な施策として各種の「文化事業」が実施されるようになる。

第一次世界大戦後にはまた、「政府間条約で、各国が促進しようとしている、文化および教育活動と交流の枠組みを定める」（ミッチェル 一九九〇、一一二頁）ものとして、「文化協定（Cultural agreements）」が数多く締結される。ドロー（一九六五）は、文化協定の締結は「文化交流の公式的部分的な一面でしかない。［…］往々にして単なる『基本協定』、意思表示、または善意の協定でしかなく、具体的な問題解決のために共同委員会のような機関を設立するに、とどまっている」のであり、したがって、その効用は「ある程度控え目に考えなければならない」と述べている（同上、一九－二〇頁）。

ドローのこの指摘は、おそらくは第二次世界大戦後の状況を念頭においてなされたものであろうが、いずれにせよ、確かに広い意味での文化交流において文化協定が果たす役割は限定的なものに留まるだろうし、また、文化協定の締結によって即時的な政策的効果を期待できるわけでもない。それにもかかわらず、「文化」が国際協定の対象となり、文化的事項に関する国家間の合意を文化協定という形で表すのは、それによって締結国間の文化的諸関係の維持・発展が国際法的に保障されると見なされたからである。そして、国家と国家の文化的な深いつながりは、中・長期的には政治外交や経済外交にも有利に作用すると考えられたからである。

国家主義と国際的孤立への道を歩んでいく一九三〇年代の日本においては、そうした状況であるからこそ、文化協定のこれらの効用がいっそう重視された。外務省文化事業部が三八（昭和一三）年に作成した「外交の新しき指標――文化協定の話――」（国際文化事業パンフレット第一五輯）という調査報告資料では、その冒頭から「事変後は専ら文化外交で」と主張されているが、それは「文化的に優れた指導的な国はそれだけで対外関係に於て有力な素地を得る」という考えに基づいている（同上、一頁、九頁）。こうしたことからも、文化協定は理念的には各々の文化の相互的な承認・尊重を前提として純文化的な事項を対象とするものではあるが、これは政治問題や経済問題とも容易に結びつくものであり、あるいは政治外交や経済外交を支える「文化外交」を構成するものであった。

第一次世界大戦後から三〇年代にかけてヨーロッパや南米諸国を中心に大きな広がりを見せた文化協定の締結は、戦間期の日本外交においても政策的に有用と見なされ、文化協定に対する一定の関心が払われるようになった。これにともなって日本外務省では文化協定についての研究も始められ、そのなかで諸外国における文化協定の締結状況も調査されている。その後の日本の文化協定政策は、こうした研究成果に基づいて構想、実践されることになる。そこでまずは、日本が最初の文化協定を締結する三八年ころまでの各国の締結状況を、「外交の新しき指標」に基づいて概観したい。

文化協定はそのほかの条約と同じく、国家の権限ある機関（外務大臣、外交使節、文部大臣など）のあいだで締結されるものであり、第一次世界大戦後にそうした形で締結された協定は、一九年のイタリア・フランス間で結ばれた「伊太利国仏蘭西国間教授学生交換に関する協定」である。その名称が示す通り、これは学術・教育交流を主たる目的とした学事協定である。しかし、次第に学術・教育分野だけでなく、美術、音楽、演劇などの芸術分野、映画や写真、ラジオ放送、青少年交流など、より広範な文化的諸領域が対象に含まれるようになる。すなわち、「直接政治や経済のことを除いて殆ど全部の知的生活、言い換へれば文化生活の過半に渉つて」、相互的な協力・交換・関係促進が目指されるのである。三〇年代中頃からは、こうした広範囲にわたる文化的事項を「包括的に」規定する文化協定が結ばれるようになり、これを指して「文化協定」と言われる（同上、二〇－二三頁）。

日独文化協定が締結される以前、一九年から三八年までのあいだ、世界ではヨーロッパ地域と南米地域において、全体で三九の文化協定が締結されている（同国間の種別の異なる協定も一つに数える）。表1－1に示されるように、この期間において最も締結数が多いのはフランス（一二ヵ国）である。その多くは二〇年代に締結され、かつ学事協定である。これと比べて、三〇年代にはそのほかのヨーロッパ・南米諸国のあいだで多く結ばれるようになる。さらには、このころになると学事協定よりもむしろ包括的文化協定が多く結ばれるようになり、特に三五年から三六年にかけて多くの国で締結されている。

三〇年代に日本が文化協定を締結したドイツ、イタリア、ハンガリーについて、この時期にはどのような締結状況であったのかを確認しておきたい。「外交の新しき指標」に付されている「諸外国間文化協定一覧表」によれば、まずドイツの場合、三〇年にはすでにイタリアと協定（Accord）を締結しているが、その内容は両国の「大学及学術研究所」の交流（特に海洋生物学分野）を規定しているにとどまる。ただし、ナチ体制成立後、三六年に締結されたハンガリーとの協定（Accord）は、三〇年のイタリアとの文化協定とは異なって、包括的文化協定である。その内容は、「知的教育交換、講座設置、講師任命、大、専教授交換訪問、学生交換旅行、学生奨学資金、休暇講座、小学生交換旅行、学校資格、締約国言語教授、学術雑誌、記録所利用、調書及書籍貸与、官公刊物其他交換、書籍普及、図書館設立及内容充実、翻訳、展覧会、演劇、音楽会、放送、映画」となっており、その対象範囲は格段に広がっている。

次にイタリアの場合、フランス（一九年）とドイツ（三〇年、三八年）以外には、三五年にオーストリア（Accord）とハンガリー（Accord）と協定を結んでいる。両方とも包括的文化協定であり、その内容は上記の三六年の独洪文化協定とほぼ同一である。

表 1-1　各国の文化協定締結一覧（1919–38 年）

国名（締結数）	締結相手国［1919－29 年］	締結相手国［1930－38 年］
フランス（12）	イタリア，ルーマニア，ユーゴスラヴィア，ベルギー，ルクセンブルク，ポーランド，チェコスロバキア，ノルウェー，ベルギー（再）	デンマーク，オーストリア，スウェーデン
ポーランド（7）	フランス，ベルギー	ユーゴスラヴィア，ハンガリー，ブルガリア，スウェーデン，ルーマニア
アルゼンチン（3）		ブラジル，チリ，ペルー
チェコスロバキア（6）	フランス，ユーゴスラヴィア	ルーマニア，ブルガリア，スウェーデン，オランダ
ハンガリー（5）		ポーランド，イタリア，オーストリア，ドイツ，フィンランド
ベルギー（5）	フランス，ルクセンブルク，ポーランド，オランダ，フランス（再）	
イタリア（5）	フランス	ドイツ（30 年），オーストリア，ハンガリー，ドイツ（38 年）
ブラジル（2）	ウルグアイ	アルゼンチン
オーストリア（3）		イタリア，ハンガリー，フランス
スウェーデン（3）		ポーランド，チェコスロバキア，フランス
ユーゴスラヴィア（3）	フランス，チェコスロバキア，ポーランド	
ルーマニア（3）	フランス	チェコスロバキア，ポーランド
チリ（2）		アルゼンチン，ペルー
ドイツ（3）		イタリア（30 年），ハンガリー，イタリア（38 年）
フィンランド（2）		ハンガリー，エストニア
ブルガリア（2）		ポーランド，チェコスロバキア
ペルー（2）		アルゼンチン，チリ
ルクセンブルク（2）	フランス，ベルギー	
イギリス（1）		スペイン
ウルグアイ（1）	ブラジル	
エストニア（1）		フィンランド
オランダ（2）	ベルギー	チェコスロバキア
スペイン（1）		イギリス

国名（締結数）	締結相手国［1919－29年］	締結相手国［1930－38年］
デンマーク（1）	フランス	
ノルウェー（1）	フランス	

注記：「締結相手国」欄の国名は，左より締結年月日順。
出典：外務省文化事業部「外交の新しき指標」の「文化協定一覧表」（35–37頁），外務省条約局「諸外国間文化条約一覧表」外務省調書（条一　二一），1942年より著者作成。

最後にハンガリーの場合、これはイタリア（三五年）とドイツ（三六年）のほかには、三四年にポーランド（Convention）、三五年にオーストリア（Accord）、三七年にはフィンランド（Convention）とそれぞれ文化協定を締結している。三四年のポーランドとの文化協定は学事協定であり、内容は「委員会構成、学術使節、大、専教授交換訪問、学生交換旅行、翻訳」となっている。三五年のオーストリアとの文化協定と三七年のフィンランドとの文化協定は、両方とも包括的文化協定で、すでに見たほかの包括的文化協定と同様の内容である。

なお、日独文化協定締結の二日前、三八年一一月二三日には、ドイツ・イタリア間ですでに包括的文化協定（「文化的協力ニ関スル協定」）が締結されていたことも付け加えておきたい。そのなかでは単に一般的な文化協力の規定のみならず、ナチ党とファシスト党の文化協力も規定されている（外務省条約局「諸外国間文化条約一覧表」一九四二年、二五－二六頁）。

次節では、こうした各国の文化協定締結状況を踏まえての、日本外務省における文化協定認識、これに基づいて構想された日本が採用すべき文化協定政策の体系、およびその政策展開について明らかにしていく。

第2節　文化事業部箕輪三郎の文化協定政策論

(1)　玉虫色の条約——「国際文化協定概説」における基本認識

日本が最初の文化協定を締結するに先立って、外務省ではそのための研究調査が進められていた。一九三八（昭和一三）年一一月一五日に調印されたハンガリーとの文化協定より前に日本が包括的文化協定を結んでいなかったことは、その直前の一一月一三日付けで作成された「外交の新しき指標」において、「我が国は未だこの種の文化協定は締結してをりません」と述べられていることによっても裏づけられる（同上、二〇頁）。

外務省において文化協定を含む国際文化事業を所管していたのは文化事業部であり、そこで文化協定研究を中心的に担っていたのは、同第三課外務事務官であった箕輪三郎であった(1)。当時、日本ではもちろん、ヨーロッパ諸国においても包括的文化協定は新しい形式の文化条約であったこともあって、これを専門的見地から考察した研究は非常に限られていた。そうした状況のなかで、先に紹介した「外交の新しき指標」は箕輪の研究をまとめたものであるが、これは「誠に好個の研究資料」として、外務省内でも高い評価を得ていた（同上、一頁）。また、箕輪は三八年五月六日に「国際文化協定概説」（『法学協会雑誌』第五六巻第六号）という論文を発表している。この論文について、文化事業部第三課長市河彦太郎は、「帝大の安井助教授」（東京帝国大学の国際法学者であった安井郁のことであると思われる）が「『文化協定』ニ関シ未ダ世界ノ如何ナル国際法学者ノ論文ヨリモ纏リタル研究」と非常に高く評価していたことを書いている（外務省記録「文化協定締結ニ関スル雑件」B.0.0.0.12、二八頁）。

このように、箕輪自身が担当官として外務省の文化協定政策に関わっていたことに加えて、その研究成果は省内において執務参考資料としても利用されていたのである。それゆえ、箕輪の研究は当時の外務省における文化協定認識や政策構想を知るための重要な手がかりとなり、日本の初期の文化協定政策を検討するうえで大きな意味を持つと考えられる。そこで、以下では箕輪の論文「国際文化協定概説」に着目して、そのなかで展開されている議論に基づいて彼の文化協定認識を探っていきたい。

「国際文化協定概説」では、文化協定について、①定義、②性質、③進化（文化協定の沿革）、④分類、⑤形式、⑥内容という六つの観点から考察されている（同上、一一二七頁）。それぞれの考察内容を要すれば、以下の通りである。

【①定義】「二国間ノ双務的文化協定」（多国間協定を除く）について、「二国民間ノ文化関係ニ於ケル協力及交換ヲ目的トシテ国家間ニ結バルル合意」と定義される。ただし、そこでの「文化」の具体的内容については、「諸国ノ学説及法令上ノ解釈極メテ多岐ニ渉ツテイル」ために言及を避けているが、文化協定の一般的な対象としては「通念的ニ思考セラレタ学術文化、芸術文化、技術文化等ヲ主トスルモノ」であり、「直接ニ政治、経済、社会問題等ニ関スル事項ニ属シナイモノ」である。

【②性質】文化協定の性質としては、まずもってそれが国家間の合意であること、二国民間の文化的関係の増進を目的としていること、これによる権利義務が双務的であること、これら三点が挙げられる。

具体的には、協定締結の主体が国家であることが前提となり、大学や学術研究所などの国家機関以外の機関や団体のあいだで結ばれた約定はここには含まれない。したがって、ここでは文化の協力・交換における国家の「主導的役割」を認めることになるが、箕輪はこれを「極メテ意義深イ新シイ傾向」と評価する。

次に、協定締結の目的は両国民間の知的精神的接近の増進であり、文化協定でもってこれが成文化される。文化協定は「文化ヲ条約ノ重要ナル対象トスルニ至レルノミナラズ益々其ノ内容ヲ拡大スル傾向」にある。

そして、文化協定は相互主義に基づくものであって、「一方的ナ文化ノ輸出、片務的ナ文化ノ吸収、若ハ一締約国ニノミ文化宣伝ヲ認メナイ」ことを特色としている。すなわち、締約国が相互に文化的に対等であることを認めながら、その文化水準が一定程度に達していることが想定され、文化交流によってそれぞれの「文化ノ発達ヲ促進シ得ルトナス文明史的条件ノ認許ヲ観念的ニ表現スルノガ近来ノ傾向デアル」とする。

【③進化】国民間の文化協力・交換における政府の直接的・間接的な関与は古くから見られたが、「条約ヲ以テ積極的且独立的ニ国民間ノ文化的接近ニ国際法上ノ基礎ヲ与ヘルニ至ツタノハ比較的新シイ現象」であり、主に第一次世界大戦後のことである。それ以前にも文化的事項を対象とした条約が一応は存在していたものの、それらは「極メテ限定的孤立的」なものであり、この点で両者は区別される。

第一次世界大戦後、文化協定は「漸次ニ多数ノ文化部門ヲ目的トスル包括的且双務的」なものへ発展した。そうした状況を反映して、当初は「智的若ハ学芸協力ニ関スル協定」と呼ばれていたものが、「智的及文化的協定」、あるいは「文化協定」と呼ばれるようになった。さらに、この文化協定は「外交上有利ナル地位ヲ占ムルタメノ自国文化ノ対外発揚ト異種ノ進歩的ナ文化トノ接触ヲ確保」するという意義を有し、それゆえ文化協定は今後も継続的な発展性、すなわち内容の範囲をさらに拡大し、より多くの国家間で結ばれる可能性を秘めているとされる。

【④分類】文化協定は、内容によって三種類に、時代によって二種類に大別される。内容による分類では、「文化協定」（包括的文化協定）（「極メテ広キ範囲ニ渉ル文化部門ヲ包含スルモノ」）、「学芸協定」（「主トシテ学事教育関係殊ニ教授学生ノ交換、講座設置等ノ事項ヲ協定スルモノ」）、上記以外のその他（「芸術展覧会、文化団体、研究所ノ開催設置等ノ事項ヲ規定スルモノ」）である。

時期区分としては第一期（一九一一三五年）と第二期（三五年－）で分けられる。これは協定の規定内容とも関連しており、学芸協定など対象範囲が比較的限定されていた時期を第一期とし、三五年二月一六日の伊洪間文化協定以降、より広範囲にわたる文化部門を対象とする協定が一般的となった時期が第二期とされる。したがって、「文化協定」（包括的文化協定）は「極メテ最近ノ現象」であったが、箕輪はこれを「将来性最モ大ナルモノ」と考えていた。

【⑤形式】文化協定の締結には他の条約と同様の形式と手順を要する。すなわち、「通常外務大臣、外交使節、又ハ文部大臣若ハ特ニ其ノ委任ヲ受ケタモノノ署名スル外交文書ノ交換ニヨリ締結セラレ、元首ノ批准ヲ経タモノ」が一般的である。協定前文では、多くは文化的協力について「一般的希望若ハ友好関係強化等ノ希望」を述べるにすぎず、本文でも「単ニ抽象的ナ文句ヲ以テ締約国間ノ文化関係ノ増進ヲ規定スルニ止メ」、細目は附属議定書に規定するか、または関係官憲間において決定される場合もある。

【⑥内容】これまでに文化協定中に規定されたなかで、「最モ主要ナ内容」として大学教授の交換が挙げられるほか、学生交換、講座・研究所の設置、語学教授、学術研究報告・芸術作品リストの交換、図書館設置・整備拡充、ラジオの利用、映画交換、地理歴史教科書校閲、国際的協会の活動助成、文化協定実施のための委員会設置などが挙げられる。

以上、箕輪の研究に基づいて、当時における文化協定の概要と、それを踏まえての箕輪の文化協定認識を確認してきた。ここで注意すべきは、まさにこの時期に、文化条約の内容が世界的に変化していたことであろう。すなわち、従来の学芸協定から、より広範な文化的事項を対象とした包括的文化協定への移行が生じていたのである。こうした移行が「極メテ最近ノ現象」であったのは、国際文化事業に含まれる文化領域が実際的にも次第に大きく拡大し、その内容が多様化していったことが考えられる。[2] 例えば、マス・メディアの発達や青年運動の発展などが挙げられるが、これらは従来の学事協定の枠を超えるものであった。しかし、これらもラジオ放送交換や青少年交流として、国際文化事業を構成する重要な要素となっていく。

こうした著しい状況変化は、外交政策における文化条約の意味合いをも大きく変えることとなり、包括的文化協定はその性質上、政策的有用性が見出され、さまざまな文化条約のなかでも「将来性最モ大ナルモノ」と考えられるようになったのである。それにともなって、従来の学事協定などの個別的領域に対象が限定された協定は、国際文化事業における一定の意義を保ちつつも、以下で述べるように、その先に包括的文化協定を結ぶための段階的な措置という側面も持つようになる。

(2)「無害ナル」文化協定の多角的な利用構想

以上に見たような文化協定に対する箕輪の基本認識は、当時の日本における文化協定政策にどのような形で反映されていくのだろうか。これについて、引き続き箕輪が外務省で作成した文書を通じて検討していきたい。三八年七月の箕輪の報告書「文化協定締結ヲ提唱ス／文化協定締結唱導論要旨」(B.0.0.0.12、二八－三八頁)は、文化事業部ではもちろん、条約局や欧亜局などの関係局においても参照され、さらには次官堀内謙介もこれを閲覧している。同報告書では文化協定締結における三つの側面、すなわちその文化的意義と政策的利用方法、そして締結に際しての注意点が述べられており、以下ではこれらの具体的な内容について順に見ていきたい。

まず文化協定締結の文化的意義としては、①「日本文化ノ海外宣揚」、②「外国文化トノ交流」、③「世界ニ対スル文化日本ノ地位宣揚」が挙げられている。「国際文化協定概説」でも述べられていたように、文化協定は原則的には締約国間の文化的対等性を前提として、かつ相互主義を基調理念とするものである。しかし政策的観点からすれば、「先方国ヨリノ文化吸収ハ寧ロ第二義的ニシテ主眼ハ自国文化ノ輸出ニ存スル」となる。また、従来、すでに外務省文化事業部などによって諸外国へ向けた「日本文化」の宣伝がなされていたにもかかわらず、さらにあえて文化協定を結ぶのは、それが「日本ノ対外文化宣伝ノ基礎ヲ強固ナラシメ〔…〕此ノ方面ノ活動ヲ永続的ニ常ニ促進スルノ源泉トナル」と考えられたからであった。

文化的意義の二つめは、外国文化との交流の法的保障である。外国文化との継続的な接触は、「一国文化ノ健全ナル進展ニ寄与スルトコロ大ナル」ものであり、自国文化の発展にとって不可欠である。しかしながら、排他的な国家主義や民族主義が「極度ニ熾烈」な現状にあっては、「文化的鎖国主義」の傾向も見受けられる。そのような状況にあっても外国文化との交流が「相互主義」の理念によって保障されるのである。確かに、政策的観点からすれば、この「相互主義」の理念は第二義的な意味しか持ちえなかったが、国際文化交流を通じた自国の文化的発展という観点からすれば、これが不可欠な要素となる。

文化的意義の三つめは、世界の諸外国へ向けて「文化国日本」を宣伝することにある。この点では、文化協定の規定内容や締結後の実際的な文化交流の振興というよりも、まずは諸外国に対して文化協定の締結を呼びかけること自体に重きが置かれる。もっとも、ここでの「文化国日本」の宣伝は、箕輪においては「有力ナル『ヂェスチュア』」として考えられており、「文化的意義」と言いながらもそれ自体は極めて政治色の濃い動機に基づくものである。

箕輪が同報告書を作成していた当時、日本は中国における自らの無謀な戦争政策のために、ますます国際社会からの孤立を深めていた。半年前の三七年一二月には、中支那方面軍（司令官松井石根）の場当たり的な南京攻略戦とその後の無策・無統制の日本軍占領によって南京大虐殺事件が発生し、日本軍の凶暴性・残虐性を示す無数の暴力行為が外国メディアを通じて報道され、世界を驚愕させた。さらに同時期にはレディバード号事件やパナイ号事件（一二月一二日）の発生によって、日本軍・政府のイギリス・アメリカに対する挑戦的態度が明らかとなり、特にアメリカ国内では広範囲にわたる対日ボイコット運動さえ起こっていた。その後も、いわゆる「国民政府を対手とせず」声明（三八年一月一六日）によって、日本は自らこの戦争を長期化・泥沼化させ、こうした日本の好戦的な動向に対する世界の不信感もまた、いっそう拡大していくことになる（笠原 一九九七、二〇〇五）。

こうした対外政策的な経緯からも、世界が日本に対して抱いていた「非文化的」「野蛮」「暴力的」といった否定的イメージを少しでも払拭することが箕輪の念頭にあったはずであり、対外文化宣伝はそのための重要な処方策の一つであったと考えられる。

いずれにせよ、以上のような文化協定の三つの文化的意義を確認したうえで、箕輪は文化協定のさらなる政策的利用について説明する。すなわち、「文化協定ノ内容ハ政治、経済ヨリ離レテ所謂文化ニ関スル事項ノミニシテ条約内容ヨリ観ルトキハ何等直接政策的事項ニ関スルモノヲ含マザレバ国際政局上複雑機微ナル地位ニ立ツ諸国モ続々文化協定ヲ締結シツツアル実情」にある。そしてそれゆえに、「文化協定ガ表見的ニ無害ナル性質其ノモノヲ利用シテ裏面ニ於テ巧ニ之ヲ政策的ニ利用スルノ方途大ナル」と考えられたのである。

この「表見的ニ無害ナル性質」の政策的利用という発想に基づいて最初に進められたのが、新興東欧諸国との文化協定交渉であった。例えば、ハンガリーとの文化協定については、次のように述べられている。いわく、ハンガリーは共産主義への対抗から防共協定に「強キ憧憬」を持つが、防共協定に加入できないのは、「大国間ニ介在シ機微ナル国際的地位」にあって、「表面ヨリ容易ニ政治的条約ヲ締結シ難キ国情」にあるからである。だが、そうした困難な国際政治状況のなかであえて政治条約を結ばずとも、文化協定の締結によって「事実上相当ノ効果」を挙げることが可能だとされる。このことはハンガリーに限らず、総じて、充分な国際政治力・経済力を備えていない「諸小国」について一般に言えることであると述べる。

これに対して、文化協定締結における日本側の意図は次のように説明される。

> 現ニ帝国外交ノ枢軸ヲナシオル日独伊防共協定ノ拡大強化策ニ付テ見ルモ防共協定ソレ自身ニ多数ノ小国ノ加盟スルコトハ協定ノ適宜ニシテ自在ナル活用ヲ妨グルコトトナル処ナキニシモアラズ斯ル場合無害ナル文化協定ノ巧ナル利用ニヨリ実際上加盟セルト同様ナル効果ヲ挙グルヲ得ルノ可能性存スベシ、［…］今若シ之等ノ諸小国ニ対シ表面上重苦シキ政治的経済的要素ヲ脱却セル文化協定ヲ以テ近付クニ於テハ最小限度之等諸小国ノ日本ニ対スル『モーラル（ママ）サポート』ヲ確スルコトトナリ進ンデ之ヲ巧ミニ活用スルニ於テハ諸種ノ重要ナル効果ヲ獲

得スルコトヲ得ベシ（B.0.0.0.12、三三－三四頁）。

「文化協定締結ヲ提唱ス／文化協定締結唱導論要旨」のなかのこの部分には、箕輪の上司であった市河によるメモ書きも加えられている。すなわち、「文化協定ヨリ全ク政治的臭味ヲ排除スルコトノ妙味ハ之ニヨリテ所謂防共乃至『ファッショ』ブロック以外ノ諸国ヲモ之ニ加入セシムルヲ得ル［…］日本ガ連盟ヲ脱退以後之等諸国へ呼ビ掛ケル［…］唯一ノモノ」であると。したがって、当時の日本が締結する文化協定には、まずもって防共協定（対ソ諜報謀略）の補完的役割が期待されていたということになる。さらには、ますます国際的孤立を深めていく日本にとって、非枢軸諸国との外交チャンネルを確保するための手段としての意義も認められていたのである。

ただし同時に、文化協定のこのような政策的効用を最大限に引き出すための注意も喚起されている。

上述ノ諸観点ヨリシテ帝国外交政策遂行ノ為ノ有利ナル下地若ハ側面的工作トシテ進ンデ積極的ニ文化協定ノ活用ヲ提唱スルモノニシテ既ニ其ノ申出アル諸国ハ勿論広ク大小ノ欧米諸国ノ他最モ文化関係深キ支那トノ関連ニ於テ今次事変ノ収拾策ノ重要ナル基調ノ一トシテモ［…］浩涵且包括的内容ヲ有スル日支文化協定ノ締結ヲ考究スベキ［…］其ノ他トノ諸国殊ニ欧米諸国トノ文化協定ノ締結ニ関シテハ其ノ相手国、時期及条約ノ内容ニ付慎重ナル考慮ヲ要ス（B.0.0.0.12、三五頁）。

ここでは、先に述べたような文化外交の観点から、日本は今後、文化協定を積極的に活用すべきとされ、そこには対中国政策も含まれている。文化協定の文化的意義について述べたところでは協定締結の提唱それ自体が日本の文化宣伝に寄与することが主張されていたが、将来、広範な内容を規定する日支文化協定が成立したとすれば、日中戦争収拾策においてもこれが「重要ナル基調ノ一」になることが期待されている。

他方で対欧米諸国の場合には、まずその相手国、ならびに締結時期と条約内容にも「慎重ナル考慮」が必要とされており、具体的には次のように述べられる。この部分は、三〇年代後半における日本の文化協定政策と、その政策体系のなかでの日独文化協定成立の意味を考えるうえで、極めて重要な部分である。

文化協定ハ其ノ規定ノ内容無害ニシテ且有意義ナルコトニ生命ヲ有スルモノナル事実ニ鑑ミ能フル限リ此ノ点ヲ生カシツツ之ヲ活用スベキモノト考ヘラルレバ其ノ相手国トシテ先ズ独、伊等ヲ選ビテ之等諸国トノ政治的諒解ノ上塗リタル感ヲ与ヘ他ノ諸国ヲシテ之ニ疑惑ヲ持タシメ又一種ノ政策的臭味ヲ感得セシムルハ極メテ策ノ拙ナルモノト謂フベク斯クテハ折角本協定活用ノ真髄ヲ発揮スルヲ得ザルベク又文化協定ノ内容ニ或種ノ政治的諒解ヲ歌フカ如キ条文字句ヲ挿入スルハ之亦略上述ノ理由ニヨリテ知ラルル如ク諸国殊ニ小国ノ歩ミ寄リヲ困難ナラシメ徒ニ日本ノ締結スル文化協定ニ無用ナル危惧ヲ抱カシムルコトトナリ百害アリテ一利ナキモノトナレバ、既ニ洪国トノ間ニ成立スベキ協定条文ハ特殊ノ例外的事情（両国間ニ未ダ正式ノ条約関係無キコト）ニヨルモノトスルモ、将来締結スベキモノハ純粋ナル文化内容ノミヲ有スルモノタラシムルコト遥カニ賢明ナリ（B.0.0.0.12、三五－三六頁）。

このように、文化協定の「表見的ニ無害ナル性質」を最大限に活用した政策的利用において、これを最初にドイツやイタリアと締結することは全くの下策であるとされていたのである。それは、すでに政治提携が進展しつつあるドイツやイタリアとの文化協定によって、日本が結ぶ文化協定に「政治的諒解ノ上塗リタル感」や「政策的臭味」が強められ、このことによって文化協定の政策的利用の大前提となる「表見的ニ無害ナル性質」が損なわれてしまうからであった。また協定内容についても、同じ理由で「政治的諒解ヲ歌フカ如キ条文字句」を入れることは努めて避けるべきとされている。

ここまで箕輪の文化協定認識と、それに基づく三八年七月時点の政策提言の内容について詳しく見てきた。箕輪の政策論においては、包括的文化協定は固定的な、一つの文化的目的を追求するためのものではなく、むしろ多様な対外政策に応じた多角的な利用構想が練られていたのである。このような政策論においては、文化協定はいわば玉虫色の条約であったと見ることもできよう。次節では、この政策論が同じ時期の政策展開にどのように反映されていたのかについて、ハンガリーとの文化協定締結交渉を通じて見ていく。

第3節　日洪文化協定の締結交渉から見た初期の政策展開

戦間期の日本外務省における文化協定政策の起点は、百瀬（一九八四）でも指摘されているように、防共（反ソ）の観点に基づく東欧諸国との関係構築の努力のなかに見出される。これら東欧諸国は、第一次世界大戦後のオーストリア・ハンガリー帝国の解体などによって、「民族自決」の原則に基づいて生まれた新興国であった。日本もこれらの諸国との新たな関係構築を模索していくことになる。ただし、戦間期を通じてそこでの利害関心の中心は、「これら諸国がソ連の西側隣接国であるという点にたいしてであり、対ソ軍事・政治戦略の観点であった」（同上、一七九－一八〇頁）。

もっとも、日本においてこのような対ソ戦略的観点からソ連（ロシア）の西側に隣接するヨーロッパ諸国との協力関係の価値を見出すという発想は、戦間期よりも前から存在していた。すでに日露戦争前後の時代から、日本では陸軍参謀本部を中心としてヨーロッパにおける諜報・謀略工作が試みられていた（いわゆる「明石工作」）。第一次世界大戦後、そして一九三〇年代には、陸軍参謀本部第二部によってヨーロッパにおける対ソ諜報・謀略体制の整備が本格的に進められることとなり、東京から欧州各国に派遣された武官たちが現地でこの仕事を担っていたのである（田嶋 二〇一七）。三六（昭和一一）年一一月二五日の日独防共協定の成立は、当初は中国、ポーランド、オランダ、イギリスなどの国々との二国間ないし多国間協定を想定していた日本外務省にあっては、その「『防共外交』の成功ではなく、むしろその失敗の結果として成立した」ものであった（同上、一〇八頁）。

とはいえ、日独防共協定の成立以降にも、その拡大強化を通じて多くの国々とのあいだで反ソ協力という観点からの関係構築を企図していた日本にとって、いかにして東欧諸国をして日本の防共政策に加担させるのかは、依然として重要な政策課題であった。日本側では、対中問題との関連でソ連への警戒心がますます高まるにつれ、「これら諸国を少しでも味方に引込もうとする積極的な政策」へと移行していく。だが、国際政治力や軍事力に乏しいこれらの国々は、「ソ連を対象とした公然たる対日協力には逡巡してい」た。もっとも、日本側としても防共協定そのものをむやみに拡大することは決して好まなかったこともあって、その解決策の一つとして注目されたのが、防共協定の「代替策」としての文化協定であり、「文化協定のかたちでこれら諸国の軍事的政治的協力を確保する試み」がなされたのである（百瀬 一九八四、一八八頁、一九二頁）。

当時の日本外務省における文化協定の政策的意義の一つには、軍事・政治的な色あいの強い「防共協定」ではなく、「非政治的な」装いを持つ文化協定という、いわばソフトな手法でもって反ソ協力を拡大していくところにあり、これによって以前の防共外交の失敗を補おうとするものであったとも考えられる。

実際の政策展開においては、とりわけドイツの政治的影響下にあったハンガリーにおいて、日本との文化協定締結交渉がいち早く開始され、三八年一一月一五日に日洪文化協定（「友好及文化的協力ニ関スル日本国「ハンガリー」国間条約」、同条約は Agreement ではなく Convention として締結された）が調印される。ハンガリーはその後、三九年二月二四日に防共協定に加盟、同年四月に国際連盟脱退、そして四〇年一一月に軍事同盟に加入することになる。当初はハンガリーのほかにも、ポーランドやルーマニアとの文化協定も想定されていたが、その後の国際状況の変化にともなう日本の対ソ政策の転換によって、[3]「東欧諸国にたいする関心の権力政治的発想にもとづく後退」（同上、二〇一頁）がもたらされた。そして、同時に東欧諸国との文化協定の対ソ戦略的意義も次第に失われていく。

　以下では、日本の初期の文化協定政策の内容を具体的に示す事例としてハンガリーとの文化協定に着目し、日本側における政策展開について検討したい。日洪文化協定の締結に至る経緯の概要は、外務省内の関係者に向けた執務参考用の内部資料である「日洪文化協定成立ノ経過及内容」に、比較的詳しくまとめられている(4)。同報告書が作成された具体的な日付は不明であるが、その内容から見て、この時期にはまだ協定の批准書は交換されていないことがわかる。したがって、調印から批准までの時期、すなわち三八年一一月一五日から三九年一二月二〇日のあいだに作成された文書であると考えられる。

「日洪文化協定成立ノ経過及内容」によれば、文化協定締結のきっかけは、三六年一二月の日本側からの学生交換の提案に対して、ハンガリー側が「単ニ学生交換ノミナラズ一般的文化関係増進ノ目的ヲ以テ文化協定ヲ締結シ度キ意向」を示し、日本側提案をハンガリー側が発展的な形で受け入れたことにあるとしている。上述のような文化協定の政策的利用を考えていた日本側はこれを「積極的ニ考慮スル」として、その後の交渉を経て、三八年一一月一五日に日洪文化協定調印に至った。以下はその全文である。

友好及文化的協力ニ関スル日本国「ハンガリー」国間条約
昭和一三年（一九三八年）一一月一五日「ブダペスト」ニ於テ署名
昭和一四年（一九三九年）一二月二〇日同地ニ於テ批准書交換
同年（同年）一二月二六日（一二月二七日附官報）公布
同年（同年）一二月三〇日ヨリ実施

大日本帝国天皇陛下

及
「ハンガリー」王国摂政殿下ハ
幸ニ両国間ニ存在スル友好及相互的信頼ノ関係ヲ厳粛ナル文書ニ依リテ確認シ且之ヲ強固ナラシメンコトヲ欲シ
永キ伝統ニ基礎ヲ置ク各自ノ固有ノ文化ノ相互的尊敬ノ基礎ノ上ニ両国ノ文化関係ヲ増進セシメ且之ニ依リ両国ノ相互的理解ヲ深カラシムルノ希望ニ均シク促サレ
条約ヲ締結スルコトニ決シ之ガ為左ノ如ク其ノ全権委員ヲ任命セリ
大日本帝国天皇陛下
「ハンガリー」国駐在大日本帝国特命全権公使松宮順
「ハンガリー」王国摂政殿下
「ハンガリー」王国枢密顧問官、「ハンガリー」王国宗教及国民教育大臣、伯爵「ポール〔パール〕、テレキ」
右各全権委員ハ互ニ其ノ全権委任状ヲ示シ之ガ良好妥当ナルヲ認メタル後左ノ諸規定ヲ協定セリ
第一条　締約国ノ間ニハ常ニ友好及親善アルベシ
第二条　締約国ハ其ノ文化関係ヲ堅実ナル基礎ノ上ニ樹立スル様努力スベク且之ニ付最モ緊密ナル努力ヲ為スベシ
第三条　締約国ハ前条ノ目的ヲ達成スル為学術、美術、音楽、文学、映画、無線放送、運動競技等ノ分野ニ於テ相互ノ国民ノ間ノ文化関係ヲ能フ限リ増進スベシ
第四条　締約国ノ権限アル官憲ハ前二条ノ実施ニ必要ナル細目的措置ヲ必要ニ応ジ決定スベシ
第五条　本条約ハ批准セラルベシ批准書ハ成ルベク速ニ「ブダペスト」ニ於テ交換セラルベシ
本条約ハ批准書ノ交換後十日ニシテ実施セラルベク何レカ一方ノ締約国ガ之ヲ廃棄シタル日ヨリ六月ノ期間ノ満了ニ至ル迄引続キ効力ヲ有スベシ

右証拠トシテ各全権委員ハ本条約ニ署名調印セリ
昭和一三年一一月一五日即チ一九三八年一一月一五日「ブダペスト」ニ於テ本書二通ヲ作成ス
松宮　順（印）
ペー〔パール〕、テレキ（印）
出典：外務省条約局編（一九四三）、九〇五－九〇七頁。

日洪文化協定の締結は、少なくとも日本側においては、最初から非常に強い政治的動機に基づいていた。もっとも、日本外務省ではこの協定に強い関心を示す一方で、条文内容についてはなお慎重な態度をとっていた。当初ハンガリー側が提示した案文は「比較的重要ナラサル事項迄詳細ニ渉リ規定」されたものであった。これに対して日本側は、おそらくはその後の政策的利便性を考慮して、「簡潔ナル原則的条文ノミ」で構成された文化協定こそ「其ノ趣旨ニ則セル協定」と考えていた（「日洪文化協定成立ノ経過及内容」、五八二頁）。

日本側においてハンガリーとの文化協定締結が検討され始めたのは、三七年後半になってからである。当時、第一次近衛文麿内閣において外相には広田弘毅（任三七年六月四日－三八年五月二六日）が就いており、在ハンガリー公使は谷正之（オーストリア特命全権公使兼任）であった。谷は三七年九月三日に、ハンガリー政府が日本との文化協定の締結に「非常ノ期待」を持ち、早くも一〇月中頃の調印を目指して、これを非公式に日本側に伝えてきたことを本省に報告している[5]。

それから一週間後の九月一〇日、これに対する本省からの指示は、「包括的文化協定ヲ締結スルコトハ諸般ノ考量ニ基キ今暫ク時機ヲ待ツコト」として、代わりに両国間の学生交換のみを行うという段階的措置を講じるものであった[6]。確かに、日本にとってハンガリーは有力な締結候補国の一つではあったが、極めて複雑な国際情勢において包括的文化協定の締結は「相手国ノ選択並ニ締結時期及協定内容等ニ関シ尚慎重ニ考慮スベキ」という考えがあった。それゆえ日本側では、ハンガリー側が提示した「詳細」な規定をともなう条約案を、三七年一〇月の時点で受け入れることはできなかったのである。(7)

こうした本省の慎重な姿勢とは反対に、現地にいた谷の方では、できるだけ早くハンガリーとの交渉をまとめたいと考えていたようである。谷はそのまま素直に引き下がることはせずに、一〇月一九日に本省に宛てた文書で「協定成立ノ要ヲ痛感スル」と、その必要性を強く主張している。(8) 谷は以前に亜細亜局長を務めていたころ、情報部長であった白鳥敏夫とともに、満洲事変以後に「外務省を代表」して軍部との連絡協議を担っていた人物であった（戸部 二〇一〇、六一－六二頁）。すでに陸軍参謀本部第二部によって進められていたヨーロッパにおける対ソ諜報・謀略体制の整備と、この時期の外務省の文化協定政策が連動していたのかどうかはわからない。しかし、少なくとも東欧諸国との文化協定が、こうした対ソ諜報・謀略体制の重要な構成要素となりえるものと見なされていた可能性は充分に考えられるだろう。

実際、谷の一〇月一九日付けの文書によれば、これより前に、本省から在独大使館宛てに「第一五六号対露諜報網ノ構成ニ関スル御訓電」が出されており、谷はこの諜報網の構築が必要であり、しかも、「同時ニ近接諸国ノ有スル露国情報ヲ成ルヘク利用シ易キ環境ヲ促進スルコトモ肝要」と述べている。ただし、「小国ニアリテハ大国間争闘ノ渦中ニ投入スルヲ恐ルルヲ以テ防共協定ノ如キ形式ニ依リ対露共同戦線ヲ張ルコトヲ欲セサルモ、文化協定ノ如キ一見無害ノ形式ニ依リ右共同戦線ノ実ヲ挙クルノ余地アル」としている。この谷の発言には、まさに箕輪と同様の仕方での文化協定の政策的利用の発想があり、ここから、箕輪の政策論が具体的な外交政策の場面で展開していたことを確認することができるだろう。またこのような文化協定政策は、谷においては、特にズデーテン問題をめぐってナチ・ドイツの脅威に直面していたチェコスロバキア以外の（チェコスロバキアは、三五年五月にソ連と相互援助条約を調印、六月に批准）、あらゆるソ連近接諸国がソ連の「崩壊若クハ解体ヲ希望」しているという状況認識に基づいている。(9) したがって、少なくとも谷の主観では、それらの諸国が防共協定に加盟する強い動機を有していることは疑いなく、「文化協定ノ如キ一見無害ノ形式」をもってすれば、あらゆる諸国がこれに無理なく、実質的に「加盟」することができると考えられたのであった。

谷は三七年一〇月二〇日に再度本省に宛てて、ハンガリーとの文化協定締結について、いっそう積極的な主張を展開している(10)。すなわち、もし外務省において「対露文化合同戦線確立ノ方針」を確立し、ソ連近接諸国とのあいだに「文化合作ノ実」を挙げることができたならば、それらの国々と「平時ニ於テ対露共同観念ヲ涵養シツツ諸般ノ情報ヲ得ル」ことができるとする。しかも、好都合なことにハンガリーはすでに日本以外の諸外国とも文化協定を締結しているので、日本側としては「洪国トノ協定ハ自然之ヲ他ノ諸国殊ニ波蘭ニモ普及シ得ルノ端緒トナル」と述べている。加えて、国際文化事業はその規模や頻度に応じた予算を要するが、わざわざ多額の費用を投じて広範囲にこれを行う必要はなく、「差当リ協定締結ニ伴フ精神的友好ニ重キヲ置キ之カ実行ハ協定内容中適当ナル事項ヨリ之ヲ開始スル」と提案している。

ここから明らかなように、ハンガリーとの文化協定においては「精神的友好」のパフォーマンスとして、協定締結それ自体が重視されている。こうした目的と姿勢、そして費用面からも、詳細な規定を盛り込んだ文化協定ではなく、その後の状況変化に応じて自在に用いることができるような、原則的表現のみで構成された協定が望まれたのである。谷のこうした主張に対してはしかし、本省側は「協定締結ノ方針ヲ以テ具体的ニ研究中」と返答するに留まり(11)、同時に臨時代理公使諏訪（オーストリア臨時代理公使兼任）に対して、日洪文化協定のハンガリー側案におけるいくつかの条項に関連した事項、曖昧な文言のハンガリー政府側の解釈について、調査を命じている(12)。

三七年一二月一一日には、本省における関係部局であった文化事業部と条約局のあいだで、日洪文化協定を議題とした会議が開かれた(13)。そこでは、文化協定政策をめぐる両部局のあいだでの意見の相違が見受けられる。この会議には文化事業部から部長岡田兼一、第三課長市河、事務官箕輪が、条約局からは第一課長大久保利隆が出席した。大久保はいわゆる「防共協定強化問題」（第2章参照）において、ドイツとの同盟には反対であったにもかかわらず、その職務上、外務省の同盟条約案を作成しなければならなかった人物である（高川 二〇一五、三三五－三三七頁、二八三－二八五頁）。なお、当時の条約局長は三谷隆信（任三七年五月四日－四〇年九月五日）であったが、その彼が後には文化事業部長を兼任することとなり（任三八年一二月一七日－四〇年九月五日）、日独文化協定の執行過程にも関わることとなる（第3章参照）(14)。

この会議の席で条約局第一課は、対東欧諸国を中心とした文化協定交渉の土台となっている文化事業部の政策について、いくつかの疑問を呈している。第一に、国際文化事業実施の点から見た場合の文化協定の効用について。市河が大久保に対して、「条約局トシテハ可能ナラバ能フ限リ条約締結ヲ避ケテ一般対外交渉ヲ遂行シタキ基本原則トモイフベキ建前ヲ有セラルルヤ」と尋ねたところ、大久保は「決シテ斯ル主義アル訳ニハ非ザルモ［…］一々条約トナシ枢密院ノ制限ヲ受クルコトハ相当煩ニ堪エザル［…］若シ日洪間ニ条約ヲ以テ規定スル時ニハ之ガ実施ニツキ或ハ其改廃ニ付相当手続キ上ノ面倒加ハリ却ツテ自由ナルベキ文化的交渉ヲ固定化シ又阻害スルコトナキヤヲ恐ル」と述べており、技術的な繁雑さに加えて、そもそも条約という形式自体が文化事業を束縛することを懸念していた。

こうした制限としての条約という観点からの条約局の懸念に対して、市河は「今日時局柄日本ハ文化的ニ相当孤立的、排他的傾向アリ之ガ傾向ハ決シテ日本ノ文化的進運ノタメニ歓迎スベキモノニ非ズ」、「全世界ガ日本ヲ野蛮国視シテイル」危機的状況において、「文明国」日本を世界に知らしめ、さらにはそれを外務省主導で行うべきという考えを示している。

第二に、すでに防共協定を結んでいるドイツ・イタリアとの関係調整の問題である。これについて岡田は、「単ニ洪国トノミナラズ之ニ引続キ白、独、伊等ト締結ノ用意アリ」と答えている。なお、こうした問題については、条約局第一課の佐藤事務官も私見を述べている。それは、大久保の意見と同様、条約の形式をとれば必ず枢密院の干渉が入るため、批准条項を付しておく必要があること。そして相手国の選択（「何故『ハンガリー』ト先ズ行フカ、大国と取結ブコト能ハズヤ」）や、文化協定の文化的意義（「何故『ポーランド』ト行ヒシ如ク私的ノモノトセザルヤ」）についても疑問を抱いていた[15]。

条文内容については、「何処ノ国トデモソレヲ交換」できるような数カ条の原則的な規定とすることで一致している。実際に調印された日洪文化協定の条文もこの方針に即しており、その後すぐに締結された日独文化協定や、翌年の日伊文化協定の内容もこれとほぼ同様であった──もっとも、対アジア諸国、すなわち四二年に締結されたタイとの文化協定には詳細な規定が多数含まれており、これは三〇年代後半の対ヨーロッパ諸国の方針とは大きく異なっている。

ここまで日洪文化協定をめぐる本省と出先機関、また本省内での文化事業部と条約局のあいだのやりとりについて見てきた。当時の日本の文化協定政策は、防共外交の一環として具体的に構想され、そうした全体的な外交政策的枠組みのなかで、あるいは内容的には陸軍が展開していた対ソ諜略に沿った形でも展開していた。ただし、三七年後半の時期には日本外務省においても文化協定政策について完全に足並みを揃えていたわけではなく、積極性の度合い、条約を結ぶ意義やその内容についての意見の相違も見られた。さらに同時期には、反英的なイタリアの防共協定参加（三七年一一月六日）によってその性格がますます複雑化したことで、これにともなって文化協定政策にもいっそうの慎重さが求められるようになっていた。

第4節　宇垣外相期の文化協定政策

（1）　宇垣一成と東郷茂徳

戦間期においてヨーロッパにおける対ソ諜報網の構築に資するべく、東欧諸国を主な締結対象として始まった日本外務省の文化協定政策は、一九三八（昭和一三）年に入ってから日独文化協定の締結に至るまでにどのような経過をたどったのか、以下ではこれを検討していきたい。そこで注目されるのは、三八年六月二三日に起草された本省（主管は文化事業部長、主任は第三課長）から在独大使東郷茂徳宛ての「文化協定締結ノ一般方針ニ関スル件」（B.1.0.0.J/H1）という文書の内容である。ただし、著者が外務省記録のなかの文化協定関連ファイル（巻末の「史料・参考文献」参照）を調べた限りでは、まだ電信案の段階であったこの文書がその後、実際にドイツにいる東郷のところへ送られた形跡はなく、この文書にも手書きで「廃案」の文字が記されている。

この「廃案」が意味するところはあとで検討するが、その前にまず、同文書の内容を紹介しておきたい。そこでは文化協定の政策的な利用可能性に加えて、締結方針とその際の注意が述べられている。前者については、現在締結交渉中の日洪文化協定は「帝国外交政策ノ一基調トシテ本邦文化ノ対外宣揚ヲ図ルト共ニ［…］之ヲ巧ニ利用シ諸種ノ重要ナル効果ヲ収メントスルニアリ即チ一般ニ文化協定カ政治経済問題ヲ離レ何レノ国ニモ有益無害ナル性質ヲ有スルニ鑑ミ右協定締結ノ意向ヲ有スル諸国ニ働掛ケ」るとして、二通りの場合を挙げる。まず「防共協定ニ好意ヲ寄スルモ正式ニ加盟シ若ハ加盟セシムルヲ困難トスル国情ニアル諸国ヲ誘ヒテ枢軸ノ強化ニ資」すること。次に、「所謂『ファッショブロック』ニ属セサルモ帝国トノ文化的接近ヲ図ラントスル諸国ノ提携ヲ緊密化スルコトニヨリ文化的盟邦ノ結成ヲ図リテ帝国ノ国際的地位ノ強化ニ資スル」ことであった。そのうえさらに、「裏面ニ於テ諜報蒐集其ノ他ノ工作施行ノ便ヲ増進」するという効用も期待されていた。

後者については、第一に、「帝国ノ締結スル文化協定カ或種ノ政策的諒解ヲ有スルガ如キ疑惑ヲ生ゼザラシメンカタメ協定内容ハ能フル限リ政治的臭味ヲ脱シ純粋ニ文化的事項ニ限レル無害ノモノトスルト共ニ所謂『ファッショ・ブロック』ニ属スル大国（トノ協定締結）ハ今暫ク之ヲ見合ハシ寧ロ之ニ属セザル諸国ト先ヅ締結スルコト」。第二に、「本邦国内手続、予算関係ニヨル他協定ノ自在ナル運用ヲ可能ナラシムルタメ能フル限リ簡潔ナル協定トナスコト」と、この二点が挙げられている。

付言しておけば、同文書中で「尚貴地〔ドイツ〕ニ於テ協定草案作成ノ要アル時ハ」と述べられていることから、三八年六月時点においては、まだドイツとの文化協定の締結交渉は始まっていないか、少なくとも草案を作成する段階には至っていなかったことがわかる。しかしこれは裏を返せば、この時期には「草案作成ノ要」が出てくる可能性が充分にあったとも言える。いずれにせよ、同文書に示された内容と言葉づかいが、既述の箕輪の文化協定政策論や広田外相期の政策方針とほとんど一致していることは明らかであろう。それでは、同文書に手書きで記された「廃案」の文字は、どのように解釈したらよいだろうか。これが単に省内の文書作成過程での部分的な訂正によるものなのか、それとも、文書作成後に何らかの事情や政策環境の変化によって、文化協定政策の基本方針自体が変化したことによるものなのか。

この時期には、第一次近衛内閣の内閣改造によって入閣した宇垣一成が、三八年五月二六日から同年九月三〇日までのおよそ四ヵ月間、外相の任にあった。この内閣改造にともなう外相交代は、文化協定政策の方針にも何らかの影響を及ぼしたのだろうか。すなわち、当初の文化協定締結方針が、三八年に入ってから日独文化協定が締結されるまでのあいだにも放棄されることなく継続していたのだろうか。もし、政策構想の全般的な修正の意味での「廃案」でなければ、従来の文化協定締結方針はこの宇垣外相期にも継続していたと言うことができるだろう。そこで以下では、三八年六月二三日の「文化協定締結ノ一般方針ニ関スル件」の位置づけを考えるために、宇垣自身の外交方針と在独大使館の状況、そしてハンガリーやドイツ以外の諸外国との文化協定交渉に着目して、この問題について検討する。

宇垣は内閣改造に際しての入閣の条件として、首相近衛に四つの条件を提示している。すなわち、①内閣の強化統一、②外交の一元化、③中国に対する和平交渉の開始、④三八年一月一六日の「国民政府ヲ対手トセズ」声明を必要に応じて取り消すことであり、近衛も少なくともこの時点ではこれらを諒承した。宇垣は当時の内閣を「不統一で、弱体」、「総理を中心とした統一が充分とれた強いものにしなくてはいかぬと感じていた」。そして、特に日本の二重外交状態を深刻に捉え、確たる外交基盤を整えたうえで日中関係を調整していこうと考えていた（宇垣一九七〇、一二四〇－一二四一頁）。それより前の三七年一月には、自らの組閣の機会を陸軍の妨害によってつぶされ、「大命拝辞」を余儀なくされたこともあって、宇垣は対中国問題の速やかな解決をもって「軍部の脱線行為を常道に復帰せしむる」という意志をますます固くしていた（渡邊 一九九三、一八一頁）。

当時、外務省東亜局長であった石射猪太郎によれば、宇垣は対中強硬策を進めていた軍部や政府、それに迎合的な広田外相とは一線を画する人物であり、「宇垣新大臣を迎えて旬日ならずして、外務省内の空気に新味と明朗を感じたのは私一人ではなかった」と述べている（石射 二〇一五、三〇七－三〇八頁）。外相であった期間を通して宇垣がとりわけ関心を向けていたのは、やはり日中戦争の早期収拾であり、対英米ソ関係はこれとの関連で問題にされていたにとどまる。また、宇垣は五月二七日の外務省への初登庁での挨拶で、自らを「外交界には無経験」、「此界に畑違ひの育ちたる素人」とも述べており、七月二五日の「外務畑の某氏に対する余の語り草」と題するところでは、「機構の改革や人事の刷新は［…］余の課せられたる第一義的仕事ではない」と記している（宇垣 一九七〇、一二三三－一二六五）。実際、広田の外相辞任後、白鳥を次官に擁立しようとする策動や省内人事刷新論の唱道が外務省革新派によって展開されたものの、宇垣がこれに取り合うことはなく、その任期中に主要な人事の大幅な入れ替えなどはなされていない（石射 二〇一五、三〇六頁、三二一－三二三頁）。国際文化事業や文化協定政策に関わる文化事業部や条約局、欧亜局、また在ドイツや在ハンガリーなどの出先機関の人事についても、それ以前と同様である。

結局、宇垣は対華中央機関設置の動きを受けて外相を辞任することになるが、そのあいだには、広田外相期に武断主義的な方向に大きく傾いた対中政策の修正に尽力し、それ以外は大枠では従来の外交方針を継承し、文化外交の領域についても同様であったと思われる。日中和平に関心を集中し、それとの関連で対英米関係の調整の必要性を考えていた宇垣が（渡邊 一九九三、一九〇－二〇二頁）、わずか四ヵ月の任期中に欧米諸国との文化協定についての従来の基本方針を大々的に転換したとは考えにくい。

他方、同文書の予定送り先であった東郷の方はどのような状況であったか。戦後に記された彼の手記によれば、在独大使時代、東郷はドイツとのみの関係強化に対しては強く反対していた。東郷はこの時期を振り返って、日本の対独政策や三国同盟問題に関して、以下のように述べている。少し長いが、彼の当時の外交政策的な立場を端的に示す発言であるため、ここで引用したい。

> 此頃より予の「ナチ」主義を嫌悪する念は益々旺盛となつたので自然独逸側にも洩れたことであらう。予は常に日本と列強との関係の改善に努めたので、独逸に対しても之を排斥するものではなかつた。予は米英蘇との関係改善に最も力を注ぐ必要を認めたので之を犠牲として迄独逸との接近を計ることは常に反対であった。[…] 多年独逸にありて其国力に就き研究を怠らなかつた自分は到底独逸の終局的勝利を信じ得ないので、日本が独逸と同盟して運命を共にするが如きは極力さけなくてはならぬと信じて居た。
>
> 日本では防共協定強化と称して最小化するに努めたが、其の趣旨は英米をも目標とする同盟にあつたことは独逸側提案を一瞥すれば明瞭である。されば「リッペ（ママ）ントロップ」が笠原少将証言の通り予の反対を恐れて予に秘した心情を了解せらるるのであるが、予は右内容の交渉が行はれて居ることを聞知するや、直ちに日独間の同盟は日本の採るべき途に非ることを再三電報した［…］。
>
> しかし東京では自分の対独消極政策を是認した広田外相も五月辞任し、軍部の圧迫は益々強化せられたものの如く、八月末に独逸側との交渉開始の予報があつた。之に対

東郷茂徳（1882–1950年），在独大使時代。
出典：東郷（2005）。

しても自分は［…］反対の意見と武官をして斯る外交重要問題を取扱はしむる不当に付き電報したので、莫斯科に転任するやうにとの大臣来電に接した（東郷 二〇〇五、一三〇－一三一頁）。

こうした東郷の証言からは、彼自身のナチ嫌悪や、対英米関係を損なう形での日独同盟には強く反対していたこと、さらにはドイツ外務省（外相ヨアヒム・フォン・リッベントロップ）や日本軍部（在独日本大使館付陸軍武官大島浩）との関係が不仲であったことも窺われる。もちろん、これには東郷の主観も多分に含まれている可能性はあるが、東郷自身もそれは充分に自覚しており、在独大使時代の同証言については首藤安人（当時、大使館商務書記官）、昌谷忠（当時、大使館主席書記官）、笠原幸雄（当時、参謀本部付陸軍少将）らによる極東国際軍事裁判での宣誓口供書を証拠として手記に引用している（同上、一二三－一二八頁）。彼ら三名の証言によれば、首藤は三七年二月から三八年一二月まで在独日本大使館に勤務し、かつ経済的観点から三国同盟問題を捉え、東郷とも多く議論を交わしていた様子が見受けられる。昌谷は東郷が在独大使時代を通じて、大使館に勤務し「大使専用の電報符号の使用にも当って」いたこともあって、「防共協定強化問題、即ち日独同盟問題、駐独帝国大使更迭の問題に付直接聞知」していた。したがって、この二名は当時の東郷を最もよく知る人物であった。さらに、大使館員のような東郷と比較的近しい人物だけでなく、異なる立場にあった笠原の証言も重要であり、東郷の一貫した「対独消極政策」を裏づけるものであろう。

以上のような東郷の政策的立場は、これまでの防共外交の一環としての文化協定政策の方向性とも対立するものではない。

（2）諸外国との文化協定交渉

最後に、宇垣外相期の文化協定政策について、ドイツやハンガリー以外の国々の事例から検討したい。三八年には日本の文化協定締結交渉は対ハンガリーを主軸として進められていたが、そのほかの国々との締結も着々と準備が進められていた。同時期に締結交渉が進められていたのはポーランド、ベルギー、そしてアルゼンチンである。

まず、ポーランドの場合、三八年六月に在波大使酒匂秀一は、本省から、「〔ハンガリーとの〕協定目鼻付キ次第貴任国トノ間ニモ文化協定締結ニ関する具体的交渉ヲ開始スルコト」との指示を受けており、それにはいくつかの注意点もともなっていた。すなわち、日洪文化協定交渉においてハンガリー側が当初作成したような「其ノ内容詳細ニ過ギ」るようなものではなく、「原則的条文数ヶ条」のみで構成され、「適宜且自在ニ其ノ機能ヲ発揮セシムルコト」を可能とする文化協定が望ましいと考えられていた。さらに、ハンガリーとの場合に条約名に「友好」の文字を付したことは例外であって、やはり原則的には「能フル限リ政治的色彩ヲ離レ純粋ニ文化的内容ヲ有スルモノ」でなければならないとも言われている(16)。

これに関して、箕輪は同時期の三八年六月に、「日波文化協定ノ締結ハ波蘭ノ複雑ナル内外情勢ニ顧ミ或ハ他ノ『アルゼンチン』『ベルギー』等トノモノノ後ニ発表スルコト得策ナランカ」と提案している(17)。これはおそらくは、ソ連との関係でその政治色が比較的強く表れる日波文化協定の締結を(18)、アルゼンチンやベルギーとのいわば「政治中立的」な文化協定のあとに持ってくることによって中和しようという提言であったと思われる。なお、日本とポーランドとのあいだでは、三六年にはすでに学生交換協定が成立しているが、戦前期に包括的文化協定の締結交渉がこれ以上進展したという様子はない。在ポーランド日本公使館は、三七年一〇月一日に大使館に昇格したものの、三九年九月のドイツによるポーランド侵攻のために二年ほどで引き揚げなければならず、文化協定の締結交渉もその時点で打ち切られたと考えられる。

次にベルギーの場合、これは同じ欧州諸国であってもハンガリーやポーランドとは異なり対ソ政策とも関連が薄いうえに、枢軸ブロックにも属していない国である(19)。ベルギーとの交渉役は在白大使来栖三郎であった。三七年中頃には、ベルギーとはまだ文化協定を締結するほどには交渉は進んでいなかったものの、来栖は本省に宛てて「日白両国間ノ学生交換ニ関シ〔…〕当国文部省ニ於テハ本問題ニ関シ多大ノ関心ヲ示シ来リ」と報告している。[20] 既述のように、この時期になると学生や教授の交換、研究資料の交換などについて規定する学事協定は、包括的文化協定の締結に際しての段階的措置という側面も有するようになっていた。この来栖報告からはベルギー側（当時の文相「オスト」）の積極性が窺われるが、その姿勢は以後も保持され、三七年の内に日白文化協定に関する「文書交換ノ話合アル趣」があった。そして来栖は三八年六月に、在ポーランド大使酒匂に宛てられたものと同じ内容の、締結に際しての注意事項を本省から受けているのである。[21]

またアルゼンチンの場合には、すでに三六年の初めには、日亜間に何らかの文化条約を締結しようという動きが起きていた。三六年一月一六日、在アルゼンチン公使山崎次郎は本省に宛てて、アルゼンチン外相との会談において、「日亜間ニモ伯亜〔ブラジル・アルゼンチン〕間同様ノ文化関係条約ヲ締結致シ度キ希望アルコト、尚又出来得レバ日本側ヨリ之ガ申出アルコトヲ希望スルガ如キ」発言をアルゼンチン外相が漏らしていた、と報告している。[22] そして、三八年六月には、やはりポーランドやベルギーの場合と同様に、本省から出先機関に向けて、文化協定の締結方針に関する指示がなされていた。三八年六月六日、本省は在アルゼンチン公使内山岩太郎に対して、山崎が報告したアルゼンチン外相の態度を受けて、文化協定締結の可能性を示唆している。そこでは、「対外工作ノ一基調トシテ汎ク大小諸国ト文化協定ヲ締結シ文化提携ヲ通ジテ国際情勢ノ有利ナル展開ニ資セントスル議纏マリ」、「其ノ実現ノ第一歩」としてポーランドやベルギー、アルゼンチンとの文化協定を位置づけていることが述べられている。[23]

このように、ハンガリー以外の諸国との文化協定締結交渉の経過においても、やはり当初の政策構想が維持され、これに基づく締結方針が土台となっていたことを見て取ることができるだろう。もちろん、外務省内における各部局や個々の政策担当官のなかでは、考え方は一様ではなかったかもしれない。しかし、全体としては、政治色を排した文化協定の多角的利用という基本方針は一貫しているのである。反対に、そうした方針が明らかに転換したことを示すような史料は、管見の限り見当たらない。したがって、本節の冒頭で紹介した三八年六月二三日の「文化協定締結ノ一般方針ニ関スル件」の内容も、やはり多かれ少なかれ宇垣外相期の政策方針が示されたものであったと考えられるのである。

本章を通じて見てきたように、まず戦間期に結ばれる文化協定は、学事協定から包括的文化協定へと次第に変化していた。日本外務省ではこの文化協定を政策的に柔軟に、そして幅広く利用するための研究が文化事業部を中心になされていた。そして、当時の全体的な日本外交の方向性や日本が置かれた国際環境に沿う形での、具体的な政策構想が練り上げられていったのである。それが実際の施策にも反映されていたことは、ハンガリーやそのほかの諸国との文化協定締結交渉からも明らかであろう。しかもそれは全体としては一貫したものであった。日本外務省におけるこのような政策展開は、日独文化協定成立にどのようにつながっていくのか。次章では、これを三八年の第一次三国同盟問題との関連のなかで考察していく。

第2章

日独文化協定の成立

——1938年までの状況

ヒトラー・ユーゲント派遣団の来日。1938 年，横浜港にて。

先頭は団長のラインホルト・シュルツェ。

出典：『写真週報』第 29 号，1938 年 8 月 31 日（JACAR Ref. A06031062400）。

第*1*節　ドイツ東アジア政策の転換と三国同盟構成原理——政治的背景①

一九三八（昭和一三）年後半における日本とナチ・ドイツのあいだでの最も重要な政治外交上の問題は、防共協定をいかなる形で発展・強化していくのかという問題であり、日独文化協定締結の意味もこうした政治外交的な背景を視野に入れて考察していかなければならない。そこでまずは、ナチ体制成立以降、三八年の第一次三国同盟交渉に至るまでの、ドイツ東アジア外交の展開を確認することから始めたい。

しばしば指摘されているように、ヨーロッパ地域にその関心が限定されていたヒトラーにおいて、そしてドイツ外務省の基本的な政策構想においても、当初日本はほとんど重要な位置を占めていなかった（田嶋 一九九二、一一八－一一九頁、堀内 一九九九）[1]。三三年の「政権掌握」直後のドイツ外交の基本的な方向性を示した三三年三月一三日付けの外務次官ベルンハルト・フォン・ビューローの覚書には、戦争の危険を避けるために政治紛争への不関与と、経済問題への集中の必要性が述べられている（Wollstein 1973, S. 93）。経済関係において最も重視されたのは「ナチスと保守派の共同事業」としての南東欧政策であった（堀内 一九九九、二七七－二八〇頁）。このビューロー覚書のなかでは、ドイツ外交の目標が三段階に分けて設定されている。すなわち、第一に、「ドイツ外交の諸目標は、まず何よりもヴェルサイユ条約によって規定されている」ことから、ヴェルサイユ条約修正へ向けた、ドイツ外交が置かれた現在状況の適切な分析が必要であること。第二に、条約修正を実行に移すこと。ただし、個別修正を「その都度外交上で最も好ましい時点」を選んで行うべきであり、拙速な全体修正の試みは「全てを失敗させる危険」があるとされた。第三に、慎重な方法でさらなる領土修正を実現し植民地を再獲得することである。これは、すなわちシュトレーゼマン外交を「一歩踏み出た」路線であり、ヴィルヘルム二世時代の帝国主義的大国政策への回帰が目指されていた（同上、二六五－二七四頁、栗原 一九九四、一七九－一八一頁も参照）。

当時のドイツ外務省の東アジア政策も、大枠ではこうした指針に沿うものであった。外相コンスタンティン・フォン・ノイラートは、三四年三月六日に在京ドイツ大使館に宛てて、東アジア情勢をめぐる他国の動向も考慮しながら、ドイツは日中間紛争への不介入政策を保持すべきことを伝えている（*ADAP*, C-2, Nr. 300, S. 545-547）。それゆえ、在京大使ヘルベルト・フォン・ディルクセンは日本に派遣された直後から、ドイツ経済にとっての満洲開発の可能性から日独関係緊密化に腐心していたが、ノイラートやビューローは対ソ・対中関係から、また日中間の紛争にドイツが巻き込まれないようにするために、これにはほとんど関心を示さなかった（Mund 2006, S. 56）[2]。ただし、中国が軍事・国防経済上の観点からドイツにとってより重要なパートナーであったことから、外務省は国防軍とともに、東アジア政策においては概して親中的態度をとっていた（*ADAP*, C-5, Nr. 536. クレープス 一九九七、三〇三頁）。そして、とりわけ日中戦争勃発以降、ドイツによる中国への武器輸出と軍事顧問団の継続的派遣が日本側の抗議を引き起こし、日独間の緊張を高めていた（*ADAP*, D-1, Nr. 467, 472-474, 478. 同上、三〇三－三〇四頁）。その意味で日中戦争の初期段階は「第二次日独戦争」という側面も有していたのであった（田嶋 二〇〇八、三八頁）。

このような独中関係と[3]、しかしながら東アジアにおける反共パートナーとしての日本との関係も考慮して、ドイツ外務省は両国に対して公式には厳正中立を標榜していた（三宅 一九七五、六八－七七頁）。それにともなって、三八年初頭までの在京ドイツ大使館の動向もこうした方針に沿うものであった。例えば、三七年七月二〇日付けの外務次官フォン・マッケンゼンから東京を含めた一〇ヵ所の在外公館宛ての電信には、「発言の規制」のために「ドイツ政府は極東紛争において厳正中立を保持する意向である」ことを通達している（*ADAP*, D-1, Nr. 463, S. 599）。また、三七年一〇月九日にディルクセンが在華ドイツ大使オスカー・トラウトマンに宛てて、「ドイツの利益にとって極めて有害な紛争の可能な限り早期の終結が、ここでの我々の最も重要な政策目標であることは自明であると思われる」と述べているように、日中戦争はドイツにとっては客観的には何のメリットもなく、そこで日本側からの要望もあって、一一月からトラウトマンを介した日中和平工作が試みられることとなった[4]。だが結局は、三八年一月一六日の第一次近衛声明（「国民政府ヲ対手トセス」）により、これもあえなく挫折してしまう。

もっとも、外務省のこうした動きとは別に、ナチ体制下においては複数のアクターがそれぞれの構想に基づいて、ヒトラーの考えを推察しつつ、それに沿った形で独自の外交を試みていた。とりわけリッベントロップは自らが代表する外交機関であった「リッベントロップ機関」の設置をヒトラーから許されており、この機関の存在は外務省外交にとっては自らの存在基盤を揺るがす大きな悩みの種であった（田嶋 一九九二）。親中政策を基調とするノイラートと親日政策を推進するリッベントロップを両極として、ドイツの東アジア政策は揺れ動いていた。リッベントロップはその後、三六年八月以降の在英ドイツ大使を経て、さらには三八年初頭にはついに外相の地位に就くことにより、政府内政治においてノイラートに勝利する形となった。

三六年一一月二五日の日独防共協定の締結は[5]、このような二重外交状態を背景として、リッベントロップと在独日本大使館付陸軍武官大島とのあいだの非公式ルートでの交渉から実現した。ドイツ外務省としては、リッベントロップの独断とも言える日本との防共協定の締結には反発していた。他方、日本陸軍においては、この防共協定をさらに発展・強化させようとする工作がいち早く開始され、大島はあくまでも軍事協定に固執し、三六年一二月一四日には、ドイツ国防省軍務局長ヴィルヘルム・カイテルに対して日独軍事協定案を提示している[6]。翌三七年にも、大島は引き続き、念願であった軍事協定締結に向けてドイツ側に対していく度も働きかけを行ったが、ドイツ側国防省や外務省からは期待した程の反応を引き出すことはできなかった（田嶋 一九九七、一七二―二〇九頁）。

だが、こうした状況は三七年末から三八年初頭におけるドイツ外交の全体的方針、およびそれにともなう東アジア政策の転換を機に大きく変化していく。日本陸軍からの働きかけに対してそれまではさほど積極的でなかったドイツ側は、以後、日本との同盟関係強化へ向けて政策的態度を大きく変更し、それにより日独双方において第一次三国同盟交渉への推進力が生まれることになった。ただしドイツ側においては、対外政策の大きな転換のなかで、従来の防共協定とは異なる同盟構成論理に基づいてこれが進められたのである。三七年一一月五日の有名なホスバッハ覚書には、それ以前とは著しく変化した、ヒトラーにとっての軍事戦略上の日本の価値が示されている。第一に、「東アジアにおける日本によるイギリスの地位の低下」という認識に基づいて生まれた、日本（地中海においてはイタリア）に対するイギリス牽制への期待である。第二に、計画されたドイツの一連の対外政策、すなわちオーストリア併合、ズデーテン併合およびチェコスロバキア解体、ポーランドへの軍事進攻に際して、ソ連が軍事的介入を行うかどうかについては、「日本の態度から考えれば極めて疑わしい」とされ、反ソ的な日本に対するソ連牽制への期待がかけられていた（*ADAP*, D-1, Nr.19, S. 25-32）[(7)]。

このときに明かされたヒトラーの戦争計画に異議を唱えた国防相ヴェルナー・フォン・ブロンベルク、陸軍最高司令官ヴェルナー・フォン・フリッチュ、そして外相ノイラートらがまもなく粛清・更迭され（「フリッチュ危機」）、これがナチ体制下における保守政治勢力に対する決定的な一撃となった（山口 一九七六、一九四－一九九頁、栗原 一九九四、四六四－四六六頁）。このことは同時に、ドイツの東アジア政策における親中派・中立派の政治的排除を意味していた（田嶋 二〇一三、三三〇頁）。そして、この出来事を機に「保守の牙城」と言われた外務省でも、三八年二月四日に新外相となったリッベントロップの指導下で、大々的な人事の交代が行われる（Conze / Frei / Hayes / Zimmermann 2012, S. 124-132）。リッベントロップはヒトラーの意を汲む形で親日政策を推進し、ここにきてドイツ外交はナチ的に一元化され、従来の外務省外交の路線は完全に放棄されることになった。日本側もこうしたドイツ外交の急転回を、日中戦争の早期解決へ向けた自らの有利な条件と見なしていた[(8)]。

リッベントロップは、一一月五日に示されたイギリス牽制を目的とした日本との同盟というヒトラーの発想に着目して、三八年一月二日に「総統のための覚書」を書き上げた（*ADAP*, D-1, Nr.93, S. 132-137）[(9)]。そこで述べられたように、リッベントロップの観点からは英独間の衝突はもはや避け難く、もし両国のあいだに何らかの妥協の可能性が見出されるとすれば、それはただドイツが強力な同盟国を確保した状態においてのみであった。こうして彼は、「対ソ牽制に日本を使うという考えを早い段階で捨てて、日本の役割を、対英牽制一本にしぼった」のであった

（三宅　一九七四、四四－四五頁）。このようにドイツ側では、この段階においては、従来の「防共」とは異なる政策目標をもって日本との軍事同盟が構想されていたのである。

もっとも、ヒトラーにおいては、『わが闘争』以来の領土の再分割・再編・拡張の要求、すなわち広大な植民地としての「東方生存圏」の獲得とそのためのソ連支配という要求は一貫しており、これが基本的な政策目標として依然として彼の関心の中心にあった。ヒトラーはそうした政策目標のためのイギリスとの同盟をなおも望んでいたが（Hitler 1939, Bd. 2, S. 697-700. 邦訳下巻、三〇九－三一二頁）、自らの願望とはかけ離れた現実によって、彼は「いやいやながらではあるが、イギリスを、ドイツの同盟国としてではなく、ドイツの仮想敵として扱うほかなかった。けれども、この時点でも、ヒトラーは、イギリスとの戦争だけはできれば回避したいと考えて」いた（三宅　一九七四、二八頁）。独英同盟が非現実的となったあとでさえ、ヒトラー自身は基本的には親英反ソの態度を持ち続けたのであった。他方、リッベントロップの方はむしろ親ソ反英の立場へと傾いていき、彼の構想のなかには独ソ戦は存在していなかった。したがって、ヒトラーとリッベントロップの対ソ政策は、根本的なところでは決定的な齟齬をきたしていたのである。もちろん、両者の政策方針を同じレベルで扱うことはできないが、リッベントロップは「ヒズ・マスターズ・ヴォイス」であったにせよ、「独裁者でありマスターであるヒトラーの決定がくだるまでは、［…］自己の構想に基づいて我流の外交を展開したのであり、このようなリッベントロップ外交に、日本はながらくほんろうされつづけた」（三宅　一九七五、一二六頁）。

リッベントロップはすでに日独防共協定の成立過程においても、「我流の外交」によって日本外交に大きな影響を与えていたが、外相就任後にはそれがいっそう顕著に現れた。実際、三八年二月から六月にかけて、ドイツ側は、ヒトラーの支持を取りつけたリッベントロップ主導の下に、それまでとはうって変わって日本に対する非常に譲歩的な政策を矢継ぎ早に実施した。ドイツの満洲国承認は、すでに二月二〇日には通告が出され、五月一二日には独満修好条約が調印される。ドイツ側はこれとともに、四月には中国への武器輸出の停止（ただし規模を縮小して一部で秘密裏に継続）を経て、六月には在華軍事顧問団の引き揚げが強行された。こうした東アジア政策の転換に対しては、トラウトマンなどはなおも反対の声を挙げており、本省の拙速な政策転換に歯止めをかけようと試みていた（田嶋 二〇一三、三宅 二〇一五、一三九－一四四頁）。だが、その彼も六月二〇日に在華大使を解任され、七月に中国を発っている（Mund 2006, S. 259-260）。

以上のようなドイツ側の内部事情と対外政策の転換を背景として、第一次三国同盟交渉は、防共協定と同様に大島とリッベントロップによって、まずは非公式ルートからの交渉により開始された。当時、在独大使であった東郷は「独逸の外務大臣及日本の陸軍武官に前以て確たる約束あるにも係らず、自分に隠れて此同盟問題につき交渉を開始した」と述べている（東郷 二〇〇五、一三一頁）。三八年夏からは、これが正式な外交ルートにおける交渉へと発展した。三九年一月六日には、ドイツ側が三国軍事同盟条約の正式案文を日本とイタリアに渡し、イタリアは早くも一月八日に、若干の修正とともにドイツ案を承認した（一月末に調印予定であった）。しかし、日本は政府・軍部内の方針対立からこれに逡巡し、妥協案を提示するなどして調印を引き延ばした。こうした交渉の停滞状況を受けて、日本の参加を必ずしも望んではいなかったイタリアはしびれを切らし、五月二二日に独伊間で友好同盟条約を調印した。これを受けて、日本側の外務省情報部長談では「今ヤ帝国外交ノ基軸ハ共産主義撲滅ヲ目的トスル防共協定ニ置カレテ居リ右協定ノ精神ニ於テ独伊ト緊密ナル提携ヲ為スニアルコトハ動カスヘカラサル国策テアル」と述べられている（外務省編 二〇一二、一〇二頁）。

しかし結局、ドイツ・イタリア側と日本側の交渉がこれ以上は進展することはなく、八月二三日には独ソ不可侵条約が結ばれる。日本側はこれをドイツ側の防共協定附属秘密協定違反として抗議し、軍事同盟についての政府内での協議もここで打切りとなった。これにより平沼内閣のいわゆる「複雑怪奇」辞職が行われ、それまで勢力を拡大してきた親独的潮流・三国同盟論者は、しばらくは沈黙を余儀なくされる。

第2節　第一次三国同盟問題における日本外交――政治的背景②

第一次三国同盟交渉において、日本側でこれに最も積極的に応じたのは陸軍であったが、その陸軍をはじめ日本とドイツとでは、この軍事同盟にかける政策的期待は根本的に異なっていた。日本側は、先に見たようなドイツ側指導部における対英戦略としての三国同盟という意図を正確には読み取ることができず、あくまでもソ連を主たる対象とした同盟を想定していたのである。このことは、日本においてこれが「防共協定強化」と呼ばれていたことに端的に示されている。もっとも、これには軍事同盟条約の締結交渉に携わる各主体によって、複数の意図が込められている。すなわち、陸軍をはじめこれに積極的に応じたグループでは、すでに締結されている防共協定との連続性・継承性を強調することで一般的な軍事同盟への拡大をカムフラージュし、また「軍事同盟」という表現がもたらす国内の反発を抑制する意図があったとされている（三宅　一九七五、一四三頁）。他方では、特に外務省など、これを対ソ同盟に厳格に制限し、一定の留保をつけるべきとするグループにおいては、これを「防共協定強化と称して最小化する」ための枠組みをつくるという意図が込められていたと言われている（東郷　二〇〇五、一三一頁）。

日本とドイツのあいだでは同盟目的のくい違いが解消されないまま、そしてさらに日本側では、この同盟の対象にイギリスやフランスまでをも含むかどうかで意見が激しく対立した。こうした状況は、一九三八（昭和一三）年夏から三九年八月に、日本側にとっては「不可解」な独ソ不可侵条約が成立するまで続く。以下では、この第一次三国同盟問題における日本側の政治過程を見ていくことにより、日独文化協定が成立した時期における日本外務省の対独政策の方向性と、それが国内の政策決定環境のなかでいかなる状況に置かれていたのかについて検討したい。

三七年六月からの第一次近衛内閣は、三八年五月に内閣改造を実施し、閣僚の大幅な入れ換えがなされている。

この内閣改造によって、外相は広田から宇垣に、陸相が杉山元から板垣征四郎に交代した。この内閣改造は対中国政策との関連において行われ、その背景にはドイツの仲介による日中和平交渉を企図したいわゆるトラウトマン工作の挫折と、「国民政府ヲ対手トセズ」声明（三八年一月一六日）の修正による方針転換が存在した。すなわち、内閣改造の主要な目的は陸相と外相の更迭であって、とりわけ陸相の交代が不可欠であった（三宅 一九七五、一四八―一四九頁）。

トラウトマン工作が失敗に終わった原因としては日本側による過重な和平条件が挙げられ、特に障害となったのが陸軍内における対中タカ派の中心、杉山であった。文相であった木戸幸一は、「内閣と政策を同じうする陸軍大臣がどうしても必要」であると、繰り返し述べていた（原田 一九五一、第六巻、三〇一頁）。そこで内閣改造を通じて近衛は杉山を解任し、「日中和平に努力するものと期待された」板垣を新陸相に任命したという（三宅 一九七五、一四八頁）[10]。しかし、陸相の交代によっても中国大陸における日本軍の無統制や現地の混乱は一向に収まる気配はなく、板垣が「日中和平実現のためには、何の努力をも示さなかったので、交替にかけた近衛らの期待は、完全に裏切られ」た（同上、一五四頁）。その代わりに板垣が力を注いだのが、まさに「防共協定強化」であった。三八年七月三日の陸軍省による「時局外交ニ関スル陸軍ノ希望」においては、まずもって「防共枢軸ノ強化」を図り、「強力明快ナル事変処理」を行うことが主張されている（大畑 一九八七、六二―六六頁）。さらにその後、陸軍がドイツとのあいだに無条件の軍事同盟を結ぶことを強硬に主張することによって、そのほかの閣僚と対立し、またこれが外務省外交にとっての大きな障害となっていった。

陸軍は、日中戦争収拾策としての「防共協定強化」を画策し、そのために大島・リッベントロップ間の非公式の外交ルートを再び利用して、早い段階から水面下での軍事同盟締結工作に取りかかっていた。もっとも、外務省でも、ドイツとのあいだに何らかの形での政治的な提携強化の必要性が考えられていた。ただし、それはアメリカ・イギリスをはじめとする非枢軸諸国との関係に抵触しないような形での提携であった。しかし、陸軍からの政治的圧力および国内世論の動向からも、外務省としては「〔防共協定強化自体は〕ある程度不可避と考えられる以上、むしろ進んでこれを善導するために、国際関係上有望というより害の少ない条約を締結するのが最も適当であるとの結論に達した」ため、独自の「強化」策に着手することになった（鹿島平和研究所編・堀内監修 一九七一、一一六頁）。

こうした複数の政策路線が錯綜していた「防共協定強化」問題は、三八年夏から政府全体で協議されるようになり、それから翌三九年にはドイツ側から正式提案を受け、ようやく公式の外交交渉の場へと移される。その時点では、日本側は五相会議において次のような方針を決定していた。

日独伊三国協定方針

昭和一四年一月一九日

五相会議決定

一、対象　「ソ」ヲ主タル対象トスルコトハ固ヨリナルモ状況ニ依リ第三国ヲモ対象トスルコトアルヘシ

一、武力援助　「ソ」ヲ対象トスル場合ハ之ヲ行フコト勿論ナリ

第三国ヲ対象トスル場合ハ之ヲ行フヤ否ヤ

及其ノ程度ハ一ニ情況ニ依ル

一、締結時期　成ルヘク早キヲ要ス

一、発表時期　協議ノ上適当ノ時期ヲ選フ

一、有効期間　五年

一、第三国ヘノ説明「コミンテルン」ヲ対象トスト説明ス

出典：外務省編（一九五五）、四〇八頁。

同案は、三八年後半を通して繰り返し開催された五相会議において展開された、陸軍と外務省の主張の対立の結果として生まれた折衷案である。特に同盟の対象、武力援助の方法、第三国への説明が重要な争点であった。そのため、同案ではこれらの点について非常に曖昧な表現が用いられ、これは陸・外双方ともに完全に納得するところではなく、またそれはドイツ側にとっても同様であった。以下、このような折衷案が作成されるに至るまでの日本側の政治過程を、各主体がどの時点でいかなる形での同盟関係を構想していたのかに注意しつつ、三国同盟問題が五相会議で協議されるようになった三八年夏頃からたどっていきたい。

陸軍の外交方針は、三八年七月三日の「時局外交ニ関スル陸軍ノ希望」において示されている。そこでの一般的方針は「強力明快なる事変処理により列国をして我が対支政策を事実上了得し帝国の方針に基く新支那建設に協力せしめ、彼らをして自ら帝国の態度を支持するに至らしめ」る、というものであった。対中国問題解決へ向けた諸外国に対する方針は、まずソ連の介入を阻止することに加えて、英仏による干渉や中国国民政府への支援を中止させること。また、アメリカには可能な限り中立を保たせるか、あわよくば親日的な状態に誘導するという方針の下、独伊との提携強化に積極的意義を持たせるというものであった。

もっとも、この時点では、無条件の軍事同盟についての陸軍の強硬な主張はまだ表面化しておらず、大体においては政府全体の意図にも合致していた。それゆえ、三八年七月一九日の五相会議（首相近衛、外相宇垣、陸相板垣、海相米内光政、蔵相池田成彬）では、陸軍が出した一連の方針を承認する形で、日独間の対ソ軍事同盟を「無雑作に採択した」（大畑 一九八七、六八頁）。

そこで確認された防共協定「強化」の具体的内容は、「独逸ニ対シテハ防共協定秘密附属協定ノ精神ヲ拡充シテ之ヲ対『ソ』同盟ニ導キ伊太利ニ対シテハ主トシテ対英牽制ニ利用シ得ル如ク秘密協定ヲ締結」することであり、日独いずれかにソ連とイタリア以外の第三国との軍事的衝突が生じた場合には、「相互ニ他ニ好意アル態度ヲ保持ス」とし、同盟には五年間の有効期間を設けている。(11)

八月一二日の五相会議では、前回会議の採択に沿って外務省によって作成されたさらなる具体案が、宇垣から出されている。ただし、それは「厳に目標を対ソ関係のみに局限し、ドイツがソ連以外の欧州諸国との関係に於て戦争を起すが如き場合に於ても、ソ連が右戦争に加入せざる限り、我が方は自由に態度を決し得る裕りを取り置くと共に、ソ連の該戦争加入を牽制する」という防御的同盟を主張するものであり、陸軍案とは大きく異なるものであった。さらに、この外務省案ではイタリアとの政治的提携強化も、「限度を誤らざるに於ては対英関係上よりも極めて良結果を齎らす」として、無制限な同盟論に向かって釘をさしている（同上、六八－七〇頁）。

これより一週間前の八月五日には、いわゆる笠原携行案（リッベントロップの非公式同盟案）が日本側に伝えられていた[12]。すなわち、「一、締約国の一が締約国以外の第三国と外交上の困難を生ぜし場合に於ては各締約国は執るべき協同動作に関し直ちに評議を行う／二、締約国の一が締約国以外の第三国より脅威を受けたる場合に於ては此の脅威を排除するため他の締約国はあらゆる政治的かつ外交的の支援を行う義務あるものとす／三、締約国の一が締約国以外の第三国より攻撃を受けたる場合に於ては、他の締約国はこれに対し武力援助を行なう義務あるものとす」というものである。陸軍はこれに直ちに同意、海軍は第三条を除けば趣旨には大体において同意するとした（同上、七三頁）。笠原携行案に対して外務省事務当局では、「ドイツ案の対象が一般的であるので、前文を付して協定が防共協定の延長に過ぎないことを明かにすること、および本文についても、二、三ヵ処の修正を施せば、差当り軍部限りの意見として、ドイツ側に回答しても差し支えなかろう」との結論に至った（有田 一九五九、八八頁）。

三八年八月二六日の五相会議では、確かに「防共協定強化」を大枠では承認し、笠原携行案について陸海軍としての条件付同意回答を発することを決定していた。ただしその条件とは、まず、「共産『インターナショナル』ニ対スル日独伊三国間ノ協力関係ニヨリ、三国間ノ友好関係ノ増進セラレタルニ鑑ミ／共産『インターナショナル』ノ国際的活動カ益々世界平和、殊ニ欧州及亜細亜ノ諸地域ニ於ケル平和ヲ脅カスニ至レル事実ニ鑑ミ／右協定ノ精神ニ基キ前記諸地域ニ於ケル共産主義的破壊ニ対スル防衛ヲ強固ニシ且ツ三国ニ共通ナル利益ノ擁護ヲ確保スル為左ノ通リ協定セリ」という前文を付すこと。次に、第二条における「脅威」を「挑発ニヨラザル脅威」に、「外交的」を「経済的」に変更すること。そして、第三条における「攻撃」を「挑発ニヨラザル攻撃」に、「武力援助を行なう義務あるものとす」を「武力援助ニ就キ直チニ協議ニ入ル」に変更することであった（大畑 一九八七、七四―七五頁）。これにより、実質的には一般的な同盟案を「防共協定強化」の枠に抑え込む前文規定の追加や、自動的参戦を防ぐための第三条の変更などにより、その内容は大きく変更された。

だが、五相会議のこうした主旨が「充分ニ出先ニ徹底セサリシ結果[13]」、在独・在伊大使館に決定内容が正確に伝わらず、ドイツ側に対してもリッベントロップ案をそのまま受け入れるという、五相会議の決定とは大きく異なった内容が伝達されてしまうことになった。それは、とりわけ陸軍が外務省案に対して大きな不満を抱いていたことによる。「軍部当局では外務省作製《（ママ）》の案（八月二六日の五相会議決定案）は重大な誤解に基いて立案せられたものとみなし」、以後、一一月に至るまで陸軍は五相会議の開催に応じなくなっていた（有田 一九五九、八九頁）。

その後、ようやく三八年一一月一一日になって五相会議は再開された。その背景には政府内における人事変更があった。まず、宇垣外相の辞任後、しばらくは近衛が外相を兼任（任三八年九月三〇日―一〇月二九日）し、その後、有田八郎が二度目の外相に任命された（任三八年一〇月二九日―三九年八月三〇日）。また、外務省内でも同じく、大きな人事変更が見られた。とりわけ大島が在独日本大使館付武官から在独日本大使に昇格（三八年一〇月二九日）したことの影響は大きく、有田は「此ノ人事ガ如何ニ三国同盟問題ヲ紛糾セシメタルコトカ」と述べている（「所謂防共協定強化問題（三国同盟問題）ノ顛末――有田前外務大臣手記」B.1.0.0.J/X2-5、一〇頁）。大島のドイツ大使就任後すぐに、八月二六日案に対するドイツ側対案が彼に提示された。このような人事の変更により、陸軍は自発的に再びこの問題を五相会議で取り上げることを政府に要請した。ここにきて軍事同盟締結交渉は、「交渉の権限を大島の手から奪うことによってではなく、逆に大島が駐在武官から駐独大使に任命されることによって」継続されたのである（大畑 一九八七、八四頁）。

大島浩（1886–1975年）。1939年，ベルリン日本大使館にて。
出典：Boyd（1993），p. 3.

一一月一一日の五相会議で協議されたドイツ側の非公式修正案で特に問題となったのは、やはり同盟対象の理解であった（同上、八六–八九頁）。有田が五相会議の席上でこれについて確認したところ、ソ連を主対象、英仏等はソ連側で参戦する場合に限り対象（単独では非対象）とすることで、板垣も含め全員一致で日本側の方針が確認された。そこで有田としては、「八月二十六日五相会議ノ諒解ヲ再確認スルコトニナツタノデ非常ニ安心ヲシタ」（「所謂防共協定強化問題（三国同盟問題）ノ顚末」、一二頁）。だがそれにもかかわらず、その後も陸軍は「蘇以外ニ対スルモノヲ除外スルモノニアラズ」という見解を固持し、大島もこの方針に従って動いた（大畑　一九八七、九一–九二頁）。大島にいたっては、「十一日の五相会議決定中英、仏等は対象とならないという点は、自分が武官時代、陸軍から受け取った電報と相違するが、このような重要政策が僅か二三ヵ月で変更されるとは諒解することが出来ない」として、外務省訓令に正面から抗議するありさまであった（有田　一九五九、九一頁）。大島を説得するために、本省からわざわざ特使まで派遣したものの成果はなく、さらに大島らのこうした態度を板垣・陸軍が強く後押ししたために、事態にますます収拾がつかなくなっていた。

こうした二重外交状態は一向に解消されないままに、政府内の意見対立は平行線をたどった。翌年早々には、特段の理由があるわけではなかったが、事変が新段階に入ったとして近衛内閣は総辞職を敢行した。この理由について有田は、「その真の動機は三国同盟問題に関する陸軍との意見の対立に気を腐らしたから」と述べている（同上、九三頁）。そして、三九年一月五日に成立した平沼騏一郎内閣においても、外相有田、陸相板垣、海相米内などの主要閣僚は留任し、この問題は結局、そのまま新内閣に持ち越されることになった。

広田内閣期（三六年三月九日－三七年二月二日）に有田は一度外相を務めており、日独防共協定が締結されたのはまさにその任期中であった。有田は外相就任前の在ベルギー大使時代からすでに、東アジア（中国、満洲）における日本の影響力保持の観点からソ連に対する警戒心を強めており、こうした観点によってこそドイツとの一定の協力関係の意義を見出していた（窪田 一九七七、四九－五二頁）。日独防共協定締結交渉は正式な外交ルートから生じたものではなかったが、このときには有田自身も「ソ連と事を構えてはならないと信じていた」ものの、「ソ連にたいし、利害関係の類似している日、独間に、何等かの政治的話合をなすことは必要」と感じていた。有田のソ連に対する警戒心は満洲事変以後のその東アジアにおける動向に起因しており、またそうしたソ連の動きを引き起こした要因が、関東軍の北満進出や日本国内の対ソ強硬論など、日本側にあることも認識していたという。日独防共協定の締結以降、有田としては「同じようにコミンテルンの脅威を感じていた、英、仏、蘭、華の諸国はもちろん、出来るだけ多くの国々をもこの協定に参加せしめ、一種の反共連盟にしようと意図」していた（有田 一九五九、七五頁、八七頁）。

そして、第一次近衛内閣において三八年一〇月二九日、再び有田が外相に任命される。その後、平沼内閣においても留任し、三九年八月三〇日の内閣総辞職までのあいだ外相を務めた。有田は二度めの外相就任後、政府内のこれまでの五相会議の経緯を聞いて、「関係者の間に、何か重大な意見の相違か、誤解が存在するのではないか」と「直感した」。有田は、陸軍側が三八年一一月一一日まで五相会議の再開を引き延ばした理由を、東郷大使の更迭と大島の大使昇格まで、板垣やリッベントロップが三国同盟交渉を見合わせていたからだと読んでいた（同上、八九頁、九〇頁）。

大島に続いて、一二月には、積極的な三国同盟論者でもあった外務省革新派の代表格、白鳥が大使としてイタリアに赴任した。外務省革新派は、満洲事変をきっかけとして生まれた、いわゆる「皇道外交」を掲げ、人事刷新や機構改革を目指した外交官のグループである。彼らはワシントン体制に準拠した従来の英米協調主義（幣原外交）を批判し、さらには東アジアから欧米勢力の政治的影響力を後退させることを目指した修正路線（広田外交、有田外交）をも批判していた。戸部（二〇一〇）は、革新派が省内で無視しえぬ影響力を保持した理由として、陸軍との密接な協力や優れた実務能力、そして大衆の言論空間における彼らの「理念」の説得力、すなわち外交の大衆化に適合した言説、を挙げている（同上、二九九–三〇七頁）。

この時期、在英特命全権大使であった重光葵によれば、「白鳥〔敏夫〕大使が羅馬〔ローマ〕に大島〔浩〕中将が伯林〔ベルリン〕に着任してから、三国同盟実現の運動の中心が欧州に移った。羅馬、伯林に於ける日本の外交官、陸軍武官等は或は往復し或は瑞西〔スイス〕に会合して独伊側に提携して其実現を計り、東京を責め立てて居る」状況となった（伊藤・渡邊編　一九八六、九三頁、〔 〕は原文）。実際、有田の外相就任後も外務省外交は多くの困難に直面していた。大島・白鳥両大使とも陸軍の方針に沿った形で外交交渉を進め、本省からの訓令を意図的に曲解し参戦を約するという、現地で独自の外交を行う特異な状況が生じていた。それにもかかわらず、「当時の国内事情は外務大臣が部下の大使さえ自由に更迭することが出来ないような状態であった」（有田　一九五九、九九頁）。確かに、大島・白鳥らのヨーロッパにおける「派閥的遣り方」もあって（伊藤・渡邊編　一九八六、九三頁）、かつそれが東京で通用したのは、諸々の既成事実を次々と積み上げていく彼らの活動を、陸軍が背後から擁護・後押ししていたからだろう。しかし、有田自身の内面的特徴として、政府の方針に追随する姿勢や既成事実に著しく屈服する姿勢もやはり見逃せない。

服部（二〇〇七）は、有田外交の特徴として、「独自の外交方針や原則を生み出してその追求を図ることはなく、その一方で、前任者が打ち出した自己矛盾した政策をそのまま継承し、その矛盾を緩和しつつ、その追求を図った」としている。二度めの外相期においては、いわゆる「東亜新秩序」建設と対米英関係悪化の阻止という政策課題がまさにそれであった。そこでとられた有田外交のスタイルは、「国内政治的に発生する摩擦と、外交的に発生する摩擦の双方を極小化することを狙った利益調和的なものであった」（同上、五四三－五四四頁）。石田（二〇一三）でも同様の観点から、『薄墨色外交』という枢軸接近をめぐる消極的な弥縫策に終始していた」外相としての有田について、「内向きの政策決定を繰り返した彼らの行なった数少ないチェック・アンド・バランスは、噴出した強硬意見を足して二で割る方法で、より過激な方向に引張られていく傾向が強かった」と指摘している（同上、一七二頁、一七七頁）。

こうして、外務省外交は対独政策における従来の方針からは次第に、そして大きく逸れていくことになった。有田における「薄墨原則」とは、もともとは外国との政治協定を締結する際の基本的指導原則として言われるものであり、締約国間の利害関係の変化を想定し、その後の状況に応じてさらに濃く書くこともでき、あるいは、たとえ薄いままであっても実際的な利害関係によってそれ以上の効果を発揮しえるような協定文言である（窪田一九七七、五三－五四頁）。もっとも、この「薄墨原則」は政治協定における規定内容それ自体のみならず、必然的にそうした協定が書き上がるまでの政策形成過程にも反映されるはずである。そしてさらに、政治協定に限らず、一定の政策的効果が期待される文化協定の内容や文化協定政策の展開過程にも影響を及ぼしたとしても全く不思議ではない。

ここまで日独文化協定が成立した時期の政治外交的な背景として、第一次三国同盟問題をめぐるドイツと日本の動向について述べてきた。次節では、ここから視点を変えて、社会的な背景として、同時期の日本における日独文化事業の実施状況に目を向けてみたい。

第3節　日本における「ドイツ・ブーム」——社会的背景

(1)　伯林日本学会／東京日独文化協会の設立

第一次世界大戦後の「ヴェルサイユ＝ワシントン体制」という新たな国際秩序においては、日本とドイツはそれぞれアジアとヨーロッパにおける自らの外交課題に専心しなければならず、一九二〇年代には両国の外交関係に「一時的希薄化」の状況が見られた（田嶋 二〇〇八、四頁）。すなわち、敗戦によって植民地を失ったドイツが、同時に東アジアおよび南洋における帝国主義的な関心を放棄したことで、日本とのあいだの政治的な対立要因がひとまずは解消され、二〇年代を通じて両国の政治関係は総じて「平穏」なものとなった。それとは対照的に、経済関係をめぐっては協調と対立が混在していた（工藤 二〇〇八ａ）。また、大戦中には日本国内に抑留されていたドイツ兵捕虜との交流を通じて、一部には地域住民とのあいだに深い友好関係が築かれる事例も見られた（冨田著・冨田弘先生遺著刊行会編 二〇〇六、大津留 二〇〇七）。とはいえ、大陸進出へ向けた足がかりの獲得を目論む日本の、日英同盟を利用した火事場泥棒的な対外政策に端を発する「日独戦争」は、全体としてはドイツ側の対日感情の悪化を招いていた。そこで戦後には、日独間ではまずもって長期的観点からの関係再構築が課題となっていたのである。

ヴェルサイユ講和条約の直後、在京ドイツ大使として新たにヴィルヘルム・ゾルフが日本へ派遣される[14]。東郷の回想によれば、ゾルフが東郷に対して日本をよく知る方法を尋ねたところ、東郷は「日本の研究を其〔政治〕方面より始むることは却て真相を失するの虞れがあるから、精神的文化的方面より着手するに優れるはな」い、と答えた。その後まもなくして、こうした方法が「非常に効果ありたることを〔ゾルフが〕述べた」。これを受けて東郷は、「外国人が他国を見る場合、政治的経済的利害関係より入りたる者は時勢の動きにより好悪変転するを例とす

ヴィルヘルム・ゾルフ（1862–1936年）。
出典：Bieber（2014），S. 1283.

るが、精神的文化的方面より充分の研究があれば、其好悪も判断も誤つことがない。外交官に於ては殊に留意すべき点と思ふ」と述べている。他方、ベルリンの大使館に勤務（二九－三一年）していた東郷の方でも、「殆ど政治的活動を要することはないので、其間の自分の仕事は日本絵画展覧会を通しての文化的啓発と高松宮両殿下の御来独を迎へたこと等であった」と当時を振り返っている（東郷 二〇〇五、四一－四二頁、七一頁）。

東郷の手記にあるように、二〇年代における日独間の関係修復過程においては、日独政治外交関係に焦眉の問題が存在しなかったこともあって、長期的な観点に基づく文化面からのアプローチが試みられていた。その経過で二六（大正一五）年にはベルリンに日本学会が、そして翌二七年にはその姉妹機関として東京に日独文化協会が設立され、これら両団体は三〇年代後半からの日独文化事業の拡大に際しても重要な役割を果たすこととなる。この姉妹機関設立の契機となったのは二二年のアルベルト・アインシュタインの来日と、アインシュタインに慫慂された、当時カイザー・ヴィルヘルム協会（Kaiser-Wilhelm-Gesellschaft）の物理化学・電気化学研究所所長であったフリッツ・ハーバーの二四年の来日であった（葉 一九九八、四五－四七頁、宮田 二〇〇七、一七一－一九〇頁）。疲弊した戦後のドイツに多額の研究資金の寄付を行っていた星一との交流を通じて[15]、日本の工業技術について認識を新たにしたハーバーは、帰国後、日本学会設立の大きな原動力となる。もちろん、ハーバーだけでなくゾルフ、日本側では後藤新平や星らがこれに寄与した。すなわち学界、政府、財界のあらゆる方面からの推進力を得て、二六年四月にこれが発足した。

日本学会の正式名称は「独逸及ビ日本ノ精神的生活及ビ公的施設ノ相互理解促進協会（Institut zur Förderung der wechselseitigen Kenntnis des geistigen Lebens und der öffentlichen Einrichtungen in Deutschland und Japan）」である。定款では日独相互理解という目的へ向けて、日本に関するあらゆる専門的学問を発展させることや、協会出版物の刊行、文学作品の紹介や翻訳などが定められ、これと同時に、「この協会は政治的、経済的な活動はいっさい出来ない」とされていた（葉　一九九八、四八頁）。日本学会の創立期には、哲学者の鹿子木が日本人主事として現地で精力的な活動を行っていたが、彼は日本に戻ってからも日独文化協会での活動を含む、一貫した国粋主義的な言論活動を通じて、日独提携を推し進めることに腐心した（葉　二〇〇七）。

同様に、ベルリンと東京に対称的に設立される二つの友好的組織を通じて両国の交流の発展を図ろうとするハーバーの構想に基づいて、東京でも組織設立へ向けた準備が進められた。このような対称的な組織構造でもって、二国間の文化提携に際して片側からの文化支配に陥る危険性を排除し、相互的な機会を保証するという構想は、プロイセンの文部官僚フリードリヒ・アルトホーフの文化政策に端を発するとされている。もっとも、設立に際してゾルフは、産業スパイを恐れる在日ドイツ商工会の代表者たちの存在や、大戦中から対独学術ボイコットの義務を負い、フランスの批判を気にかける日本政府の消極的態度によってさまざまな困難に直面したが、フランス人同僚との協議や、後藤および星の支援でもってこれを克服した（Friese 1997, S. 233-237）。

その後ようやく、非公式の申し入れを受けた日本側は金三万円の予算を計上するとともに、同額の寄付金を基本金として二七年六月に日独文化協会が発足した。発足に際して、会長に就いた後藤は、これまで日本にはドイツへ渡る個々の渡航者を統括し援助するような機関や団体が存在せず、学術研究交流は個別的活動においてさまざまな支障をきたし、非効率的であったこと。また、欧米では「日本文化」の理解が乏しく、日本の「古来独特ノ文化」を世界に伝達し理解させていくことが国際親善の相互的義務であり、「人類文化ノ発達ニ対スル大ナル使命」であると語った(16)。

協会の組織機構と基本的な活動内容、人事について、「財団法人日独文化協会寄付行為」(I.1.10.0.2-22)から確認しておきたい。「日独文化ノ協同及ビ相互普及ヲ図ルヲ以テ目的」(第二章第三条)とし、そのための事業として「一、日独文化研究者ニ対スル諸般ノ仲介／二、独逸ニ於ケル諸施設ノ調査ニ対スル仲介／三、日独両国ニ於ケル特殊科学ノ研究及紹介／四、日独文化ニ関スル研究資料ノ蒐集展覧及ビ出版／五、独逸文化ノ研究ニ関スル会合及ビ講演／六、其ノ他理事会ニ於テ適当ト認ムル事業」(第二章第四条)が挙げられている。協会には会長および評議員長(第三章第五条)のほかに名誉顧問が置かれ、在京ドイツ大使は自動的に名誉顧問となっている(第四章第六条)。役員は、理事二〇名以内(うち一名が理事長)、監事二名、評議員若干名のほか、理事長の指揮の下に会務を執り行う主事二名が日独双方から一名ずつ置かれた(第六章第八条–第九条、第一五条)。このように東京とベルリンにそれぞれ二人の主事を置くという方法も組織の内部構造における対称性の反映であり、東京では日本人主事に、ベルリンではドイツ人主事に大きな比重が置かれた(Friese 1997, S. 237)。

また、協会運営資金は日本政府からの補助金と寄付金、会費、用途指定なしの寄付金による基本財産から得られる利子などを主要財源としている(第七章第一七条–第一九条)。以上のような規定は必然的に日本政府や高額寄付者の対独姿勢、あるいはドイツ大使館の意向が協会活動に反映される余地を残したと言える。

なお、「財団法人日独文化協会役員」(I.1.10.0.2-22)を見ると、この時点では協会役員として以下の名前が挙がっている。会長に伊藤博邦(貴族院議員公爵)、名誉顧問にはゾルフ(前在京ドイツ大使、伯林日本学会会長、ドクトル)、ハーバー(カイザー・ヴィルヘルム・インスティテュート部長、前伯林日本学会会長、ドクトル)、エルンスト・アルトゥール・フォレッチ(在京ドイツ大使、ドクトル)、評議員長に柳澤保恵(貴族院議員伯爵)、理事に高楠順次郎(理事長)、青木昌吉、藤浪鑑、林春雄、鹿子木、小西重直、松原行一、松岡均平、松浦鎮次郎、三潴信三、中川健蔵、中島久萬吉、那須皓、佐多愛彦、関野貞、田丸節郎、宇野哲人、吉田茂(外務次官)、監事に菊澤季麿(文部省書記官)、阪井徳太郎(文部省書記官)、そして主事には著名な日本学者であったヴィルヘルム・グンダート（ドクトル）と友枝高彦（東京文理科大学教授）である[17]。日本側関係者は、貴族院議員や文部・外務官僚数名のほか、すべて大学教授・研究者であり、多くは東京帝大、京都帝大、九州帝大の教授たちであった。

協会の定款に加え、関係者の顔ぶれからも、設立当初はこの協会自体は学術的な性格の強い機関であったことがわかる。しかし、二〇年代後半に形成された日独文化交流のこうした組織的基盤は、ナチ体制成立後、とりわけ三〇年代後半以降、日独政治提携を文化事業面から後押しするための政策実施機関へと変容していくのである。

(2)「現在のドイツ」への焦点化——ドイツ側の現地アクターの動向

ドイツでナチ体制が成立してからの数年間は、ナチ人種主義に基づく日本蔑視やドイツ国内での日本人差別事件の発生などによって、日本国内ではこれを痛烈に批判する声がメディア報道によって喚起されていた。しかし同時に、第一次世界大戦後の過酷な賠償義務を背負い、日本と時期を同じくして国際連盟を脱退し、さらなる「現状打破」へと突き進むドイツの外交的立場に対する同情心や親近感も併存していた（岩村 二〇〇五、三一 – 四二頁）。

その後、ヒトラー・ドイツのヴェルサイユ体制に対する挑戦的態度と外交的「躍進」によって、それを可能にしたドイツの制度や文化をモデルとして学ぼうとする姿勢が日本において次第に強まっていく。また、そのようなドイツとの防共協定を後押しするプロパガンダや言説が、日本国内で次第に流布していったことで、ナチス賛美の風潮が強められていった。第一次三国同盟交渉の進展にともなって、ドイツ側は日本に対してますます好意的な外交姿勢を見せるようになり、他方で日本側も泥沼化し始めた日中戦争の早期解決へ向けて、あるいは国際的な孤立状況から抜け出すために、ドイツとの政治的提携にかける期待はさらに高まっていった。三八年には日本国内は空前の「ドイツ・ブーム」的状況に包まれていた。こうした日本での「ナチス人気」は三九年八月の独ソ不可侵条約締結を受けていったんは大きく後退し、これによってドイツに対する政治的不信が根づくことになったが、それまでのあいだはさまざまな親独イベントを通じて、あらゆる領域における日独のさらなる結びつきを必然視する雰囲気が醸成されていた（同上、四三‐七六頁）。

三宅（一九九六）は、「ドイツとの同盟は、一握りの指導者が何の捉われもない自由な選択としてえらびとった政策ではない。『草の根』や中間層、そして知識人の、ヒトラーのドイツへドイツへとなびいていった時代の潮流に押しまくられながら」選択されたのだと指摘している（同上、一六九‐一七〇頁）。この指摘を踏まえ、以下では、日本の親独的（親ナチ的）な国内世論、およびその増幅装置として機能したと考えられる親独イベントに目を向けてみたい。これらは政治指導層による対独接近のプロパガンダ政策から、大衆メディアや文化団体を経由して生み出されたものであり、上から誘導された側面を持つ。しかし同時に、そうした親独的な世論が再び政策決定の場面へと跳ね返って、対独傾斜を深めていく政治動向をさらに後押しするという流れをもたらしていたように見える。そして、もちろんそこにはドイツ側の現地アクターも積極的に関与していた。

その中心的な人物の一人は、当時、日独文化協会ドイツ人主事であったヴァルター・ドーナートである。日独防共協定締結後の日本におけるヒトラーやナチ・ドイツに対する好意的評価や関心の高まりについては当然、彼らも認知していた。ドーナートは、そのような日本国内の親独的雰囲気を積極的に利用すべきとし、また、協会の存在意義をこれまでの純学術的な交換にではなく、むしろ民族的な「本質」を相互的に理解するための活動に求めた。そして、その民族的「本質」を体現しているとする「現在の」ドイツを積極的に宣伝するための大々的な活動に着手する。例えば、三八年一月一〇日付けのドーナートによる本国宛ての協会報告書には、その具体的内容が記されている。

協会活動についてのドイツ側提案　一九三八年

Ⅰ．講演と映画旅行：地区指導者シュルツェとドーナート（第一次計画はすでに準備中）。

Ⅱ．防共協定二周年記念日のためのドイツ文化展覧会。入念な検討を経た計画が準備中。

Ⅲ．講演活動

日本に居住するドイツ人のなかから、講演者としてこれを動員すること。例えばナチ教員連盟の日本地区グループからなど。

テーマ：a　ドイツの現在的問題。例えば、国民社会主義の教育的課題、ナチ学生同盟、ナチ講師同盟など。シンチンゲル博士（Dr. Schinzinger）やカルシュ博士（Dr. Karsch）など。労働戦線やその文化的活動（ナチ文化共同体）。ドル博士（Dr. Doll）など。

b　ドイツの日本学。例えば、ツァッヘルト博士（Dr. Zachert）、ザイルダー博士（Dr. Seilder）、フォン・ヴェーグマン博士（Dr. von Weegmann）、シュヴィント博士（Dr. Schwind）など。

Ⅳ．出版物

a　（日本の大学でなされるドイツ学の歴史的研究とは反対に）最初から現在のドイツの文化生活に関する諸問題に照準を合わせ、国民社会主義から生み出される文化生活の新たな諸特徴を、系統だった見通しで特別のシリーズで取り扱う論文集。このシリーズの名称は、例えば：第三帝国の文化。その具体的な科学的テーマは、例えば、

一．人種学の現在の水準

二．人種学が歴史学（およびそのほかの諸科学）に与えた影響

三．ドイツ医学の新たな諸問題（民族・遺伝衛生学、断種、予防医学など）

四．第三帝国における法解釈

五．第三帝国の憲法問題

六．先史学の重要性

七．新しいドイツ学の諸基盤

八．哲学などにおける大変革

第三帝国の組織：ヒトラー・ユーゲントや労働戦線、諸文化団体の使命など

b　日本学：専門学術的な範囲に興味を起こさせる問題のみならず（これはドイツの大学の仕事）、むしろドイツ民族が日本を解明するのに資するような、例えば、古道や武士道、日本精神、くすみのない伝統、日本における人種と民族、日本の国民的再興の段階などの問題を取り扱うこと。

V．図書館

この図書館のために、当地の書店から散発的に配給されるのではなく、明確な計画に基づいて調達すること。協会の図書館は本来、そのドイツ学の部分に限って、ここで実際的な意義を有している（同様に、伯林日本学会の図書館は、純粋に日本学について伝えている）。大学の専門領域的な図書館とは反対に、協会の図書館は可能な限り一義的に、調査や情報提供のための図書館としての性格を維持すべきである。現在の時機のために、この図書館をまったく完全なものにしなければならない。

VI．協会活動の対象となる範囲を可能な限り拡大すること。例えば大学とのより密接な結びつき、大学の学生や若手の学者といった若い知識人層をさらに強く引き寄せること。

おそらく、協会の新たな地域的拡大でもって初めて、現実に実行可能となるだろう。

ドーナート（署名）

出典：Vorschläge der deutschen Seite zur Tätigkeit des Instituts 1938（gez. Donat）. Tokyo, 10. 1. 1938（BA Kob. R64IV/226）.

ナチの対日文化政策を現地で担ったのはこのドーナートと、ナチの青少年組織ヒトラー・ユーゲント（Hitler-Jugend. 以下、ＨＪ）の地区指導者であり、のちには在京ドイツ大使館文化部長として戦時期を通じて日独文化事業に関与したラインホルト・シュルツェであった。三八年の初頭、彼らはまず日本国内を巡る講演・映画旅行から着

手する。これ以後、講演・映画上映は、協会活動における対日宣伝の主要な方法として、日本側の協力も得ながら数多く実施された。こうした方法によって、口頭による直接的な訴えを関心度の高い多数の日本人聴衆に効率的に向けることができ、同時に映画という視覚的素材を組み込むことで、聴衆の感情にいっそう強く働きかけることができた。また限られた予算のなかで、費用対効果の観点からも、これらが好ましいものであったと考えられる。

報告書におけるⅡの日独防共協定締結二周年記念に向けた展覧会は、三八年秋に「大独逸展覧会」として主要な大都市で開催される（後述）。この展覧会を含め、またⅢからⅤでも明らかなように、事業内容の中心は「現在のドイツ」であり、もちろんこれはナチ・ドイツのことを指している。そして、日本の知識人層における根強いマルクス主義や自由主義的な風潮への対応策として、学生や生徒といった将来のエリート層への影響力の拡大が企図されている――これは、文化協定成立後の日独交渉においてドイツ側からたびたび取り上げられることになる日本の大学や高等学校におけるドイツ人講師の選定問題、すなわちユダヤ人講師の排斥要求へとつながっていく。

本格的なナチの対日文化事業の端緒となった、ドーナートとシュルツェによって実施された講演・映画旅行は、三八年一月末からおよそ三週間かけて行われ、これは西日本の主要な都市と地域を巡回するという大きな企画であった。その詳細はドーナートの協会報告書「日本の中部と南部における講演・映画旅行、地区指導者シュルツェとドーナートにより実施　一九三八年一月二四日から二月一三日まで」に記されている。[18]もともとは、これはシュルツェが日本青少年団との交流を企図したことから始まったが、「青年団の範囲をはるかに越えて〔日本の〕諸官庁にまで見られた思いがけない非常に積極的な関心」によって、日独文化協会（ドーナート）との共同事業となった。その目的は、「一方で、日本のあらゆる国民層に対して新しいドイツの全体像を示し、他方で〔…〕現時点での日本の情勢のおおよそを知り、ドイツの文化政策的任務のための新しい起点を創り出すこと」であった。すなわち、この旅行を通じて得られた知見に基づいて以後の現地における対日文化政策のあり方が決定される、そのための視察を兼ねていたのである。それゆえ、以下では多少長くなるが、この事業内容について同報告書に依拠しながら詳しく紹介していきたい。

この旅行の下準備は日独文化協会によって進められ、日本側からは青年団や内務省、外務省、そして文部省がこの活動に「積極的に参加した」。特に文部省が全体の後援を承諾し、あらゆる官庁からの賛同を得ていたとされるこの事業は、「およそこれまで日本で外国人によってなされた催しのなかで最大のもの」とされた。事業経費はその大部分を在京ドイツ大使館が負担し、さらには三井高揚からも映写技師のための資金が提供されている。日本側の各地の受け入れ機関は、高等学校や大学、県・市の行政機関、青年団、新聞社などであった。二〇日間のうちに一一の都市において、イベントには三万人近くの来訪者を数えた。二〇の政治集会と五つの座談会が開かれ、旅行団は一七の労働奉仕の動員場所に訪問した。このほかには青年団、学校、スポーツ施設、幼稚園などへの視察も行われている。計二〇の公式の会食に招待を受け、そのうちの七つは県知事の個人的な招待であり、旅行団にとって「より親密なグループのなかで充分な意見交換の機会となった」。また、同行した特派員を通じて、進行状況は逐一新聞やラジオなどで報道され、世間の耳目を集めた（表2－1）。

この旅行で催されたイベントは、基本的には講演二本と映画上映で構成されている。シュルツェの講演「教育的要素としてのＨＪ」では、四〇分から一時間ほどの分量で、最初にＨＪの誕生と発展を取り上げ、それからこの青少年組織の「本質的な使命」と目標の概略が述べられ、最後に「民族間の意思疎通の手段としての青少年交流に割り当てられた使命」について語られた。講演内容はシュルツェ本人からまずドイツ語で話され、その後に一節ずつ、前もって決められた翻訳に従って、それぞれ現地の受け入れ代表者によって日本語で読み上げられるという方法でなされた。もう一つのドーナートによる講演「国民社会主義の根本思想」は、三〇分から五〇分程度の分量で、日本語でなされ、「それぞれの聴衆の性格に応じて、思想的に高度に、あるいは平易な形で表現された」。ドーナートの講演では、ナチズムの三つの根本思想、すなわち「あらゆる創造的な活動の源泉としての民族性」、「あらゆる組織の基盤としての指導者原理」、そして「ドイツ的な社会主義」が、国際主義、自由主義、マルクス主義と

表2-1　ドーナート，シュルツェの講演・映画旅行の日程（1938年1月24日－2月13日）

1月24日	東京発	
24／25日	名古屋	名古屋高等学校（生徒500人，括弧内はすべて参加人数），名古屋市民ホール（4,500人，大部分は青少年組織），商科大学（生徒700人）
26／27日	京都	高等学校（生徒約500人），市内ホール（知事と市によって開催，約2,500人），史跡・寺院訪問，青年指導者の会合，宇治での学校訪問，赤十字青年団の披露
28日	岡山	高等学校（生徒600人），市庁舎（3,000人，大部分は青年団）
29／31日	広島	大学（学生600人），陸海軍将校養成の幼年学校（生徒300人），高等学校（生徒500人），宮島見学
2月1日	山口	商科大学（1,000人）
2日	福岡	市民ホール（2,000人），郊外の古い史跡を通って周遊
3／4日	熊本	高等学校（生徒約800人），約40人の青少年指導者と市民ホールで座談会，阿蘇ドライブ
4／6日	鹿児島	高等学校（生徒1,000人），市民ホール（3,000人），学校と史跡，寺院見学
6／8日	宮崎	市民ホール（約3,000人），古代の神道神殿を訪問，学校と17の労働奉仕の現場の見学
9日	山口県萩市	日本開国史における最も重要な派閥の中心地として市内見学
10／11日	松江	市民ホール（約1,600人），帝国の最も古い参拝所の訪問，神道宗派の建物での座談会
12日	大阪	朝日新聞社講演ホール（2,000人），高等学校（生徒500人），朝日新聞社の座談会，大阪毎日新聞社での座談会
13日	帰京	

出典：Bericht über eine Vortrags- und Filmreise durch Mittel- und Südjapan, durchgeführt von Gebietsführer Schulze und Dr. Donat, vom 24. 1. Bis 13. 2. 1938（BA Kobl. R64IV/226）．の IV. Verlauf der Reise より著者作成。

いった日本の知識人層の精神性と対比する形で紹介された。ここではまた、日本のナショナリズム、皇道、日本の社会倫理といった「原日本的伝統」が、ナチズムの三つの根本思想に対応するものとして挙げられている。[19] イベント後半の映画の部分は、シュルツェが提供した二本のＨＪ映画、『青年の道 二』と『我々の戦友』が毎回上映され、多くの場所では追加的に三四年の党大会映画も上映され、そのなかのＨＪへ向けた総統演説を含んだ部分が見せられるなどした。

日本文部省からの特別の要望によって、ドイツ人講演者たちとともに、これに受け入れ側の日本の代表者たちが加わった。名古屋では大日本少年団連盟（Alljapanischen Jugendverband）の名誉指導者、海軍大将竹下勇が短い導入を述べた。京都、大阪、岡山では、同じく大日本少年団連盟の二荒芳徳が、ドイツのＨＪに対する彼の印象について述べた（その発言内容はドイツ側の報告書には記されていないが、三八年には日本の青少年団指導層のあいだでＨＪに対する好意的な論調はピークに達していた）。そのほかの場所では、日独文化協会の日本人主事友枝がこれを担当した。これら日本人の講演者たちはいずれも「彼らのスピーチにおいて、国民社会主義に対して完全に肯定的な立場をとった」と、ドーナートによって報告されている。ほとんどのイベントに際しては、県知事や開催大学学長などによる開会演説や閉会の謝辞によって、またいくつかの場所では、例えば剣舞や合唱団による祖国の歌などの出し物を挿むことによって、プログラムが深められた。また小楽団が用意される場合もあり、「ドイツの歌」や「ホルスト・ヴェッセルの歌」、「君が代」が演奏された。講演後には、日本側からのヒトラー万歳、ドイツ側からの天皇万歳でもって締めくくられた。座談会（Arbeitssitzung）の席上では、ＨＪ組織や労働奉仕などの詳細について日本側から多く質問がなされ、これらの質問にはシュルツェとドーナートが回答した。

こうした視察旅行から得られた日本に対する印象と文化政策的展望について、ドーナートは次のように報告している。まず、ナチズムの根本思想に対応する「原日本精神（urjapanischer Geist）」と、その発露としての特殊日本的な皇道ナショナリズムが、「場合によってはこの民族の経済的な弱さや、これまではまだドイツと比べて弱かった組織運営能力を、充分に補うものと考えられる」。また、通常は外国人には到底理解困難に思われる日本精神について、「もしかすると、今日ではそもそも国民社会主義者だけが、こうした精神性を理解できるのかもしれない。なぜなら、近頃では国民社会主義者はその宗教儀式の様式を、優れた国民の民族的および人種的な実在の根本的なシンボルとして把握できるからである」。他方では、「しっかりとした組織機構が欠けていることや、現在の状況下でのその必要性を指導的な日本人が認めていることは、[…] 観察者の目には明らかとなっている。組織的な試みにおいてそれ自体を日本的伝統と調和させようとする行政官庁の熱心な追求や模索が見受けられ、その際には、国民社会主義ドイツへと近づこうとする姿勢を繰り返し見てとることができる。[…] その際、明らかにＨＪや労働奉仕団に対する関心が何より重要である」と。そしてドーナートは、当時の日本の社会状況をドイツの対日文化政策にとっての好機と捉え、日独文化協会の任務について、「もはやかつてのような学術的な交流の監視だけで満足してはならない。[…] ドイツ的世界観やそこから生まれた諸組織について日本の公衆に知らしめていくことが、現在、ドイツが運営に関与する協会の第一の義務である」と述べる。

以上のようなドーナートの日本認識や文化政策的展望は、その後、日独文化協定の実施過程において具体化されていくことになる。また、ここでも指摘されているような、日本は科学技術力や経済力、組織機構の整備状況については未発達で多く改善の余地があるが、しかし天皇ナショナリズムに基づく国民の精神的な一体性がこれらを補って余るポテンシャルを秘めているという見方は、当時の日本側の関係者のあいだでも広く共有されていた。すなわち、前者（科学技術の発展と組織機構の整備）については日本がドイツから学び、後者（体制イデオロギーに基づく国民の精神的統一性）についてはドイツが日本から学ぶべきものとされた。こうした図式は定式化され、広く流布される。その際、三八年における最大の親独イベントの一つであった第一回日独青少年団交歓事業（ＨＪ来日）は、まさにうってつけの事業であった。

(3) 日本における親独気運の高まり――第一回日独青少年団交歓事業と「大独逸展覧会」

三八年の中頃から日本国内で大々的に行われるようになった親ドイツ的・親ナチ的な各種文化事業は、[20]「メディア・イベント」としてそれらの影響範囲がさらに押し広げられたこともあって、人々のあいだの親独感情の増幅に大きく寄与したと思われる。吉見(一九九六)では、「メディア・イベント」の概念を一定の包含関係を有する三層に分けて整理している。第一に、「新聞社や放送局など、企業としてのマス・メディアによって企画され、演出されていくイベント」、第二に、「媒体としてのマス・メディアによって大規模に中継され、報道されるイベント」、第三に、「メディアによってイベント化された社会的事件」であり、この場合には偶発的な事件が「メディアの演出術によってドラマ化される」(同上、四-五頁)。こうした概念規定を受けて、岩村(二〇〇五)では、HJ来日イベントを第二のものとして、また、「大独逸展覧会」を含む大手新聞社主催の展覧会や映画上映会などの親独イベントを第一のものとして分類している(同上、五六-五七頁)。

実際、中道(一九九九)が詳しく紹介しているように、来日したHJ一行の動向は大新聞・地域新聞ともに逐一、詳細に報道しているのである。したがって、この第一回日独青少年団交歓事業は、ごく限られた関係者のあいだでのみならず、マス・メディアという増幅装置を媒介して多くの日本国民のあいだで共有された出来事であったと言える。以下では、三八年の日独文化事業のこうしたメディア・イベント的性格を踏まえながら、これら二つの文化事業を事例として、日独文化協定締結前の日本社会の全体的な対ドイツ認識について見ていきたい。

第一回日独青少年団交歓事業の発端は、日独防共協定の締結を受けて、全国青少年指導者バルドゥア・フォン・シーラッハが、日本側に青少年団交流の実現可能性を打診したところにある(中道 一九九九、二九-三〇頁)[21]。これに対して日本側でイニシアティヴをとったのは文部省と各青少年団であった。三八年四月には、この交歓事業のための事務組織である日独青少年団交歓会設立案が提出され、その時点では会長に木戸(文相)が、常任理事に伊藤延吉(文部次官)、田中重之(文部省社会教育局長)、香坂昌康(大日本連合青年団理事長)、二荒(大日本少年団連盟理事長）、鈴木孝雄（帝国少年団協会理事長、陸軍大将）が、理事には文部省部局長級の人物のほか、友枝（日独文化協会主事）、蜂谷輝雄（外務省文化事業部長）、市河（外務省文化事業部第三課長）が、さらに顧問に首相近衛や、外相広田、在京ドイツ大使も名を連ねている（のちに文相は荒木貞夫、外相は宇垣に交代[22]）。

同事業の中心にあった文部省は、実施前、その意義についてこう述べている。「この両国青少年の交歓は、［…］独逸側には日本精神と日本文化の眞髄を感得させ、［…］我が方も、［…］独逸青年教育の根幹ヒットラー・ユーゲントの実際を見るなど、期待されるところは実に大きい」、「日独両国何千万の青少年はもとより日独両国民に与へる影響はどんなに大きいことか。両国々交の親善はいよいよ深く、東京―ベルリン枢軸は一層固さを加へることであらう」（文部省　一九三八、三一－三四頁）。この交歓事業の目的は、日独提携の強化および国内の戦時体制の確立へ向けて、ドイツ側では日本のいわゆる精神的一体性を、日本側ではＨＪ組織とそれを通じたドイツの組織運営について学習することにあった。また、それが青少年団の限られた範囲のみならず、容易にメディア・イベント化して国内で大きな注目を集めた背景には、すでに半年程前に実施されていたドーナートとシュルツェによる西日本講演・映画旅行の影響もあったかもしれない。

いずれにせよ、こうして文部省と外務省、在京ドイツ大使館、そして日独文化協会が中心となって、さらには陸海軍省や内務省、宮内省、各都道府県知事、そして民間企業などあらゆる官民組織がこの事業に加わって、満を持してＨＪ一行が来日した。日本の青少年団指導者の言説に象徴的に表れているように、すでに三〇年代中頃からＨＪに対する好意的な見解が広がりを見せ、この事業が実施されるころにはＨＪに対する肯定的な論調はピークに達していた。例えば、大日本少年団連盟理事長であった二荒は、三四年の時点ではＨＪをイデオロギーに染まった単なる「少年ナチス」と評していたが、三八年になると「将来ある若き国民とは、その国の健全なる精神と体躯とを有する男女青少年」であり、ＨＪがその「一つのよき実物教訓」、「羨望に値する大組織」であると論調を変化させているのである（二荒　一九三四、一一頁、二荒・大日方　一九三八、序一－二頁、六－八頁）。

この事業は、日本とドイツの各青少年代表団を相手国へ相互に派遣するという形で実施された。ドイツ代表団はナチ体制下で公式には唯一の青少年組織であったＨＪから選抜され、[23] シュルツェを団長に三〇名の幹部・団員（すべて男子青少年）で構成されている。ドイツ各地から挙げられた約六百名の選抜候補者のなかから精神的、身体的に優秀とされ、組織の指導的地位に就きその活動実績が評価された者が選ばれた（中道 一九九九、九〇頁）。

ＨＪ代表団は、三八年八月一六日から一一月一二日までの約三ヵ月間日本に滞在し、沖縄以外の全国各地を巡歴するなかで、各所で大きな注目を集めた。その間、「日本精神体得」の名目で各地の神社を見学したほか、地域団体や学校、青少年団との交流が図られた。こうした活動の様子は新聞など国内メディアによって連日大々的に報道され、その影響もあってＨＪ団員や彼らとの交流に対する人々の関心は大いに高まった（佐藤 一九九八、五三一七〇頁）。ＨＪが横浜から入京した際には（八月一七日）、東京駅構内でオット大使をはじめドイツ大使館員たち、日本側では政府・自治体・青少年団・軍部の代表者らに迎えられ、「多数青少年団員並一般民衆ノ歓迎」を受けた。[24] 翌日の『東京朝日新聞』は、このときの歓迎式の状況を、「万歳の嵐［…］日の丸とハーケンクロイツの小旗の波」と書き、『大日本青少年団史』では、ＨＪ団員達の「機械的な美しい行進は［…］すべての日本人を魅了するに充分であった」と、「帝都熱狂」の様子を記録している（中道 一九九九、一〇一－一〇四頁）。こうした熱狂的な歓迎の様子は東京だけでなく、全国各地でも同様に見られた（同上、一〇六－一〇〇頁）。ＨＪが訪れた地域ではどこもさまざまな歓迎イベントが催され、「どんな田舎の町でも村でも」「凱旋将軍以上」の歓迎を受けたという報告もなされている（鶴岡 一九三九、七七頁）。

他方、日本代表団は三八年七月から九月にかけてドイツを訪れ、東プロイセンやオーストリアを含む各地を巡歴したあと、一一月一二日に帰国している。代表団は文部大臣官房文書課長朝比奈朔太郎を団長とする幹部五名のほか、帝国少年団協会、大日本少年団連盟、大日本連合青年団において推挙され、文部省が選抜した二五名の男子団員で組まれていた（中道 一九九九、四四－四八頁）。ここでもやはり相互主義の観点から派遣期間・人数はほとんど同じであり、日本代表団もドイツ国内で大いに歓迎されてはいるが、日独それぞれの派遣団の現地における注目度には大きな差が見られる。

日独青少年団交歓事業は、日本側ではこれを一回限りのものとし、継続的に実施する意図を持っていなかったが、ドイツ側では反対に定期的な事業実施を希望していた。ドイツ側は、日本に駐在して日独文化協定に基づいて青少年交流事業を推進していたシュルツェを通じて、早くも三九年度に第二回めの実施を提案している（中道 一九九九、一二三頁）。これに関して興味深いのは、日独文化連絡協議会の設置交渉において、ドイツ側の提案した連絡協議会常任理事にシュルツェの名前が含まれていたが、この人選が日本側外務省によって拒否されていることである。その日本側の意図は正確にはわからないが、外務省文化事業部の市河は、連絡協議会会合において三八年のこの事業は「お祭り騒ぎ」にすぎなかったと批判的に述べており、次回はできるだけ簡素な学生交換にすべきと主張している。彼らにおいては、表面的な親独イベントよりも、長期的に実質的な成果が期待される事業の方が重視されていたのである。

さらには、この時期、日本国内では全体としてはＨＪに対する称賛の声が高まっているなかで、外務省の調査報告書にはＨＪ自体に対する批判的な見解も記されている。例えば、ＨＪの巡歴に通訳として同行した外務省調査部第二課眞鍋良一は、「ナチスハ人間カラ人間ラシキモノ、言ヒカヘレバゼーレ〔Seele、精神、魂〕ヲ奪ツテシマウ」と批判している（外務省調査部第二課 一九三八、七五－七六頁）。同じく外務省調査部嘱託であった佐藤もこれに近い見解を示している。すなわち、ドイツでは「青少年の批判的精神が完全に窒息している」と批判し、「ナチスの教育政策は、指導と命令とに服従する完全なる健康体を多数作りあげるであろう。しかし、その完全なる健康体に宿る精神が自由でないならば、ドイツ国民の個々人は単なる弾丸又は小銃のごときものになり終えるであろう。それは優秀な文化国たるドイツにとって決して喜ぶべき事ではない。仮令ドイツが永遠に戦争を欲するにしても、武器を扱うべき『真の人間』が拂底するからである」と述べる（外務省調査部 一九三九、七頁）。

そのうえ、費用面での大きな負担も考慮されたはずである。この第一回日独青少年団交歓事業における日本側の主要な政策的意図は、ＨＪとの交流を日本青少年団の統合・一元化のための促進剤にすることであった[25]。もしそうであったならば、この政策目標が達成されたあとには、もはやこのような多額の費用を投じたイベントを実施する動機づけも失われたものと思われる。いずれにせよ、第二回めの日独青少年団交歓事業は、戦時下の視察を主な目的として日本側から提案され、四〇年の秋（ドイツからの派遣）と四一年の春（日本からの派遣）に実施されたが、指導者六名の相互派遣という小規模なものに留まった（中道 二〇〇八）。

今度は、青少年団交歓と同じ時期に日本で実施されていた「大独逸展覧会」に目を向けてみたい。これは三八年九月二日から一〇月二日までの一ヵ月間にわたって、東京の上野公園日本美術協会式場において開催された。日独文化協会「昭和一三年度事業報告」によれば、在京ドイツ大使館、東京日独文化協会、東京日日新聞がこれを主催し、外務省、文部省、陸海軍省が後援した。展覧会の名誉会長にドイツ大使オイゲン・オットと東京日日新聞取締役会長高石眞五郎が、会長に日独文化協会会長大久保利武が就いている。この展覧会は、当初の予定では九月二八日までの会期であったが、「時節柄ではありその内容が極めて豊富にして有益であつた為に一般の注意を惹きしこと甚だしく」、そのため閉会を延長して一〇月二日まで開かれたという。実際、有料であったにもかかわらず（一般五〇銭、軍人・学生二五銭）、一ヵ月間で入場者数は六万人にのぼるという盛況ぶりであった。展覧会は大阪でも一一月二〇日から一二月一一日にかけて開催され（入場者数六万人）、さらには名古屋、金沢、新潟、静岡などの地方都市でも翌三九年一月から三月にかけて、それぞれ一週間から二週間ほどの会期で開催されている（入場者数はそれぞれ四三万四、九〇〇人、九万九、八〇〇人、九万二、三〇〇人、一八万一、三〇〇人）。最終的な開催日数は計八九日、入場者数は計九二万四千人と記録されている（同上、一－六頁）。

同じく「昭和一三年度事業報告」では、「大独逸展覧会」開催にあたっては、「新興独逸の状勢と発展とを示さんが為に本協会は独逸国政府の絶大の援助の下に多数の資料の貸与又は寄贈を得ることが出来た。この資料は独逸国宣伝省の蒐集したものであつて、これによつて独逸民族発展の縮図を観ることが出来ると共に現在の溌剌たる活動状態をも知ることを得る」と紹介されている（同上、一頁）。それがどのような形で示されていたのかは、展示内容からおおよそを知ることができる（表2－2）。その内容は、やはり「第三帝国」関係資料が圧倒的比重を占めており、ヴァイマル時代などは「沈滞期」としてほとんど無視されている。展示資料は約二五〇点であるが、同一資料の異なる内容の展示が多く実数は約一、〇〇〇点となっている。映写室で上映されたフィルムは計一〇点で、テーマは例えばニュルンベルク党大会、ドイツ空軍・海軍、四ヵ年計画、労働奉仕、ステープル・ファイバー（紡績用化学繊維の短繊維）など、第三帝国の政治、軍事、経済、社会政策、科学技術を取り上げるものであった。

「大独逸展覧会」開催を取り上げた三八年九月二日の『東京日日新聞』では、「日独の文化的理解」という社説を掲載し、そこでは「ナチス政府が、ドイツに対する日本一般の理解を深めるために、自ら計画し、自ら内容その他を選択準備した展覧会である」と説明している（岩村 二〇〇五、七三頁）。展示内容の選択がドイツ側宣伝省にほとんど一任されていたとはいえ、それを日本政府後援のもと日独文化協会や東京日日新聞社などが推し進めた。なお、『東京日日新聞』は、この時期には親独的な記事を積極的に掲載していたが、それに加えて、三八年中には「大独逸展覧会」以外にもさまざまな日独文化事業を主催している。すなわち、「世界防共展覧会」（二月、上野松坂屋）、「独墺合併映画上映会」（四月、日比谷公園で予定されていたが、雨で中止になった可能性もある）、「日独伊防共少年軍展覧会」（八月、銀座松坂屋）、「防共盟邦青少年交歓会」（九月、九段軍人会館）、「訪日コンドル機歓迎国民交歓会」（一二月、歌舞伎座、同日には東京朝日新聞社も「訪日ドイツ機歓迎講演会」を日比谷大音楽堂にて開催）といった事業である（同上、五六－六一頁）。

以上に見てきたように、とくに三八年中頃から、日本政府や軍部が全体として親独政策に傾いていただけでなく、日独文化団体や大新聞社などを中心に民間でも関係官庁や在京ドイツ大使館の協力・後援を得て親ナチ的な文化事業を積極的に押し進めていたのである。日本外務省も直接間接にこれらの実施に関わっていたが、その内部で

表 2-2　大独逸展覧会の展示内容分類表

展示室	テーマ	主な展示物
第 1 室	原始時代より中世盛期に至る	青銅器時代ゲルマン人の模型，民族大移動時代の諸道具及び装飾品，中世後期騎士の甲冑
第 2 室	中世後期よりプロシアの勃興に至る	グーテンベルク印刷所において印刷された聖書のファクシミーレ，ルター95 カ条の複写，フリードリヒ大王の胸像・絵画
第 3 室	第二帝国の成立と発展	カント，ゲーテ，バッハ，モーツァルト，ベートーベン，ヴァーグナー，ビスマルクらの肖像・胸像，ツェッペリン号の写真
第 4 室	世界大戦	ユトランド沖海戦の大模型，ヒンデンブルク，ルーデンドルフの肖像
通路	世界大戦戦死者及びナチス運動	ベルリンの戦没者記念碑，ミュンヘンのナチス運動犠牲者記念堂，戦没者へのヒトラーの言葉
第 4 付属室	大戦後の沈滞期	ヴェルサイユ条約記念文，ドイツ軍備縮小を表すモンタージュ，ケステンベルクとフルトヴェングラーを対比させた写真
第 5 室	独逸精神の革命	突撃隊の行進，ヒトラーの写真，党大会におけるナチス指導者の集会
第 6 室	第三国家の勃興	ザール復帰，ラインラント侵入，日独伊防共協定，独墺併合などの写真
第 7 室	第三国家の経済的躍進	失業者数の増減を示すグラフ，住宅図，アウトバーンの地図と写真，メルセデスベンツの模型
第 8 室	第三国家の芸術	ドイツ映画や演劇の紹介，ゲッベルスの肖像，オリンピックスタジアムの模型，ベルリン五輪の写真
第 9 室	第三国家の社会事業	歓喜力行団や冬季救済事業の写真，ナチス指導者の写真
第 10 室	第三国家の教育事業	ヒトラー・ユーゲントや労働奉仕団の写真
記念室	ナチス儀式場の再現	ナチス・ドイツの国章
映写室		ドイツ文化映画や『東日』ニュース映画を上映

出典：『大独逸国展覧会目録』（岩村 2005，59 頁）。

はすべてがナチ・ドイツに好意的であったわけではなく、場合によっては厳しい批判的な視線も向けている。

第４節　一九三八年一一月における日本外務省の妥協的措置と日独文化協定の成立

(1)　日洪文化協定の締結延期要請

一九三八（昭和一三）年の第一次三国同盟問題のおおよその経緯と、そのなかで日本の外務省外交が置かれていた状況については、すでに見た通りである。以下では、そうした日本側における政府内政治の展開を踏まえたうえで、引き続きハンガリーとの文化協定締結交渉の過程に着目して、ハンガリーとの交渉が進展していたさなかにあって、ドイツとの文化協定が突如として成立したこととの政治外交的な意味を考察したい。

三八年一一月一五日、日洪文化協定はかねてからの準備が整ったところで、「予定ノ如ク」午後一時半にブダペストにおいて調印された[26]。しかし、この調印に際して、日本側では外務省本省から出先機関に向けて奇妙な訓令が出されており、それによって在ハンガリー公館に大きな混乱を招くこととなった。すなわち、まさに調印直前になって条文の修正提案が本省から出先に伝えられ、その後、さらに調印延期さえも要請されたのであった[27]。こうした本省からの突然にして不可解な要請を受けた在ハンガリー公使松宮順は、条文修正については「調印直前ニ到着今更如何トモ為シ難キ」状況であったこと、調印延期については当訓令が「調印後接到」という状況を挙げて、実行不可能であったことを本省に報告した[28]。この日洪文化協定の突然の調印延期要請の理由について、本省からの説明は次のようなものであった。

最近在京独逸大使〔オット〕ヨリ近日中折角日独文化協定調印ノ運ヒトナリ居ル際日洪協定ノ調印ヲ先ニセラル ル事ハ本協定カ日独防共枢軸ヲ強化スル意味ノ政治的効果ヲ薄メラルル嫌ヒモアルニ付セメテ日独ト同日（大体

二五日調印ノ予定）カ又ハ其ノ以後ニ調印セラルル様取計ハレ度キ旨特ニ申出ノ次第アリ当方トシテハ日洪関係ヲモ重視シ居ルモノナルモ前記独大使ノ懇望ノ事情ニモ鑑ミ日洪文化協定ノ調印ヲ日独協定ノ調印ト同日カ又ハ其ノ直後ニ致シ度キ(29)。

驚くべきことに、ここでは日洪文化協定の調印延期理由として、これが先に調印されることによって、そのあとに締結される日独文化協定の「政治的効果」が薄められることが言われているのである。しかも、在京ドイツ大使オットが日本側にそうした配慮を「懇望」し、そして結果的には調印差止めには至らなかったものの、有田がこの要望を受け入れ、その証拠に実際に出先に訓令まで出していることは実に興味深い。

ドイツ側では、三八年二月に前在京ドイツ大使ディルクセンがロンドンへ異動になったのち、同年三月には大使館付武官であったオットが大使の任に就いていた。ヒトラーおよび外相リッベントロップは、日本の政治外交において軍部が多大な影響力を有していることを認知しており、日本陸軍の「深い信頼」を受けているオットが適任であると考えた。また、リッベントロップはオットの大使任命によって、「対日外交を一切合財ベルリンから操縦することができると信じた」、そして「彼の長年の朋友である大島浩を、ベルリン駐在日本大使とすることができるような先例を作ろうと欲した」と言われている（ゾンマー 一九六四、一四四－一四五頁）。リッベントロップが、「三国同盟が、まず文化協定という形式で、前払いされたものと信じた」のであれば（同上、二一八頁）、日本との文化協定について、オット自身がこれにいかなる意義を認めていたのかはわからないが、少なくともその背後にいたリッベントロップの影響は明らかであろう。このようなドイツ側の状況を鑑みれば、確かに日独文化協定の政治的意味は、一面では将来の軍事同盟締結に向けた段階的措置であったとも言えるだろう。

それでは、日本側は、なぜこのようなドイツ側の要望を受け入れることにしたのか。当時の外務省文化事業部の文化協定政策においては、「最初」の締結相手国はドイツやイタリアなどの枢軸国であってはならず、ましてドイツとの文化協定のために他国との文化協定の調印差止めを強行しようなどということは論外であったはずである。実際、この時点までは外務省全体としても、大枠ではこのような政策方針に沿ってハンガリーとの締結交渉が進められていたこともすでに確認した通りである。したがって、この調印延期要請は、従来の政策方針を大きく逸脱するものであったと言える。

予期せぬ訓令によって混乱させられた松宮は、本省のこうした動きに対して強い批判を投げかけている。まず、すでに調印済みの協定内容は「洪牙利提案ニ対スル我方対案トシテ半年前ニ慎重審議ノ上作成セラレタル成案」であり、「何等洪牙利ノ修正希望ヲ容認セサリシ次第ナリ然ルニ今ニ至リ提案者タル本邦側ヨリ而モ準備成レル調印ノ直前ニ修正ヲ申入ルルカ如キハ大国ノ手前断シテ為シ得サル所」と。また、松宮は日洪文化協定の成立要因の一つに、最近の不安定なハンガリー政情を挙げている。「［ハンガリー］政府モ亦更迭ヲ予想シ急ニ調印ヲ決心セルモノト認メラルル節アリ」として、この機を逃せば協定締結がさらに先延ばしになるだろうと松宮は予測していた。そして、今回のような行動は「徒ニ出先ヲ苦シムルノミナラズ延イテ帝国ノ威信ヲ中外ニ失フモノト言フモ過言ニアラサル」と厳しく批判している。こうした松宮の批判はもっともではあったが、次の発言内容こそ、まさに本省の政策方針の急転回を示すものである。すなわち、「独伊枢軸ヲ重視スヘキハ本使不敏ト雖亦之ヲ熟知ス唯一週間前ノ御来訓ト本日トノ間ニ余リニ御方針ニ懸隔アルニ驚クノ外ナク本使ハ今日ニ至ル迄先ノ御訓令ノ儘ニ真面目ニ行動シ来レルノミ」と。(30)

松宮のこの批判は、有田外交における文化協定政策の逸脱を裏づける重要な証拠である。実際、一週間前の一一月八日には、松宮は本省から「目下東京ニテ日独文化協定締結方交渉中ノ事情モアルニ付［…］成可ク速ヤカニ日洪文化協定ノ調印ヲ行ヒタキ」と指示されていた。(31) この本省の動きからは、ドイツとの文化協定締結交渉が早い段階でまとまれば、そちらの方を優先せざるをえなくなることを予測して、本省側でもその調印直前まではハンガリーとの文化協定の方を先に締結しようと考えていたことがわかる。そして松宮もこの方針に沿って動いていた。

松宮からの批判に対して、本省からは協定案の修正や調印差止め・延期を実行できなかったことについて特に咎める様子もなく、「日洪文化協定調印ヲ祝シ併セテ貴官ノ尽力ヲ謝ス」とだけ返している。[32]

日本では一一月一七日に、「日洪文化協定調印ニ関スル外務省当局談案」および「日洪文化協定調印ニ関スル情報部長談」として調印が発表された。一一月一八日には新聞でも調印が報道されたが、まだ批准には至っていないことから、条文の公表や具体的な内容の検討はなされず、出来事を簡単に紹介するに留まった。[33]

(2) 日独文化協定の成立とその政治外交的意味

日独文化協定は三八年一一月二五日に有田とオットのあいだで東京において署名され、即日発効となった。この文化協定の内容構成も、前文と、一〇日前に調印された日洪文化協定と同様の原則的内容について規定した全四条からなる簡素なものであった。以下、その日本語およびドイツ語の全文である。

文化的協力ニ関スル日本国独逸国間協定

昭和一三年(一九三八年)一一月二五日東京ニ於テ署名

同年(同年)同月同日(一一月二六日付官報)公布

同年(同年)同月同日ヨリ実施

大日本帝国政府及

独逸国政府ハ

日本文化及独逸文化ガ一方ハ日本ノ固有ノ精神ヲ、他方ハ独逸ノ民族的及国民的生活ヲ其ノ眞髄トスルニ鑑ミ日本国及独逸国ノ文化関係ハ茲ニ其ノ基調ヲ置クベキモノナルコトヲ厳粛ニ認メ両国ノ各種ノ文化関係ヲ深カラシメ且両国国民ノ相互的智識及理解ヲ増進セシメ以テ既ニ幸ニ両国ヲ結合スル友好及相互的信頼ノ関係ヲ益強固ナラシメンコトヲ欲シ

左ノ通協定セリ

第一条　締結国ハ其ノ文化関係ヲ堅実ナル基礎ノ上ニ樹立スル為努力スベク相互ニ右ニ付最モ緊密ナル協力ヲ為スベシ

第二条　締結国ハ前条ノ目的ヲ達成スル為学術、美術、音楽、文学、映画、無線放送、青少年運動、運動競技等ノ方面ニ於テ両国ノ文化関係ヲ組織的ニ増進スベシ

第三条　前条ノ規定ノ実施ニ必要ナル細目ハ締約国ノ権限アル官憲間ニ於テ協議決定セラルベシ

第四条　本協定ハ署名ノ日ヨリ之ヲ実施スベク締約国ノ一方ハ一二月ノ予告ヲ以テ本協定ヲ廃棄スルコトヲ得

右証拠トシテハ下名ハ各本国政府ヨリ正当ノ委任ヲ受ケ本協定ニ署名調印セリ

昭和一三年一一月二五日即チ一九三八年一一月二五日東京ニ於テ日本語及独逸語ヲ以テ本書二通ヲ作成ス

大日本帝国外務大臣　有田八郎（印）

独逸国特命全権大使　オイゲン、オット（印）

ABKOMMEN ÜBER KULTURELLE ZUSAMMENARBEIT ZWISCHEN DEM DEUTSCHEN REICH UND JAPAN.

DIE DEUTSCHE REGIERUNG

UND

DIE KAISERLICH- JAPANISCHE REGIERUNG

Durchdrungen von der Erkenntnis, dass die deutsche und japanische Kultur in dem deutschen völkischen und nationalen

Leben einerseits und in dem ureigenen japanischen Geist andererseits ihre wahren Grundlagen haben, und dass die Kulturbeziehungen beider Länder hierauf aufzubauen sind, und

In dem Wunsche, die Bande der Freundschaft und des gegenseitigen Vertrauens, die beide Länder bereits in glücklicher Weise verbinden, durch Vertiefung ihrer vielfältigen kulturellen Beziehungen und durch Förderung der gegenseitigen Kenntnis beider Völker und ihres Verständnisses füreinander immer mehr zu befestigen,

sind in folgendem übereingekommen:

Artikel I

Die Hohen Vertragschliessenden Staaten werden danach streben, ihre Kulturbeziehungen auf eine feste Grundlage zu stellen, und werden hierbei miteinander aufs engste zusammenarbeiten.

Artikel II

Um das in dem vorstehenden Artikel gesteckte Ziel zu erreichen, werden die Hohen Vertragschliessenden Staaten ihre Kulturbeziehungen auf den Gebieten der Wissenschaft und Kunst, der Musik und Literatur, des Films und des Funks, der Jugendbewegung und des Sports usw. planmässig fördern.

Artikel III

Die Durchführung des vorstehenden Artikels wird im einzelnen durch die zuständigen Behörden der Hohen Vertragschliessenden Staaten im beiderseitigen Einvernehmen geregelt.

Artikel VI

Dieses Abkommen tritt am Tage der Unterzeichnung in Kraft. Jeder der Hohen Vertragschliessenden Staaten kann das Abkommen durch Kündigung unter Einhaltung einer Frist von 12 Monaten beendigen.

Zu Urkund dessen haben die Unterzeichneten, von ihren betreffenden Regierungen gut und richtig bevollmächtigt, dieses Abkommen unterzeichnet und mit ihren Siegeln versehen.

So geschehen in zweifacher Ausfertigung, in deutscher und japanischer Urschrift,

zu Tokyo, den 25sten November 1938, d. h. den 25sten Tag des 11ten Monats des 13ten Jahres der Syowa- Periode.

(L. S.) Eugen Ott
Ausserordentlicher und Bevollmächtigter
Botschafter des Deutschen Reiches

(L. S.) Hachiro Arita
Kaiserlich Japanischer Minister der Auswärtigen Angelegenheiten

出典：外務省条約局編（一九四三）、九一一－九一四頁。

政治的な宣伝効果を狙って、日独文化協定の締結日がわざわざ日独防共協定締結二周年に合わせられたこともあって、日洪文化協定のときとは異なって新聞各紙でも大々的にこれが報道され、日本国内では大きな話題を呼んだ。このドイツとの文化協定の目的と意義について、締結当日に出された「日独文化協定ニ関スル外務省声明」では次のように述べられている(34)。

日独両国ニハ古クヨリ特ニ医学、法学、文学、音楽等ノ分野ニ於テ緊密ナ文化的関係カ存在シテイタノテアルカ最近殊ニ防共協定締結以来両国ノ関係ハ一層深キヲ加フルコトトナツタ、本年九月独逸政府ハ帝国政府ニ対シ更ニ之ヲ強固ニスル為文化的関係ニ付テモ条約上ノ基礎ヲ置カンコトヲ提議シテ来タレルヲ以テ帝国政府ハ欣然之ヲ応諾シタノテアル。

本日署名効力ヲ発生シタル日独文化協定カ短時日ノ商議ノ後締結セラレタルコトハ既存ノ日独友好関係ニ又新ナル証左ヲ加ヘタモノトシテ誠ニ慶賀ニ堪ヘナイ而シテ本協定ハ日本ニトリテハ此の種協定中最初ニ実施セラルルノテアル

ここでの日独文化協定についての説明は、すでに防共協定を軸とした日独間の深い政治的な友好関係があって、それをさらに強固にするために、両国の文化的諸関係に法的な基礎を築くものとされている。説明によれば、文化協定締結の提案はドイツ側から三八年九月になされ、それからわずか三ヵ月も経たないうちに実現した。成立までに「短時日ノ商議」しか要さなかったことも、日独友好の「証左」とされ、日本にとっては「此の種協定中最初ニ実施」されるものであることが確認されている。

同じく締結当日に発表された「日独文化協定ニ関スル情報部長談」（情報部長河相達夫）では、日本はたとえ国際連盟を脱退しても諸外国との文化関係を維持し、日独文化協定をその「第一歩」として、今後も引き続き友好国とのあいだに文化協定を締結していく方針が語られている。あくまでも「此ノ種協定ノ基調トスル所ハ日本文化ノ眞面目ヲ飽ク迄生成発展セシメツツ諸外国ノ各々特色アル文化ノ精華ト汎ク交流ヲ図ラントスル点ニ存スルノテアツテ日独文化協定モ右ノ基本観念ノ下ニ両国ノ文化的協力ニ関スル一般方針ヲ規定シタモノ」として、日本の開放的な文化的姿勢を強調している(35)。

次に、外務省の関係部局による「執務報告」における日独文化協定の位置づけを見ておきたい。条約局の「昭和一三年度執務報告」によれば、この報告書作成の直前に締結された日独文化協定について、「我国トシテハ最初ノ文化協定」であり、「両国間ノ伝統的文化関係ヲ組織的ニ増進シ以テ防共協定ニ依リテ更ニ緊密ニ結バレタル両国間ノ友好関係ヲ一層強固ナラシムル目的」を持って締結され、その意義は「文化協定ハ一般ノ政治條約、通商條約等トハ異リ其ノ直接ニ目的トスル所ハ締約国間ノ学術、芸術其ノ他各般ノ文化関係ノ増進ニ在ルモ斯ノ如キ文化的協力ヲ通ジテ締約国間ノ一般的友好関係ノ緊密化」にあると述べている。[36]また、文化事業部の「昭和一三年度執務報告」を見ても、日独両国の「特ニ緊密ナル関係ニ鑑ミ且又政治的目的ヲ有スル日独防共協定ニ基ク近来ノ両国親善関係ヲ一層補強スル上ニ斯カル文化的提携ノ組織的促進カ寔ニ望マシキヲ認メタル」と述べられている。なお、この時点ですでにイタリアとの文化協定も「近ク締結ノ予定」となっていた。[37]

ここでイタリアとの文化協定についても、簡単にではあるが言及しておきたい。日伊文化協定（「文化的協力ニ関スル日本国伊太利国間協定」）は、日独文化協定締結から約四ヵ月後の三九年三月二三日に、東京で有田と在京イタリア大使ジァチント・アウリーティのあいだで署名され、即日発効となった。日伊文化協定も、やはり前文と全四条の原則的事項を定めた条文で構成され、前文の前半部分を除いては、日洪・日独文化協定とほぼ同一の内容となっている。ただし、日独文化協定が各々の文化の「独自性」を強調し、相互承認を謳っているのに対して、日伊文化協定の場合は、より一般的な表現が用いられている。すなわち、前文では「両国ノ永キ伝統ニ基礎ヲ置ク固有ノ文化ヲ相互ニ尊重シ且両国間ノ各種ノ文化関係ヲ増進シ以テ両国間ノ相互的理解ヲ深カラシムルト共ニ既ニ幸ニ両国ヲ結合スル友好及相互的信頼ノ関係ヲ益強固ナラシムルノ希望ニ均シク促サレ　左ノ通協定セリ」と記されるに留まっている（外務省条約局編　一九四三、九一 五頁）。

三八年一二月九日には、日独文化協定締結の式典「日独文化の夕」が、日独文化協会と国際文化振興会の共同企画により九段軍人会館で開かれた。[38]そこでは関係者の挨拶や祝辞に始まり講演会、音楽鑑賞、映画上映などが催され、協定に署名した有田とオットも祝辞を述べている。有田はここでの祝辞において、日独文化協定の意味は「両国の間に存する防共の使命を更に深め」るものであること、ここでは「各々其の自主的立場に立つ」のであって、決してドイツ文化に無自覚に追随したり自国文化を宣揚したりするのではないことを注意し、「今や一切を挙げて新しき東亜の秩序と文化の創造に不抜の努力をなしている我国は飽く迄も全世界に向つてこの事変の持つ最も深い意味を徹底せしめなければならないのでありますから、この目的達成に適合する限りに於て多数の友好国とも其の趣旨を同じくする文化協定を締結することは最も望ましき所」と述べている。(39)

ここには外務省（有田）にとっての日独文化協定の意味づけが端的に表れているように見える。有田の発言内容は、これまでに見てきた外務省の文化協定政策と、第一次三国同盟問題のなかで外務省外交が置かれていた状況、これらの連関のなかで見ることによって、より正確な理解が可能になると思われる。すなわち、まずもって、日独関係の構成軸となるのはあくまでも「防共」（対ソ）理念であること。次に、日独文化協定の意義もこの範囲内にあること。しかし、ドイツとの文化協定は、決して他国との文化協定と一線を画する特別なものではなく、今後、日本が「多数の友好国」と締結していくはずのいくつもの文化協定のなかの一つにすぎない、という位置づけである。なお、三八年一一月二二日の枢密院会議では日独文化協定の締結について審議がなされている。外務省からは有田のほか、条約局長三谷と文化事業部長蜂谷が出席した。その会議録にも、「帝国政府ニ於テハ単ニ之ヲ独逸国ノミニ止メズ今後事情ノ許ス限リ他ノ諸国トモ此ノ種ノ条約ヲ締結シテ文化外交ノ手段ニ依リ外交ノ一般目的ヲ達成スルニ寄与スルノ意図アル旨ヲ当局大臣〔有田〕ハ陳述シタリ」とあり、これが有田・外務省の基本姿勢であったことが窺われる。(40)

他方、ドイツ側オットの祝辞では、「本文化協定が防共協定締結記念日に調印せられましたことは貴国政府及独逸国政府が充分なる自覚を以て本協定を貴我両国民を結ぶ政治的友好関係の大なる範囲内に置いた証左でありま す。又貴国外務大臣閣下が親しく此演壇に立たれたる事に依て本夕我々の思ひは文化の分野より政治的分野へと高まり且つ広まる」と述べており、両者の言葉に表れた文化協定の位置づけは対照的であるように見える。(41)ドイツ本国でも、例えばナチ党の機関紙『フェルキッシャー・ベオバハター』は、日独文化協定を、「ドイツと日本のあいだの新たな文化の懸け橋」として称賛した（Bieber 2014, S. 613）。

以上、本書の前半部分（第1章・第2章）では、日独文化協定の成立過程について、いくつかの側面から検討してきた。それらを踏まえて有田外交における従来の文化協定政策からの逸脱を考えた場合、日独文化協定はいわば「早産」した文化協定であったと言える。従来の文化協定締結方針からすれば、ドイツとの文化協定はもっとあとになって結ばれるはずであった。これは同時に、外務省外交にとっては、ドイツ側や国内の枢軸派への妥協を示すものであって、まさに有田の「薄墨色外交」の所産であったと捉えることができる。だが、このような意味での妥協によって「最初」の文化協定という地位をドイツとの文化協定に譲ったとはいえ、その後にはこれを修正しようとする動きも見られた。

それは第一に、ともかくも幅広い国々とのあいだで文化協定を結ぶことによって、日独文化協定を相対化しようとする動きであった。例えば、本省からはすでに三八年一二月六日に、「日独文化協定成立ニ関連シ帝国政府ハ此種協定ヲ如何ナル国トモ締結ノ用意アリ」と、在ポルトガル臨時代理公使であった柳澤健に伝えられていた。柳澤はこの訓令に基づいて、日本との文化協定締結の可能性をポルトガル側に打診している。彼はポルトガルの外務次官に対して、「日葡両国ハ各自其ノ文化交通ノ歴史ニ於テ離レ得サル深キ伝統的関係アリ適当ノ時期ニ彼之此種協定締結ノコトトモナラハ両国親善増進ノ上ニ貢献スル処鮮カラサルヘシ」と述べ、「差当リノ思ヒ付」として、日本とポルトガル領マカオ間での教授・学生交換、現在ヨーロッパに滞在している日本人教授によるポルトガルの諸大学での講演、日葡関係史資料の交換やそれに関する展覧会開催などを挙げた。そのなかでも、柳沢は三九年のポルトガル建国八百年祭を、最も効果的に利用できる事業と考えたようだ。日本側の文化団体によって「一六世紀当時ノ葡萄牙ノ華々シキ極東進出ノ史的回顧」なるものの公示が予定されていることにも鑑み、「斯ル時期ヲ選ンテ此種ノ日葡文化協定ヲ締結スルカ如キハ最モ面白キ」と述べたところ、ポルトガル側も「深甚ナル興味ヲ起シタル」様子であったと報告されている。[42] だが、日本とポルトガルのあいだで、これ以上に締結交渉が進んだ形跡はなく、第二次欧州大戦の勃発とともに一連の交渉は打ち切られたと思われる。もっとも、文化協定を結ぶことそれ自体のほかに、ポルトガルとの文化協定の政策的・文化的意義を日本側がどれほど積極的に見出していたのかは疑わしいだろう。

また、四〇年二月一二日には、文化事業部の市河が在京イギリス大使館一等書記官ヘンダーソンと午餐を共にしていたとき、ヘンダーソンより「極メテ非公式ナル形ニ於テ」日英文化協定締結の可能性について打診を受けたことがあった。[43]

これに対して、市河は次のように返答している。

(イ)元来文化協定ハ最モ純粋ナル文化的見地ヨリ従来日本ト政治経済社会上ノ関係薄キ国々〔例之、ハンガリー〕ト従来ヨリモ密接ナル関係ヲ結バントスル努力ノ表レナリシ処

(ロ)適々独、伊等日本ト最モ密接ナル関係ヲ有スル諸国トノ協定ガ先ニ出来上リ又之ガ「ジャーナリズム」ニヨリテ政治的「ヂエスチュア」トシテ利用セラレタル感アリタルガ故ニ今トナリテハ一般ノ印象トシテハ文化協定ノ本来ノ趣旨ニ稍変更ヲ来タシ一種ノ友好関係確認ノ意味加ハリタルヤノ見解サヘアル程ナルニ付

(ハ)今直チニ日英ノ間ニ文化協定ヲ作ルコトハ目下ノ情勢上殆ンド不可能ナリト思考ス

(ニ)日英間ニハ種々重大ナル問題ニ付尚一層相互ヨリノ歩ミヨリテ解決スヘキモノ多々アルヤニ思考スル、仮令文化協定締結ハ尚早トスルモ一般文化問題ニ付テハ常ニ「タクト〔臨機応変〕」ヲ以テ事ニ当リ相互ニ不必要ナル摩擦ヲ避ケユクコト肝要ナル旨申述べ置タリ

市河のこの発言の意図するところを要すれば、次のようになるだろう。すなわち、文化協定の多角的利用構想の前提として、（イ）のような性格づけは不可欠である。しかし、（ロ）「適々」最初に締結されたドイツ・イタリアとの文化協定によって、そしてそれがジャーナリズムによって政治的性格を強められた──市河はほかのいくつかの著述でもわざわざ「偶々」と述べて強調している（市河 一九三八、六頁、市河 一九三九、一七八頁）。そうした政治的ジェスチャーとしての効果は、決して文化協定の本来的な趣旨ではないが、結果として（ハ）のような状況に陥ってしまった。ただし、日本側としては文化問題については（ニ）のような姿勢を保持し続ける、というものである。

市河の三八年の論説「日独文化協定について」（『国際文化』第二号）では、さらに具体的に述べられている。すなわち、日独文化協定の締結は新聞紙上でしきりに言われるような政治問題ではなく、「純文化問題」であること。協定前文規定は両国の「異つた立場を認め合つた」ものであり、ドイツが自国においてどのような民族政策をとるも自由であるが、「日本の如く国民のうちに既に多種の民族を抱擁している国では、各民族に等しく仁慈の及ぶ八紘一宇的政策をとるのが当然」である。「日本は日本で皇室を中心として国民全体を一視同仁の立場に於て取扱ふ民族政策をとることを（協定前文規定によって）主張し得る」。そして、日本は「この種の文化協定は今後世界のあらゆる国々と締結してゆく方針」であり、「政治上の事情は時に応じて変化があるかもしれないが、文化の関係は悠久であるから、この意味から云ふならば文化協定の重大性は如何なる政治協定にも勝るとも劣るとは言へない」と熱心に主張している（同上、五－六頁）。

このように日本側では、ドイツとの文化協定や文化協定一般についての弁明や逸脱を修正する努力がなされていた。しかしそれでも、日本にとってとりわけ重要な政治・経済関係があったアメリカでは[44]、日独文化協定に対して極めて懐疑的な反応が見られた。ナチのユダヤ人迫害（特に三八年一一月のポグロム、いわゆる「帝国水晶の夜」）に対するアメリカでの批判と、「独逸ト ノ間ニ其ノ民族主義ヲ承認スルコトヲ基調トスル文化協定」への注目が、すでに協定締結前から在米大使斎藤博から本省に伝えられており、締結後にはさらに、それによって「猶太人排斥ヲ其ノ〔日本の〕国策トスル」という論調の報道がなされたことも加えて伝えられた[45]。ただしこれと同時期には、在ニューヨーク総領事若杉要からは、この地域での対日ボイコットが対独ボイコットよりも比較的抑制されていたのは、「日本カ未ダ曾テ猶太人ニ迫害ヲ加ヘタルコトナキ事実ニ鑑ミ日独防共協定ノ為日本ヲ独逸ト同一視スルノ當ラサルコトヲ〔ユダヤ人が〕主張シタ」ためであること。また、「日本品ノ販路ニ緊密ナル連絡アルコトハ否ミ難ク従テ是等猶太人ニ無用ノ刺激ヲ与ヘ之ヲ敵ニ廻ストキハ我対米輸出ニ多大ノ悪影響ヲ及ホスコト明カ」と報告されている[46]。

こうして日本のユダヤ人政策をめぐるアメリカ側の対日感情は、少なくとも日本側からは、懐疑と留保のあいだを揺れ動いているように見えた。また、やはり同じ時期に、日本でユダヤ系音楽講師が「解雇」されたという誤解に基づいた報道が米国ユダヤ人の関心を集め（山本 一九九九、二六頁）、この出来事を通じて米国ユダヤ人社会が日本のユダヤ人政策にいかに敏感であるかが再認識されたのである[47]。そこで日本側は、米国社会からのさらなる批判や懐疑的視線を避けるために、反人種差別的態度や、ユダヤ人排斥と日独文化協定の非関連性を諸外国に向けて積極的にアピールしていく必要があった。そのため対独関係においては、すでに文化協定が成立した以上、その実際的な運用を日本側が可能な限りコントロールすること、これが逸脱を修正する第二の動きとして表れている。それゆえ、文化協定の実施機関である日独文化連絡協議会の性格と権限の範囲が重要な問題となったのである。

第 *3* 章

外務省文化事業部の対独文化事業政策方針　1938－40 年

── 日独文化協定の執行過程（1）

カール・レーヴィット。1937年，仙台にて。
出典：Löwith (2007), S. 153.

第1節　日独文化協定の実施へ

（1）日独文化連絡協議会の設置交渉

日独文化協定の成立後まもなく、その実施へ向けて、協定第三条に基づき日独文化連絡協議会の設置交渉が両国のあいだで開始された。「日独文化協定ニ関スル外務省声明」では、今後両国間で協議すべき事項として次の一二項目を挙げている。すなわち、一　日独文化連絡協議会設置、二　文化施設の維持・拡充、三　学校教員の任命、四　政府派遣留学生に対する便宜供与、五　教授学生交換、六　青少年団交換、七　ドイツの日本学校および日本のドイツ学校における好意的措置、八　図書雑誌交換、九　芸術文化交換、一〇　映画交換、一一　交換放送、一二　運動競技による交歓、である(1)。

この第二項目以下の協議・調整を組織的効率的に実施するために、まずは連絡協議会の設置が目指された。日本側では、早くも一九三八（昭和一三）年一二月一五日に、「日独文化連絡協議会規定案」の第一案が、また翌一六日には、その更訂版が作成されている(2)。以下は、その更訂案の全文である。

日独文化連絡協議会規定案（一九三八年一二月一六日）

昭和一三年一一月二五日付ヲ以テ実施セラレタル文化的協力ニ関スル日本国及独逸国間協定ノ主旨ニ即応シ日本国政府ノ斡旋ニ依リ設置セラルヘキ日独文化連絡協議会ニ関スル規定ヲ左ノ通定ム

第一条　本協議会ハ日独文化ノ連絡ニ関スル問題ヲ協議研究シ以テ両国ノ文化的協力ノ実行ヲ容易ナラシムル方法ヲ両国政府ニ建議スルコトヲ任務トナス

第二条　本協議会ハ之ヲ東京ニ置ク

第三条　本協議会ハ外務大臣之ヲ主宰シ日独両国ノ委員ヲ以テ構成ス
本協議会ハ外務省代表者一名、文部省代表者一名、独逸国政府代表者一名及日独関係文化団体代表者一名ヲ以テ常設委員会ヲ構成ス
必要ニ応シ外務大臣ノ臨時委員ヲ嘱託スルコトヲ得
第四条　本協議会ハ其ノ必要アル毎ニ委員ノ発議ニ基キ外務大臣之ヲ召集ス
第五条　本協議会ノ協議研究ノ結果ハ直チニ権限アル官憲ニ回付セラルヘシ

日本側からの提案を受けて、その二週間後にはドイツ側からも、以下のようなより具体的な設置案が在京大使館から出されている。(3)

文化協定実施ニ伴フ日独文化連絡協議会設置ニ関スル独側提案（一九三八年一一月二九日）

一、連絡協議会（複数）ハ関係国政府ニヨリ設置セラルベシ
一、在東京協議会ハ左ノ委員ヲ以テ構成ス
外務省代表者　一名
文部省代表者　一名
独逸大使館員　一名
日独文化交換ニ従事スル団体代表者　各一名
（日独文化協会　独逸人及日本人主事
在京都独逸文化研究所　独逸人主事
国際文化振興会代表者）

（東亜細亜協会（O・A・G）代表者）

一、在伯林協議会ハ左ノ委員ニ以テ構成ス

外務省代表者　一名

文部省代表者　一名

宣伝省代表者　一名

日本大使館員　一名

日独文化交換ニ従事スル団体代表者

（日本学会日本人主事其ノ他）

一、在東京協議会ニハ日本人書記長、在伯林協議会ニハ独逸人書記長ヲ付属セシム、書記長ハ同時ニ記録ヲ担任ス

一、在東京協議会ニ於テハ独逸人議長トナリ在伯林協議会ニ於テハ日本人議長トナル

（要記、在東京協議会ニ於テ独逸人ヲ、在伯林協議会ニ於テ日本人ヲ議長トナス様提案スルハ文化協定ノ実施ニ対シ伯林ニ於テハ日本ノ発意又東京ニ於テハ独逸側ヨリノ発意アラザルベカラズト思考スル故ナリ此ノ点ニ関シテハ右提案ハ単ニ不取敢大使館ニ於テ作成シタルモノニシテ若シ帰国トノ間ニ一定ノ基礎ニ付意見一致ヲ見タル場合ハ全体的ニ管轄官庁ニ諮ルヘキ意向ナル旨付記ス）

一、委員数ノ増加ハ各協議会ニ付均等ナルヘシ

これらの日独双方の第一案が提示されてから、三九年六月一七日の連絡協議会の発足式兼第一回会合に至るまでの約半年間、両国間での設置交渉が続けられる。その交渉過程においては、両国は二つの問題をめぐって対立した。第一に、連絡協議会の性格と権限である。日本側がこれを単なる諮問機関に留めようとしたのに対して、ドイ

ツ側は文化事業の実施において一定の権限を有する決定機関にしようと考えていたのである。そしてこの問題に関連して、第二に、両国にそれぞれ設置される連絡協議会の議長選定、すなわちこれを自国人にするか相手国人にするかが問題となった。ドイツ側は、三八年の一一月二九日案で「東京ニ於テハ独逸側ヨリノ発意アラザルベカラズ」と述べているように、日本におけるドイツ文化関連事業については自らがイニシアティヴをとるべきとの考えから、東京ではドイツ人が議長となることを提案していた。(4)

ドイツ側の第一案を受けて、三九年一月一七日に日本側が作成した対案（第二案）では、ドイツ案では言及されていなかった連絡協議会の性格について、「本協議会ハ諮問機関トス、即在東京協議会ハ日本政府ノ在伯林協議会ハ独逸政府ノ諮問ニ応シ各々日独文化ノ連絡ニ関スル問題ヲ協議シ以テ両国ノ文化的協力ノ実行ヲ容易ナラシムル方法ヲ研究シ其ノ結果ヲ各政府ニ建議スルコトヲ任務トナス」と明記されている。また、議長の任命については「在東京協議会ニ於テハ日本人委員中ヨリ議長ヲ在伯林協議会ニ於テハ独逸人委員中ヨリ議長ヲ指名」するとして、ドイツ案とは反対の内容の条項が加えられている。(5)

これらの問題については外相有田も、「我方意向ノ主要ナル点」として三つ挙げている。第一に、連絡協議会は「政府ノ諮問機関」として設置し、その役割は日独文化事業の実施に関する協議・調整を行うにすぎず、「文化協定実施ニ関スル決定ヲナス権限アル機関ニアラズ」。第二に、連絡協議会委員には関係官庁の局長や大使館参事官クラスの人物をあてること。第三に、議長および書記長についてはドイツ側の考えとは反対に、「本協議会ノ性質並ニ事務上ノ便宜ニ鑑ミ」、東京では日本人、ベルリンではドイツ人とするとしていた。(6) 日独間のこうした方針の違いによって、連絡協議会設置交渉はその後しばらくのあいだ停滞状況にあった。

三九年三月二二日のドイツ側第三案は、東京とベルリンにおけるそれぞれの連絡協議会は同人数の日本グループとドイツグループ（各五名ずつ）によって構成され、東京では日本グループ主事が議長（ベルリンではその逆）となって両グループ主事の一致による決議をなし、議定書（Protokoll）が作成されるという内容であった。(7) 同案の内容からはドイツ側の一定の譲歩的な姿勢も見受けられるが、日本側は連絡協議会での協議の結果は単に「協議会ノ権威アル記録トスル程度」にとどめるとして、当初の主張を譲らなかった[8]。日本側では、この連絡協議会があくまで諮問機関にすぎないことを何度も確認している。また、委員が投票権を有して多数決主義によって事業内容を決定するようなものではないこと、ゆえに両連絡協議会における日独グループの人数を同じにする必要もなく、常任委員には民間の文化団体関係者が望ましいとされている[9]。

設置交渉における日独間の齟齬は、最終的にはドイツ側が折れる形でようやくまとまることとなった。三九年五月一一日付けのドイツ大使館の口上書では、連絡協議会は「ドイツ政府の見解においても」、「決定機能ではなく諮問機能のみを有する」と明記され、その趣旨・構成は概ね日本側の要望に沿う形となったのである[10]。日本側もこれを了承し[11]、「日独文化連絡協議会ニ関スル申合」に基づいて、ようやく六月一七日に東京で発会式を迎えるに至る。連絡協議会活動の基礎となる「申合」の第三項と第七項の規定、および常任委員は次官クラス官吏のほか、民間団体からも選出されていることから、設置交渉における日本側の要望がすべて取り入れられていることが見て取れる(以下、「申合」全文)。

日独文化連絡協議会ニ関スル申合

一　本協議会ハ日独文化協定ニ関スル昭和一三年一一月二五日付外務省声明ニ基キ日独両国政府ニヨリ設置セラルヘシ

二　本協議会ハ東京及伯林ニ設置セラルヘシ

三　本協議会ハ日独両国間ノ文化的協力ノ実施ヲ容易ナラシムル方法ヲ考究協議スルヲ以テ其ノ任務ト為ス、但シ本協議会ハ関係国政府ノ諮問ニ応ズル機関ニシテ自ラ決定若ハ実施ヲ為ス権能ヲ有スルモノニ非ズ

四　各協議会ハ日本側委員及独逸側委員ヲ以テ構成セラルヘシ

各協議会ハ特殊事項ニ付考究協議スル為専門家ヲ臨時委員ニ任命スルコトヲ得
相手国訪問中ノ交換教授ハ相手国ニ設置セラレタル協議会ノ委員トス

五　日本側委員及独逸側委員中ヨリ各々主事一名ヲ指名スヘシ
主事ハ協議会ノ召集、議事並ニ記録ニ関スル事務ヲ司ル
委員、代理者並ニ主事ノ任免ハ相互ニ通報セラルヘシ

六　在東京協議会ハ通例毎月一回議事ヲ開催スヘシ
各委員差支ヘアル時ハ其ノ代理者ヲシテ議事ニ出席セシムルコトヲ得

七　在東京協議会ノ議事ハ日本側主事議長トナリ議事ヲ開閉ス
在伯林協議会ノ議事ハ独逸側主事議長トナリ議事ヲ開閉ス

八　各協議会ニ於テ関係国政府ノ立法若ハ行政上ノ措置ヲ必要トスル事項ヲ議決シタル場合ハ之ヲ関係国政府ニ
建議スルコトヲ得

在東京協議会委員トシテ日独両国政府ハ夫々左記ノ通任命スルコトニ決定セリ

日本側　常任委員

一　外務省文化事業部長　三谷隆信

二　文部省専門学務局長事務取扱　文部次官　石黒英彦

三　財団法人国際文化振興会主事　青木節一

四　財団法人日独文化協会主事　友枝高彦

五　財団法人独逸文化研究所理事　文学博士　成瀬清

臨時委員　臨時必要ニ応ジ任命

日本側主事　　　　　　　　　　　　　　三谷隆信
独逸側　常任委員
　一　在東京独逸国大使館官補　　ドクター・ブラウン
　二　東京日独文化協会独逸人主事　　ドクター・ワルター・ドーナート
　三　京都独逸文化研究所独逸人主事　　ドクター・エツカルト
　四　独逸東亜細亜協会主事　　ドクター・フォン・ウェーグマン
臨時委員　　　日独交換教授　　オットー・ケルロイター教授
独逸側主事　　　　　　　　　　ドクター・ワルター・ドーナート

翌六月一八日の『報知新聞』には「手を握り合ふ日独文化／連絡協議会生る／毎月一回集り積極活動」、『読売新聞』でも「日独文化協定華々しく発足　連絡協議会誕生す」などと報じられているが（両紙とも I.1.10.0.2-21）、そこに至る過程には日独文化事業のありかたをめぐる両国の政策的思惑が交錯していたのである。設置交渉においては、日本側では、連絡協議会の権限を制限すると同時に、東京での議長を日本人とすることによって、自立的な事業実施が目指された。そうした政策的思惑の背景には、ドイツとの文化協力それ自体を拒否するものではないにせよ、やはり決してドイツに縛られないようにするという方針があった。日本側では従来の文化協定政策と連動する形で対外文化政策も構想され、これに基づいてドイツとの共同文化事業が日本側主事となった文化事業部長三谷を中心に目指されていく。

他方、ドイツ側は、設置交渉では最終的に妥協する形となったが、連絡協議会に一定の権限を与え、かつ日本におけるドイツ文化関連事業に自らがイニシアティヴをとることによって、日独文化事業を通じたプロパガンダの拡大強化を企図していた。ドイツ側は、文化協定を通じて「ナチス政府のイデオロギーを日本の政策の中にも持ち込む」（葉 一九九九、八〇頁）という姿勢をその後も持ち続けた。設置交渉で妥協してでも協議会の発足を急いだのは、後述するように、そうした自らの姿勢が文化協定前文規定によって保障されると見なされていたからであるとも考えられる。そしてドイツ側主事に就任したのは、すでに日本国内でナチの対日文化政策を積極的に担っていたドーナートであった。

(2) 日独文化連絡協議会の全体的な活動状況

連絡協議会における具体的な協議内容の検討に入る前に、その全体的な活動状況について確認しておきたい。連絡協議会は日独双方から出される事業提案や諸要求を協議・調整することを目的として、相互主義に基づいて東京とベルリンに設置された。在京日独文化連絡協議会（以下、東京協議会）は、主に日本におけるドイツ関連の事業について、在伯林日独文化連絡協議会（以下、ベルリン協議会）は、同様にドイツにおける日本関連の事業について協議するための場であった。そこには外務省文化事業部／大使館文化部を中心に、文部省などの関係官庁や現地の主要な文化団体の代表が加わり、戦時期を通じて活動が続けられた。

東京とベルリンの連絡協議会の会合日程を見てみると（表3－1）、日本外務省史料で確認できる限り、東京協議会は三九年六月一七日以降、敗戦までに計一五回開催されている。それに対して、ベルリン協議会の方は四〇年四月三日の発足以降、同年中に三回の会合がもたれたあと、一年から一年半くらいの間隔をあけて三回の会合が開かれ、各会合のあいだに開かれた個別的事項の詳細を協議するための小委員会を除けば計六回のみであった。連絡協議会の設置目的からすれば、これはいかにも対照的に映る。もっとも、先の「申合」第六項では「在東京協議会ハ通例毎月一回議事ヲ開催スヘシ」と規定されていたが、第一三回会合以降はそれ以前のような定期的な会合はもたれなくなり、この意味で文化事業の協議・調整の機能はこのころから次第に失われていく。

当初、東京とベルリンの二つの連絡協議会は同じ時期に始められる予定であった。東京協議会発会式では外務次

表3-1　日独文化連絡協議会会合日程

年	東京協議会	ベルリン協議会	年	東京協議会	ベルリン協議会
1939	①6月17日		1941	⑪1月13日	
	②7月19日			⑫2月18日	
	③8月16日			⑬7月17日	
	④9月27日		1942	⑭7月9日	④2月25日
	⑤11月24日		1943		⑤7月8日
1940	⑥1月31日	4月3日（発足式）	1944	⑮8月11日	⑥7月20日
	⑦3月12日	①4月4日			
	⑧5月28日	②4月5日			
	⑨11月6日	③7月10日			
	⑩12月6日				

出典：外務省記録「本邦ニ於ケル協会及文化団体関係雑件　日独文化連絡協議会関係」（I. 1. 10. 0. 2-21），「各国ニ於ケル協会及文化団体関係雑件　独国ノ部」（10）伯林ニ於ケル日独文化連絡協議会関係（I. 1. 10. 0. 1-5）の在京・在伯林協議会会合議事録，在独大島大使から重光外務大臣宛，第717号，「第六回日独文化協議会議決ノ件」（外務省記録「本邦ニ於ケル協会及文化団体関係雑件　日独文化協会関係」I. 1. 10. 0. 2-22）より著者作成。

官沢田廉三が「近ク伯林ニ於テモ同様ノ機関ガ設ケラルル予定」と述べており、[12] 有田も「遅滞無ク」これを設置する必要があるとしている。[13] しかし、ベルリン協議会の設置は予定よりも大幅に遅れ、それまでは東京協議会ですべての検討事項が扱われることとなった。三谷は、ベルリン協議会の設置まで「一切ノ問題ヲ此処ニテ取扱フコトトナルベク又問題ノ性質ニヨリ何レノ協議会ニ取上グヘキヤヲ一律ニ定ムルコト得ザル［…］例之学生交換等ハ直接両国ニ於テ関係アル故双方ノ協議会ニ掛クル必要アルベシ、依ツテ結局問題ハ表ハレル『アスペクト』ニ従ヒ東京協議会ト伯林協議会トニ掛ケル問題ヲ分類スルコト」と述べている。[14] しかしその後、ヨーロッパでの戦争勃発によって伯林協議会の設置はさらに延期され、[15] その活動は四〇年四月三日になってようやく開始された。

　ベルリン協議会では発足当初、日独それぞれ次の五名が委員に就いている。[16] ドイツ側では、主事フリッツ・フォン・トワルドフスキ（外務省文化政策局長）、エルンスト・シュルテ（総統代理）、ブラウヴァイラー（民族啓蒙・宣伝省）、ブルマイスター（文部省）、リヒャルト・フェルスター（伯林日本学会会長）。また日本側では、宇佐美珍彦（大使館参事官）、北山淳友（日本学会副理事）[17]、岡正雄（ウィーン大学日本研究所長）、若山淳四郎（ケルン日独協会副会長）、志鎌（鉄道省）である。三〇年代後半からのドイツによる領土併合や占領とともに日本の在外公館も再編され、在ベルリン日本大使館の役割は相対的に重要化し、「ヨーロッパにおける日本外交および日本人社会の中枢となった」（田嶋 一九九五、四〇四頁）。そうした日本大使館の主導の下、ドイツの大学や文化団体において活動する研究者らがこれに関与した。

また「在伯林日独文化協議会議事規定」が先の「申合」に基づいて、四〇年七月一〇日の第三回会合を経て決定された（以下、全文[18]）。

在伯林日独文化協議会議事規定

本協議会ハ一九三八年一一月二五日文化的協力ニ関スル協定ノ署名ニ際シ日独両国政府ノ同一内容ノ公ノ声明ニ従ヒ独逸政府ニ依リ設置セラレタリ

一　本協議会ハ日独文化関係ヲ計画的ニ促進スルニ適当ナル措置ノ処理ニ際シ日独間文化的協力ニ関スル一九三八年一一月二五日ノ協定ノ精神ニ於テ関係官庁ニ意見ヲ具申スルヲ任務トス

二　本協議会ハ各々五人ノ委員ヨリ成ル日独双方ノ団体ニヨリ組織セラル

三　独逸外務省ニ依テ指名セラルル委員長ノ任務ハ協議会ノ招集、議事日程ノ決定、会議ノ指導、関係官庁ヘノ協議会ノ決議提出等トス

四　協議会ニ顧問及専門家ヲ附属セシム顧問及専門家ハ其ノ特殊部門ニ属スル事項ニ関シ協議会ニ意見ヲ具申スルヲ任務トス

日本側顧問及専門家ノ招致ハ日本側委員代表ノ提議ニ基キ委員長之ヲ行フ

五　委員、顧問及専門家ノ更迭ハ当該若クハ当該者ノ代表スル官庁ヨリ委員長ニ通告スヘキモノトス

委員長ハ右更迭ニ関シ日本側委員代表ニ通報ス

六　委員、顧問及専門家協議会ニ出席シ得サル場合代理者ヲ出席セシムルコトヲ得

委員長ハ個々ノ問題ノ処理ノ為小委員会ヲ設クルコトヲ得

委員長ハ小委員会代表ヲ指名ス同代表ハ委員長ニ文書ニ依ル報告ヲ為スヲ要ス

七　文化協議会ノ決議ハ委員長並日本側委員代表一致ノ声明ニヨリ成立ス協議及決議ハ之ヲ記録ス右記録ハ委員長及日本側委員代表ニヨリ署名セラル議事録ハ日独両国語ヲ以テ作成ス

八　本協議会決議ハ委員長ヨリ独逸関係官庁ヘ勧奨トシテ提出ス

日本関係官庁ニ対スル本協議会勧奨ノ通報ハ日本側委員代表ニ於テ之ヲ為ス

九　本文化協議会ノ活動ト在東京文化連絡協議会ノ活動トヲ調和セシメ又組織的、計画的事務ノ遂行ヲ期スル為委員長並ニ日本側委員代表ハ夫々在東京文化連絡協議会ノ独逸側若クハ日本側委員ニ連絡通報方配慮スヘシ

一〇　委員長及日本側委員代表ハ日独関係官庁ノ決定ヲ絶エス相互ニ通報ス

一一　顧問ハ其ノ代表スル官庁ト日本側関係官庁トノ関係並ニ交渉ニ関シ絶エス委員長ニ通報ス

一二　本文化協議会並ニ小委員会ノ用語ハ日独両国語トス

一三　本議事規定ノ重要ナル変更ハ関係官庁ノ同意ヲ要ス

一四　本議事規定ハ委員長日本側委員代表ニ対シ独逸関係官庁ノ承認アリタル旨ヲ通告シタル時ヨリ効力ヲ発生ス

東京とベルリンの二つの連絡協議会の性格は、次の点において異なっている。すなわち、「規定」第三項では「関係官庁ヘノ協議会ノ決議提出」が明確化されていること。同第八項において協議会の決議は「独逸関係官庁ヘ勧奨トシテ提出」されるとするにとどまっており、もちろんこの協議会の「決議」が法的・制度的決定につながる

わけではなかったが、ベルリン協議会の各会合および附属の小委員会では協議のあとにしばしば「決議」がともなっており、これは東京協議会の各会合には見られない点である。先に見た「申合」第三項では協議会が「自ラ決定若ハ実施ヲ為ス権能ヲ有スルモノニ非ズ」と規定され、たしかに同第八項で「各協議会ニ於テ関係国政府ノ立法若ハ行政上ノ措置ヲ必要トスル事項ヲ議決シタル場合ハ之ヲ関係国政府ニ建議スルコトヲ得」と明記されているものの、それまでの東京協議会会合においては、あくまでも「諮問機関」としたい日本側の意向を反映してか、ベルリン協議会のような「決議」が議事録に明記されることはほとんどなされていない。

もう一つには、「規定」第六項で「個々ノ問題ノ処理ノ為小委員会ヲ設クル」としていることである。「申合」の方には小委員会の新規設置についての明確な規定は存在せず、それまでの東京協議会においては、日本側グループ（とりわけ文化事業部）は個別的事項の検討について小委員会をむやみに設けることに反対であった。しかしそれとは対照的に、ベルリン協議会においては、いくつもの小委員会がたびたび設置されている。

この二点を除けばベルリン協議会の性格は基本的には東京協議会と変わらず、「規定」第九項にあるように、東京とベルリンは足並みを揃え、それぞれの日独各グループは切り離されたものではなく、文書や人の移動などを通じて相互に密接な連絡を図るものであった。

第2節　ヴァルター・ドーナートの活動と日本認識

戦時期の日本在留ドイツ人社会のなかで、ドーナートという人物は非常に際立った存在であった。彼は、一九二五（大正一四）年から三五年にかけて、広島の旧制高校でドイツ語講師としての勤務を経て、三八年には東京日独文化協会のドイツ人主事に就いた。広島でのドーナートの後任者であり、のちには東京帝国大学講師、そして戦後はハイデルベルク大学教授となったディートリヒ・ゼッケルの回想によれば、熱烈なナチス支持者であったドーナートは、日独文化協会主事となってからはナチの文化政策のためにますます精力的に活動した（Ehmcke / Pantzer (hrsg.) 2000, S. 50）。

同様に、ドーナートのこうした熱心な活動の様子は、当時は東北帝国大学に勤務していたカール・レーヴィットの回想にもかなりの皮肉をまじえて記されている。

本当のところ危険な人物は、日本の『文化番』D博士〔ドーナート〕であった。日本語がうまく話せ、それどころか読めさえもしたので、二重に影響力があった。すでに一九三六年にわたしの招聘を妨害しようとやってみ、こんどはわたしの契約の延長を阻止しようと努めていた。［…］D氏は、見たところ、とうてい〔長身でたくましいとされている〕ゲルマン人を表現するわけにいかない、見ばえのしないおかたであり、むしろドイツの大学の研究室の典型的な助手といったタイプであった。すなわち、勤勉で、点取り虫で、卑屈で、小市民的で、といったところである。［…］とはいえかれは、非常に熱心に組織活動をやり、プロパガンダ目的の追求に費やすそのエネルギーは、相当なものであった。たえず働いており、新しいドイツ文化と自分自身の出世とに身をささげてへとへとに疲れていた。（Löwith 2007, S. 117. 引用は邦訳、一九一－一九二頁、〔　〕は原文）

ドーナートが実際にもこのような活動姿勢を示していたことは、第2章で紹介した三八年初頭の日独文化協会の活動報告書の内容からもはっきりと見て取れるだろう。彼は協会主事に任命されてごく短期間のうちに、こうした「野心に満ちた活動計画」を提示し、自身の活動の重点が「第三帝国理解のための宣伝」にあることを明確にしていた（Hack 1995, S. 90）。以下ではまず、ドーナートのそうした活動の思想的背景について、彼の専門であった日本学や日本認識の側面から検討し、次に、日独文化協定の成立後の活動について見ていきたい。

日本学の振興はドーナートが最も力を入れていた事項の一つであるが、三八年一月一〇日付けの報告書「協会活

ヴァルター・ドーナート（1898–1970 年）（右側）。
ヴィルヘルム・グンダート（1880–1971 年）（左側）。
出典：ともに Bieber (2014), S. 1283.

動についてのドイツ側提案 一九三八年」のなかで、日本学は「ドイツ民族が日本を解明するのに資するような、例えば、古道や武士道、日本精神、くすみのない伝統、日本における人種と民族、日本の国民的再興の段階などの問題を取り扱うこと」とされている。もっとも、「日本人」や「日本国民」をより深く理解するために、ドイツ人がする日本学においてはその精神的側面の核心的部分を考究すべきという考えは、前協会主事であったグンダートによっても比較的早い時期から主張されていた。彼は、ドイツに帰国する直前の三五年一一月一六日の講演で、ドイツ人にとっての日本学の意義と今後向かうべき方向性について語っている。グンダートの論理は、ナチ期ドイツの日本学が「日本精神」の究明へと著しい関心を向ける前提を理解するうえで重要であるため、ここで多少詳しく取り上げたい。

グンダートは、まずドイツにおけるナチ運動の拡大を前提として、これを「決して政治的方面に限られた」運動ではなく、「独逸国民の心の深い所から何か新しいものが確に湧出た」ものの、そうした「精神的運動」として捉え、さらにそれが学問研究にも非常に大きな影響を及ぼしていると指摘する。すなわち、従来の学問は単に学問それ自体のためになされ、それゆえ著しく専門化された学問は実社会や実際の人間から乖離し、人類の、または国家の実際的な要求を無視する傾向があった。しかし、学問の主体はあくまで人間であるがゆえに、それは人間のためになされるべきものであり、しかもそれを永続的な仕事とするためには、まず国民として、国民のためになされねばならない。ナチ運動はこうした「根本的なところ」に目を向けさせるものである、と述べている（グンデルト 一九三六、三三一–三三三頁）。

グンダートは続けて述べる。すなわち、こうした状況変化はドイツでは「全く一種の革命」を意味しており、これがさらに日本学のありかたにも応用される。「日本学は矢張日本語と日本の文学の研究を土台として［…］日本国民の汎ゆる現象、汎ゆる方面を調べなければ」ならず、したがって日本人の起源や政治・経済・社会・文化の歴史と現状が研究対象となるが、特にこれを「統一」的に行うことが肝要であるとする。そして、従来の西洋人による日本学の興味関心が「唯日本の国民の色々の表現だけ」に、すなわちエキゾチスムによって日本の習俗や芸術の外面的な部分に向かい、その中心が「日本国民そのもの」でなかったという、「根本的」な誤りを指摘する（同上、三三四–三三五頁、四一一頁）。

そうしたエキゾチスムとは異なって、現在のナチ運動によって「国民たる自覚」を呼び覚まされたドイツ人は、「最早個人として一種の物好な感情或は物知な欲望でそれに当るのでなく、矢張独逸国民として日本の国民を理解」する姿勢で日本学に従事するようになる。この「国民たる自覚」こそが世界の他国民の「国民性」や「本質」に目を向けさせ、それによって得られる理解に基づいて自らの他国民に対する態度を決定する。「さうして斯ういふ風に［…］世界中を見巡つて見れば、各国民の中に最も国民性の確つかりして、さうしてその国民的団結の固い、その歴史的根柢の遠くて深い国民は［…］その遠い東洋の島国にそれを見出す」のである（同上、四二一–四二三頁）。

こうして、「国民といふ概念はこの日本学の根本概念」となり、その対象は従来とは反対に、「日本の国民性日本精神」が中心となる。これはすなわち、「日本国民の構造［…］その国体［…］日本の皇室の位置、その国民との関係、日本に今日生きて居る人達と、亡つて居る過去の代々の国民との関係、又将来生れんとする国民との関係、又はその日本に神道が興り又行はれて来た事実の意味、日本に於ける儒教、道教、仏教、基督教の意味、日本独特のものと外来から受けた色々の影響との関係、日本と支那、日本と西洋との関係」を中心的問題として扱い、さらにそれらの解明を通じて「日本の国民の本当の力、その生活力」の所在を考究することであった（同上、四五－四六頁）。

ナチ期ドイツの日本学の基本的性格は、以上のような形でナチ運動と論理的に接合していた。ドーナートについても、少なくとも日本学の意義やそれが向かうべき方向性に関しては、大枠ではこのような姿勢を共有していた。彼は日本関連の著作をいくつも発表しているが、例えば、三六年の哲学の教授資格論文を元にした三八年の著書『古代日本史の文書にみる英雄概念』（Donat 1938）、四二年の論文「日本精神の生成」（Donat 1942）、四三年の論文「ドイツと日本の帝国思想」（Donat 1943b）などで扱われているテーマからも、そうした傾向を見て取れる。

これはドーナートにおける「文化」の捉え方とも深く関連している。ドーナートは、いわゆる「世界文化」、「超国家的文化観」（そこにはフランス啓蒙思想、一九世紀の唯物論、自由主義が含まれる）、そしてとりわけマルクス主義をその「最後的、最徹底的なもの」とする。彼によれば、そうした文化観を有する諸国には財力を振って世論を操作するユダヤ人があり、「文化の国民的要素を反動的なものと見てかかり、あらゆる方法を以て国民文化を排撃している」のである。しかしながら、「文化はその民族的基調にこそ決定的な価値」があるのであって、文化の生成・発展の前提条件には「民族の強い意志」や「強い民族性」があった。「ナチス文化創造」は「最も力強いゲルマン独逸的理想を新しく覚醒」させるものであるが、その理想は、すなわち「英雄主義」、「名誉」、「奉仕」の三つである。そして、それを実現するヒトラー・第三帝国の政治機構を、古ゲルマンからのドイツ史の連続性のなかに位置づけ、「新しい独逸的生活様式として渾然一体をなし」ているとする。他方で、日本について見た場合、日本文化を形成する「日本民族のみが有する」「最も深い日本民族の源泉は」、「皇道」、「神道」、「武士道」であった。こうした強固な「民族的基調」からなる文化を有するドイツと日本こそが、共産主義運動（およびその絶えざる影響を受けている自由主義国家）における最大の勢力、「人類の文化を破壊せんとする」国際ユダヤ人の陰謀を阻止しえるのであり、日独文化協定の本質的な意義もまさにこの点に存在するとされる（ドーナート 一九三九a、二六一三三頁）。

三九年に入ると、前年の「ドイツ・ブーム」的状況や、そのなかでのナチ文化政策の成果、そして日独文化協定の成立を受けて、ドーナートはさらに積極的な活動提案を行っている。三九年一月一九日付けのドーナートの協会報告書、「C　協会の状況について」においては、それまでの日本における親独的・親ナチ的傾向や各種文化事業の実施状況を受けて、こう述べられている。すなわち、「総統の名前や似姿、ハーケンクロイツの旗、『ナチス』という言葉は、今日の日本の人々の暮らしのなかで最もよく知られ、かつ人気を博しているものである。イタリアも含む世界のどこかほかの国において、国民社会主義の理解が今日の日本におけるほど非常に開かれ、感情に基礎づけられた姿勢を見出すことは、およそ考えられないだろう。この文化政策的な動員は日本では極めて大きな見込みがある」と[19]。

こうした状況を踏まえて、ドーナートは今後の「D　展望」を次のように述べる。

一九三八年に見られた文化政策の発展は、あらゆる見込みによれば、ますます強まる国民的結集とますます強まる原日本精神（urjapanischer Geist）の強調へと向かう同様の傾向のなかで、今後も続くことが予想される。それに加えて、日本の文化政策の方針もまた、近年すでに見られるように、日本のアジア的使命へと向かうものとなるだろう。[…]一方では、日本は西欧の自由主義からますます離れ、それでもって国民社会主義的な文化の理解に近づくだろうが、他方では、西洋からの東アジアの解放という側面に応じていっそう強まる振幅が一般に予期せられ、その結果、少なくとも一時的には、外国モデルや外国の学問、およびその鍵となるドイツ語を含めた外国語のさらなる過小評価が生じることになるだろう[…]。来る時期の文化政策上の深刻な危機の源は、その拡大が予期せられる、ドイツ・ユダヤ人の東アジアへの亡命にある。日本人のユダヤ人問題に対するなおも全く不十分な理解［…］と、亡命者たちを安くて従属的であり、大いに利用可能な労働力と見なす明白な傾向は、日本や、少なくとも大陸にかかっている日本の勢力圏において、ドイツの関与にとって不都合な、ユダヤ人のさらなる増殖をどうしても引き起こすことになるだろう。

出典：Tätigkeitsbericht（gez. Donat), Tokyo, 19. 1. 1939（BA Kobl. R64IV/226, S. 140-141).

こうした状況認識に基づいて、日独文化協会の活動においてドーナートが留意した点は、①すでに親ドイツ的なグループにおけるドイツ理解をさらに深めると同時に、できるだけ広範囲にわたって日本の知識人層を取り込むための宣伝を行うこと、②国民社会主義ドイツをモデルとする日本の風潮を有効利用し、臨機応変に促進していくこと、③「西洋の影響が区別なく除去される傾向の現れているいたるところで、ドイツの地位を保持すること」、④「全世界におけるユダヤ民族の反国民的で文化破壊的な影響の記録を用いて、ドイツのユダヤ人問題をわかりやすく理解させること」、⑤ドイツの文化政策の影響を満洲国や中国における日本の勢力圏に波及させるための準備を整えること、であった。そして、今後の日独文化交流全般において日独文化協会がさらに中核的な機関となるべく、その地位を強化していかなければならないとする。そこで大きな意味を持つのが日独文化協定であり、「この文化協定によって得られる機会を徹底的に有効利用するなかで」、文化政策的任務を遂行すべきことが述べられる(Ibid, S. 141-142)。

ドーナートのこうした活動姿勢は連絡協議会における日独交渉においても表れることになるが、さらに日本側文化事業部の政策理念と著しい対照をなしていたのは、日本の対中国文化政策に対するドーナートの評価である。ドーナートは、日本において「原日本精神」がさらに強く発現するにしたがって、文化政策においてもアジア的使命、すなわち「統一的な東アジア文化圏の建設」へとますます進んでいくと述べる。そしてその過程で、これまでとは反対に、今度は日本の方が「真の中国文化」を引き出すのだとしている（Ibid, S. 140）[20]。

こうした考えを抱いていたドーナートは、第一次近衛内閣のもとで対中国政策の一元化を図って設置された興亜院の設置とその仕事についても、極めて好意的な評価を下している。興亜院は三八年一二月一六日に設立された中国における日本の占領地行政を担う機関であったが、日本外務省では、これを自らの対中国外交の権限縮小につながるものとして、また外交の一元化の観点からも強く批判していた。

ドーナートによれば、天皇制国家日本が没落する中華帝国に代わって東アジアの指導国となり、ヨーロッパにおけるドイツと同様、大帝国の「想像的な建築士」の使命を担うものとする。また、天皇の下でのさまざまな民族の協調を謳う「八紘一宇」は、外部へ向けても有効な理念であり、朝鮮や満洲において見られるように、大陸においてもすでにそれを証明しているという（Donat 1943b, S. 130-131）。彼は興亜院を、「秩序が紊れて政治的にも文化的にも崩壊していく土地〔中国〕に、秩序と伝統文化の復興をもたらす日本の「指導」を文化面から支える重要な役割を担うものとして位置づける。また、興亜院という「平和的機関が設立されたといふ事実だけでも、日本が大陸の指導を永遠にその掌中に握つて行かうとする断乎たる決意がここに表はれている」と述べている（ドーナート一九三九b、二三二–三七頁）。

連絡協議会においてドイツ側主事に就いたのはこのような人物であった。それは「〔連絡協議会の〕主事の業務の継続性を可能な限り保障するという目的」からの人選であった[21]。ドイツ側の対日政策の全体的な展開過程において、現実政治のなかにナチ・イデオロギーがどれほど、またどのように組み込まれていたのかという問題については立ち入った検討はできない。だがいずれにせよ、ドーナートの人物像やそれまでの活動内容からすれば、ここで言う「継続性」は、ナチ・イデオロギーが色濃く反映された文化事業の体系的・組織的な実施であり、政治外交と密接不可分の文化事業であったことは明らかである。これは日本側文化事業部の政策方針とはまさに正反対の、露骨なプロパガンダ的な性格のものであった。そして、三九年から四一年二月までのあいだ、ドーナートは連絡協議会の主事として、在京ドイツ大使館が期待した通りの活動を展開することになる。そして、日独間の共同文化事業における基本的な政策方針の齟齬は、その後の連絡協議会の各会合において、具体的な対立点をともなって立ち現れてくるのである。

第3節　東京協議会における文化的「猶太人問題」をめぐる論議

(1) 文化協定を通じたドイツ側のユダヤ人排斥要求

それぞれの政治的思惑を反映した日本とナチ・ドイツの対外文化政策における基本方針は、連絡協議会におけるさまざまな個別事業の実施をめぐる協議のなかで、具体的な対立点をともなって立ち現れてくる。とりわけ日本在留ユダヤ人に関する問題ではそれが決定的であり、東京協議会で議論された中心的な問題の一つであった。それゆえ、ここでは日本在留ユダヤ人に対するドイツ側の要求と、それに対する日本側の対応について検討していきたい。

日独文化協定は「実際的には文化的協力への意志表示をこえるものではない」とも言われているが（Hack 1995, S. 89）、東京協議会ではまさにその「意志表示」の内容について争われ、それが日本在留ユダヤ人の処遇をめぐる論議の焦点にもなっていた。日独文化協定の実施に際して、ドイツ側は当初から日本在留ドイツ人社会の強制的同質化と同時に、在留ユダヤ人の社会的排除にも多大な関心を有していたのである[22]。そして文化協定の前文規定を根拠として、日本側の公式の承認および協力を引き出すことと同時に、それによって日本国内におけるナチの文化政策の拡大を企図していた[23]。

これについて、ドーナートは一九四三（昭和一八）年の著書『ライヒと日本』のなかで、「ドイツと日本のあいだのすべての文化的関係は、さらに一九三八年一一月の文化協定のために、多かれ少なかれ偶然で私的な水準から、公的に育成され統制された文化政策の水準へと引き上げられたのであり、この協定の前文はまた、公式に両国の文化的関係を『民族的および国民的な』生活の基礎の上に置いた」と述べている（Donat 1943a, S.8）。日独間の文化的諸関係が文化協定を基盤として構築されるということ自体は日本側も認めていた。しかしドーナートは、協定前文の「日本文化及独逸文化ガ一方ハ日本ノ固有ノ精神ヲ、他方ハ独逸ノ民族的及国民的生活（das deutsche völkische und nationale Leben）ヲ其ノ眞髄トスルニ鑑ミ日本国及独逸国ノ文化関係ハ茲ニ其ノ基調ヲ置クベキモノナルコトヲ厳粛ニ認メ」という部分に、特別な意味を認めていたのである。

日独文化協定締結直前の三八年一一月二二日の枢密院会議における有田の説明によれば、この「独逸ノ民族的及国民的生活」という表現が条文に入れられたのには、「本協定ノ協議ニ当リ独逸国側ヨリ強ク此ノ用語ヲ主張シ独逸ノ固有ノ精神ハ其ノ民族的及国民的生活ニ具現セラレツツアルヲ以テ茲ニ其ノ文化ノ真髄ヲ置キタキ旨ノ申出アリタル」という事情があった(24)。ドイツ側が「強ク此ノ用語ヲ主張」したのは、ナチが恣意的に規定する「ドイツ文化」を公式な「ドイツ文化」として日本側に認めさせるためであろう。そして、それには「ドイツ文化」からのユダヤ人排除が不可避的にともなっていたのである。

この問題に関連して、三九年七月一九日の東京協議会第二回会合において、ドイツ側が挙げた「最優先すべき」文化事業項目のなかで特徴的な例を見ていきたい(25)。例えば、ドイツ側議事録における第四項目「ドイツにおける日本学・日本におけるドイツ学」では(26)、日独双方での学問的成果を含めた定期刊行物の作成が挙げられている。それに対して日本側議事録の同じ事柄を扱った箇所では、「独逸の歴史、『ナチス』独逸」を紹介する「大独逸」なる雑誌の東京での刊行を、ドーナートが提案したことが記録されている。これまでに日本国内で実施されたドイツ側の文化事業の内容からしても、それらが純学問的な著作物ではなく、ナチのプロパガンダ雑誌の域を出ないものとなることは、日本側にとっても明らかであっただろう。

同じく、日本側議事録の第七項目「音楽」では、日本においてドイツの音楽が「猶太人ニ依ツテ代表サレ居ルハ遺憾」というドイツ側の主張が記録されているのに対し、ドイツ側議事録では「日本ではドイツ音楽がなおもユダヤ人によって営まれることが多く、またユダヤ人の音楽が広められているとのことである。こうした状況は、文化協定の趣旨に基づいて改められるべきであろう」と記されている。

さらに第八項目「語学講師」でも同様に、ドイツ側議事録では「文化協定の趣旨においては、ドイツ語及びドイツ文化は、ユダヤ人によって伝えられうるものではない」と記録されているのが、日本側議事録では、同じ文章が単に「(ハ) 猶太人問題(独逸文化並ニ独逸語ハ純粋ナル独逸人ニ依ルニ非ザレバ正シク習得スルコト不可能)」と記されているのみである。

ドーナートは、学問と芸術にこそ「『文化的なもの』の要素が最も純粋な姿で現はれている」と述べているが(ドオナアト 一九四〇、二四九頁)、彼は東京協議会においてもこれらの分野に関わる項目をはじめ、あらゆる文化領域にナチ的な価値に基づく「ドイツ文化」を浸透させることを試みていた。ドーナートの要求は日本国内におけるユダヤ人のあらゆる文化領域からの排除を意味するものであったが、ドイツ側が作成した議事録における言葉づかいにも表れているように、そのために不可欠な日本側の協力を引き出すために、日独文化協定の前文規定を根拠として利用したのである。[27]

(2) 文化的「猶太人問題」への日本側の対応

東京協議会第二回会合でドイツ側が主張した「猶太人問題」に対する日本側の対応姿勢は、第四回会合に向けた準備会議(三九年九月一九日)においてはっきりと示されている。文化事業部(三谷、箕輪)を中心に進められたこの日本側の内部会議では、今後の日独文化事業実施における基本方針として次のような決定がなされている。

まず、「独蘇不可侵条約ノ締結ニヨリ我対独文化事業ハ主義上何等変更ヲ受クルコトナシ、従来稍モスレバ巷間時流ニ媚ビ若ハ露骨ナル政治的意図ニ出ヅル独逸側ノ『ナチズム』宣伝並ニ之カ無批判ナル受納ニ走ル傾向モ見受ケラレタルニ付此ノ機会ニ両国文化交換本来ノ面目ヲ発揮シ〔…〕従前通リ其ノ実施ヲ計ルコト」が確認された。[28]次に、「猶太人問題」については、ドイツ側が「執拗ニ本邦側猶太人排斥ヲ要求スル傾向ニアルモ、我国ニハ人種問題ナルモノナク此ノ種問題ニ付テハ一視同仁ニ取扱フ方針ナルヲ以テ先方ヨリ再ビ此種提案アレバ更ニ断乎我方趣旨ヲ先方ニ通達スルコト」としている。ここでは特に語学講師が例として挙げられているが、あくまで「猶太人ヲ理由トシテ在職講師解雇等を行フベキ理由ナシ」、さらには「独逸側推薦ノ講師ト雖モ政治的宣伝ヲ行フガ如キコトアラバ断乎解職スベキ様取計フコト」と、非常に厳しい態度を示しているのである。[29]

反対に、これと同じころ、独ソ提携によってもたらされた日独関係の急速な冷却化状況に対して、ドーナートは自らの不満を吐露している。すなわち、「反共理念と日本の友好に対するドイツの裏切りというジャーナリズムによって煽られた解釈によって、また、その際に示されたドイツの実際的な政治状況についての完全な無理解によって、ドイツとの友好関係が〔日本人においては〕感情によって強く規定されていること、また、（知識階層までも含めた）国民の広範囲にわたって両国関係がどれほど単純に理解されていたのかがはっきりと露呈した。その場合に、実際的な政治的知識の欠如に基づいて築かれたドイツとの友好関係を悪化させることは、親アングロサクソン的で自由主義的な知識人グループにとっては容易いことであった」、と述べている。[30]それゆえドーナートは、ドイツについての「実際的な政治的知識」を与えるために、ジャーナリズムはもとより、高等教育機関においてもナチの文化政策をさらに徹底して実施することが必要と考えたのである。

以上のような日本側およびドイツ側におけるそれぞれの政策方針の確認・強化を経て、三九年九月二七日の東京協議会第四回会合は、非常に対立的なものとなった。[31]ドイツ側ドーナートは特に語学講師の問題を取り上げて、第二回会合と同様の主張を繰り返した。臨時委員オットー・ケルロイターによれば、ユダヤ人は亡命者であるがゆえにその振る舞いは自ずと反ドイツ的・反ドイツ国家的なものになるとされ、大学や学術専門学校についても日本側が条件付きで認めていた高等学校の場合と同様に、ドイツ側が推薦する者を雇用するよう求めた。

なお、すでに三八年七月二八日には、ドイツ側は東京日独文化協会が推薦する者を高等学校語学講師に採用する制度を提案している。[32] 日本側はこれに対して、三九年二月一日には、受入条件として「特殊ノ学術、技芸ニ関スルモノヲ除」くとし、[33] 例えば、学問や音楽などの領域がそれにあたるとした。[34] 二月二八日には、このような条件の下でドイツ側提案を受け入れることを伝えていた。[35] ただし、日本の学校に勤務していたドイツ人講師は日本側（文部省）に雇用され、また地方都市での勤務が多かったことから、この時期にはまだ「ナチ党支部や大使館筋の影響は及ばなかった」（上田・荒井 二〇〇三、一四六頁）。ドーナートなどは、こうしたなおも「大幅な自由を享受していたドイツ人教師」（同上、一四七頁）に対する統制強化、あるいは、ユダヤ人講師の学校現場からの排除のために、日独文化協定を日本側の雇用問題に介入する根拠として用いようと考えていたのである。

東京協議会第四回会合においては、高等教育機関にもドイツ側の推薦による者を雇用すべきというドイツ側の要望に対して、日本側三谷は協定前文の「日本ノ固有ノ精神」には「日本ニ於テハ人種ノ差別ナシ」という意味を含むとして（ただし第二回会合とは逆に、ドイツ側議事録には日本側のこの主張についての記述は見当たらない）、「人種問題を引き入れないために」、ドイツ側のユダヤ人排斥要求をはっきりと拒否している。[36] 三谷はここで「人種問題ノミノ見地ヨリ『アインシュタイン』博士ノ如キヲ招聘セズト約束スルコト不可能」と述べて、ドイツ側のユダヤ人排斥要求に真っ向から対抗した。こうした日独双方の主張は平行線をたどり、妥協点を得られないまま第四回会合は終わる。

ここで興味深いのは、ドイツ側がこの問題を「ユダヤ人問題（Judenfrage）」として主張するのに対して、日本側がこれを「人種問題（Rassenfrage）」として受け止めていることである。こうした対応はおそらくは意図的になされたと思われるが、議論の枠組みをこのように設定し直すことによって、日本側は「ユダヤ人を擁護する」と主張しなくともドイツ側のユダヤ人排斥要求への対抗論理を打ち立てることができたのである。また、先の日本側議事録における言葉づかい、すなわちドイツ側のユダヤ人排斥要求に関する部分で「文化協定の趣旨に基づく」等の文言が省かれていたことからも窺えるように、日本側の一連の対応にはユダヤ人排斥と文化協定の結びつきを極力抑えようとする意識を見て取ることができる。

それでは、なぜ日本側は対外文化政策において日本在留ユダヤ人を「一視同仁ニ取扱フ方針」をこれほどまで強固に主張したのか。これについて外務省の全体的な対ユダヤ人政策との関連で見ていきたい（阪東 二〇〇二）。当時、ヨーロッパ東方避難民としてのユダヤ人の受け入れに対して、日本政府の対応は極めて消極的であった。首相であった近衛（外相兼任）は三八年一〇月に、「独逸及伊太利ニ於テ排斥ヲ受ケ外国ニ避難スル者ヲ我国ニ許容スルコトハ大局上面白カラサル」として、「避難民」（実際にはユダヤ人難民を指すが外部にはあえてこう表現された）の「渡来阻止」や「渡航ヲ断念セシムル」ような措置を講じることを指示していたのである[37]。日本政府によるこうしたユダヤ人避難民への対応は主に対独関係への配慮からなされていたが、その一方で、彼らのユダヤ人観とそれに基づく国際認識、そして国際世論への配慮から、日本政府自らは露骨な反ユダヤ主義政策の実施を控えていた。

このころには在ソ大使であった重光の本省宛報告書には、第2章の最後で見たニューヨーク総領事館からの報告と同様の見解が、より詳細に述べられている。すなわち、ユダヤ人はファシズムへの対抗から「単ニ民主主義諸国ノ連合ノミナラズ、民主主義諸国ト『ソヴィエト』トノ連携ヲ計ルニ努力スル」に至るが、今のところ日本に対してはナチに対するような「極端ナル敵意」を有してはいない。それゆえ、日本側から「猶太人ノ感情ヲ刺激スルガ如キコトヲ特ニ積極的ニ言フガ如キコトハ有害無益」であり、日本は対独関係への配慮からユダヤ人の扱いは「今日非常ニ注意ヲ要ス」るが、ユダヤ人を経済的、または技術的に利用することは「今後モ何等差支ヘナシ」、というものであった[38]。

重光がここで言うところのユダヤ人の「世界的勢力」による闘争の標的から日本を逸らし、ナチ・ドイツとの関係に抵触することなく、ユダヤ人を可能な限り政治・経済・文化の領域で利用すべしという対ユダヤ人政策路線は、当時の外務省内で一定程度共有され、日独文化協定締結以後も継続していたのである。これは三八年一二月七日の有田の有名な訓令、「猶太人対策要綱」においても示されている。そこでは、「盟邦ノ排斥スル猶太人ヲ積極的ニ帝国ニ抱擁スルハ原則トシテ避クヘキ」としつつも、「戦争ノ遂行特ニ経済建設上外資ヲ導入スルノ必要ト対米関係ヲ悪化スルコトヲ避クヘキ観点」から、「独国ト同様極端ニ排斥スルカ如キ態度」は好ましくないとして、以下の方針を掲げている。すなわち、「一、現在日、満、支ニ居住スル猶太人ニ対シテハ他国人ト同様公正ニ取扱ヒ之ヲ特別ニ排斥スルカ如キ処置ニ出ツルコトナシ」、「二、新ニ日、満、支ニ渡来スル猶太人ニ対シテハ一般ニ外国人入国取締規則ノ範囲内ニ於テ公正処置ス」、「三、猶太人ヲ積極的ニ日満支ニ招致スルカ如キコトハ之ヲ避ク但シ資本家技術家ノ如キ特ニ利用価値アル者ハ此ノ限ニ在ラス」というものであった[39]。

このようなユダヤ人を経済的・技術的に利用しようとする発想は政府・外務省に限られるものではなく、満洲の経済事情と米国資本導入との関連から軍や財界の一部にもユダヤ人利用論が存在していた。丸山（二〇〇五）によれば、当時の日本においては、「ユダヤ人問題を日米関係のひとつの重要なファクターと認識し［…］一九四〇年九月に日独伊三国同盟を締結するまでは、日本の関東軍および財界の一部は、対英米関係を改善するための、数少ないカードのひとつとしてユダヤ問題を認識していた」。「陸軍内は、三国同盟の成立のときまではドイツとの同盟を積極的に進める大勢の動きと、ユダヤ人の影響力を利用しようとする勢力が奇妙にも混在していた」のであった（同上、八一―八二頁）[40]。

日本の対ユダヤ人政策はまた、イタリアにおける反ユダヤ法の成立と、それにともなうアメリカ・イタリア関係の悪化状況を踏まえてなされている。「猶太人対策要綱」が出される数ヵ月前の三八年九月には、イタリアで最初の二つの反ユダヤ法（「人種保護法」）が成立し、同国における反ユダヤ主義が顕在化することとなった（ラカー編二〇〇三、七一―八一頁）。イタリア国内の状況は在伊大使堀田正昭からも、「反猶太人的世論ハ漸次熾烈トナリ新聞雑誌等ノ論調モ相当露骨ナルモノ有リ」と本省に報告されている[41]。また、三八年一〇月八日には、在伊アメリカ大使ウィリアム・フィリップがイタリア外相ガレアッツォ・チャーノに対し、「猶太人排斥ニ関スル法令ハ伊国ニ居住スル米国籍猶太人ニ適用セラレサルヘキコトヲ要求スル旨申入レタ」ことなども、アメリカ国内でのボイコットの可能性を示唆する『ニューヨーク・タイムズ』の記事（*New York Times*, Oct 8, 1938）とともに、在米大使斎藤が本省に伝えている。[42]

日本の対ユダヤ人政策の背景には、以上のような対外政策に絡む思惑が存在していたが、東京協議会第四回会合における日本側の対応も、当該時期の対ユダヤ人政策の基本方針である「猶太人対策要綱」と軌を一にするものであったと位置づけることができるだろう。したがって、日独文化事業の実施過程における日本在留ユダヤ人に対する日本側の対応の仕方は、日本の対独・対米関係に絡む複雑かつ微妙な問題の対処法として選択されたものであったと考えられるのである。

(3)「ナチス」宣伝の回避と「ドイツ」文化の輸入

東京協議会での日本側の政策的対応は、外務省文化事業部の政策方針を基盤として、可能な限りこれに沿って諸問題の調整を試みるものであった。そこでは、日本の国内問題に対するドイツ側からの積極的・恒常的な干渉につながるような措置を避け、政策決定における完全な自立性を保持することが重視されていた。

このことに関連して、三九年一一月二四日の東京協議会第五回会合におけるラジオ放送に関する協議が注目される。[43] この協議に際してドイツ側があらかじめ作成していた提案書には、ドイツ事情を紹介するラジオ放送について、「ドイツ人および日本人の顧問はラジオ放送局から助言を求められる」ことが記されており、[44] 第五回会合の場では箕輪と在京ドイツ大使館のクルト・リュッデ＝ノイラートの名前が挙げられている。ドイツ側は、日本のラジオ放送局が任意に選ぶ人物は「その資質に何の保証もない」として、これが「委員会やドイツ大使館の了承のもとに」なされることを希望していたのである。

これに対して市河は代理主事として、「ＪＯＡＫ〔東京中央放送局〕ハ諸外国ニ関スル放送ニ関シテハ常ニ細心ノ注意ヲ払イオリ専ラ在京諸外国外交使節其ノ他外国筋ノ感情ヲ害セザランコトニ留意シオル他〔…〕独逸トノミ大袈裟ニ顧問制ヲ以テプロニ注文ヲ付スルガ如キコトハ好マヌ所」と、（ドイツ側議事録によれば、非常に気性の激しい様子で）反論した。市河はさらに、もしドイツ側に個別具体的な放送希望があれば、市河自身や箕輪を通じて直接要望を出せばそれで済むことであって、「徒ラニ委員任命等ノ迂路ニ走ルハ愚人ノ道」であり、逓信省の管轄権を侵害する危険もある「最モ幼稚」な考えとしてこれを激しく斥けている。彼は同時に、「他国ノ猜疑」を招く恐れのある委員会の設置等は「極力」避けたいとも述べている。そして文化交流の見地からすれば、例えば在日ドイツ人生徒の合唱の放送などでも充分に内容があると主張した。(45)

第五回会合では、そのほかにドイツ語の教科書などについても委員会設置如何に関する同様の問答が見られたが、やはり市河は「形式的問題ニ余リ多大ノ注意ヲ傾注スルガ如キ極メテ痴愚ナル考」であると批判し、「実質」を問題にすべきと主張した。ただしここではまた、「健全ナル独逸文化」は「双手ヲ広ゲテ歓迎」すると述べており、その一例としてモーツァルトやシューベルトに代表されるドイツ音楽を挙げている。「我々が独逸からとる文化はナチス文化に限られる筈がない、更に古きにさかのぼり凡てのものを包含すべき」とする市河は、「ナチス文化」をドイツ文化から明確に区別していたようである（市河 一九三九、一七九頁）。そして、ナチのプロパガンダではない、いわば健全なドイツ文化の輸入には積極的な姿勢を示している。

その狙いは、一つは言うまでもなく、明治期以来、日本に対して多大なる影響と存在感を与え、羨望されてきたドイツの学問や芸術、科学技術などを文化交流という回路を通じて安定的に輸入すること、それ自体が挙げられるだろう。そして、まさにそれこそが日本が行う国際文化事業に「非政治性」の装いをもたらし、短期的に変動する政治局面に振り回されることなく事業を展開するうえで重要であった。こうした方策は政治的に対立する国を含めた諸外国との幅広い文化交流の可能性を広げるものであり、長期的には日本の対外関係全般にとって有利な条件をもたらす実際的な政策的選択肢としても考えられていた。同時に、ドイツ文化の積極的な輸入は、もちろん現在のドイツとの関係深化にも寄与するものである。日本側は、このような重層的な意図をもって、文化の「実質」を問題にせよとの要求を通じて、ナチ・プロパガンダを「ドイツ文化」から取り除くためのフィルタリングを行っていたのである。(46)

第4節　文化事業部の廃止と対外文化政策の転換

(1)「対支文化事業」における文化事業部の政策理念

戦時期における外務省文化事業部の対独文化政策が、すでに一九三〇年代中頃から防共外交の枠組みのなかで実施されていた文化協定政策の延長線上に位置づけられることは、すでにこれまでの議論を通じて検討してきた。ただし、こうした文化協定政策はさらに、二〇年代からのいわゆる対支文化事業と同質の政策的発想を有している。もちろん、これらの具体的な政策展開の過程は各々の政治状況に規定されていたが、外交手段としての対外文化政策に対する認識や、文化事業実施に際しての姿勢には深く共通する部分がある。そこで以下では、ごく簡単にではあるが対中国文化事業における文化事業部の政策動向を確認しておきたい。

いわゆる対支文化事業は、二〇年代の前半に、日本と中華民国のあいだでの学術・研究交流などを目的として着手された。しかし、日中間の政治的な緊張関係が高まるなかで、この文化事業は当初から多くの困難を抱えていた。とりわけ中国側の教育文化界はこれを日本による文化侵略として批判し、「政治的思惑をはなれ、永久的・普遍的な事業」にすること、また、「対支」という日本側の表現に示されているような一方向的なものではなく、相互主義的なものとすることを要求していた（阿部　一九八四、一四一頁）。

二四（大正一三）年一月、外務省亜細亜局（三四年六月一日より東亜局）の局長出淵勝次と在京中華公使王栄宝との協議に基づく「汪―出淵協定」によって、日中両国が「共同」で文化事業を行うことが一応は合意される。続いて翌二五年五月には、外交総長沈瑞麟と在華公使芳沢謙吉とのあいだで交わされた「沈―芳沢交換公文」によって、運営機関として北京の「日中共同文化事業総委員会」（後の「東方文化事業総委員会」）・同上海委員会の設立が確認された。両機関は日中両国が「共同」で文化事業を行うための協議・調整機関として設置されたものであり、日中双方から委員が選出された。だがこれら委員会の権限をめぐっては、日中文化事業を文化事業部の完全な管理下に置くことを目的として、その権限を名目的なものに留めようと企図していた日本側と、それに反発する中国側とのあいだで対立が続き、その調整に一年を要した（同上、一四一―一四三頁）。

二八年五月の済南事件を契機として国民政府はこの文化事業協定の廃止を提議し、その運用資金とされていた義和団賠償金の全面返還を日本側に要求する（同上、一四六―一四七頁）。これに対して、外相幣原喜重郎は正式に拒否するとともに、「文化事業ノ本質ニ鑑ミ［…］当面ノ政治外交上ノ見地ヨリ離脱シ［…］文化事業ノ恒久性ヲ保障スル為政局ヨリ全然独立セル制度ヲ確立スルノ必要アリ」と述べた[47]。しかしながら、ここで幣原が主張する「政治から独立した文化事業」は、日本の侵略的態度に起因する日中間の政治的な緊張関係にもかかわらず、中国との文化事業を安定的に継続したいという意図から発せられたものであると考えられ、それは極めて政治的・政策的観点からのものであったと言える。

二七年になると、外務省においてそれ以前には亜細亜局内に設置されていた文化事業部が独立した部署となるが、これもこうした政策的意図の組織機構面での表現であったと思われる。文化事業部が省内で独立した一部局となったのは、それが「亜細亜局の一部であることは中国側に種々の誤解を抱かしめ」ると危惧されたからであった（外務省百年史編纂委員会編　一九六九、一〇四四頁）。

だが、日本の大陸政策の強硬化にともなって、軍部からの要請のみならず外務省内部からの批判の声も高まり、対支文化事業において従来の方針を貫徹することは困難となった。例えば、のちに在ニューヨーク総領事や在米特命全権公使を務めた若杉は、三五年九月に在華日本大使館参事官であったときに、「我対支文化事業ハ従来政策的見地ヲ離レ純学術研究ヲ主眼トシテ遂行スルノ方針」をとってきたが、これを「根本的ニ変更」して「我文化事業部ハ日満支提携ニ依ル東洋平和確立ノ経論ニ基キ政策的見地ニ立チ支那ニ於ケル文化開発並日支文化連携ヲ目標トシテ活動スルノ方針ニ改ムヘシ」と、本省に向けて具申している。[48]本省の側でも「国策」を「文化的方面ヨリ助長」することが重要であるとして、三六年五月に対支文化事業特別会計法の改正を行い、歳出限度額の増額（三〇〇万円から四〇〇万円）とともに、これでもって北京や上海において外務省が直接経営する研究所や図書館を設立した（阿部 一九八四、一六〇頁）。

こうした外務省の動きについて、阿部（一九八四）は「このことは、明らかに外務省文化事業がこれまで『対支文化事業』＝『東方文化事業』を推進するにあたって、自ら高々と掲げてきた文化事業の『政治外交からの超越』という基本方針を完全に放擲して、『対支文化事業』を日本の中国に対する軍事的・経済的進出という『国策』に奉仕するための、いわば『対華文化工作』へと転換＝変質させていくことを意味していた」と評している（同上、一六〇－一六一頁）。阿部（二〇〇四）でも同じく、三〇年代中頃に文化事業部は「これまでの理想主義的な方針を大きく転換して、［…］『政策的見地』に立った、現実対応の『新事業』に着手し」たとしている（同上、七三四頁）。

その後の日中戦争の展開にともなって、三八年ころには対支文化事業を文化事業部の管轄から切り離そうとする動きが政府内で見られるようになる。日本軍による大陸での占領地域の拡大によって、軍事面のみならず、政治、経済、文化などのあらゆる領域において処理すべき問題が堆積するなかで、事変処理のための機関として三八年末には興亜院が設立される。外務省としては当然、興亜院（「対支中央機関」）設置に対して、外交の一元化の観点から強い反発の姿勢をとっていた（同上、八九八－九〇〇頁）。[49]

興亜院が取り扱う事柄は文化方面にも及び、対支文化事業も「文化工作」のための手段として、文化事業部から興亜院に移管されることとなる。対支文化事業の興亜院移管に対して、文化事業部は「極力」反対していた（外務省百年史編纂委員会編 一九六九、一〇四六頁）。「対支文化事業ノ対支院移管ニ関スル私見（昭和一三年一〇月二四日）」という文化事業部作成の文書では、反対理由について次のように述べられている。すなわち、「文化事業ハ、飽クヽモ政策トハ形式上分離シタル貌ヲ執ラザレバ支那人ノ心ヲ掴ム事ヲ得ザル〔…〕対支院〔興亜院は当初は「対支院」という名称で設立された〕ノ如キ事変処理ノ為ノ臨時的政策機関ガ、事変トハ関係無ク而モ恒久的ナルヲ要スル文化事業ヲ接収スル事ハ合理的ナラズ」、したがって、文化事業の性質や、従来の対中文化事業の日中関係における意義を全く解さない政府の移管措置は、「根本ニ於イテ」誤りであるとする（同上、一〇四七－一〇四八頁）。同文書は文化事業部から提出された興亜院設置に対する反対意見の一つであるが、この意見書の執筆者名は記されていない。ただし、文化事業と政治外交とのあいだの距離の取り方や、対外文化政策の方向性は、箕輪のそれと共通するところが大きく、本人であった可能性も大いに考えられる。

このように文化事業の形式的な独立を説く文化事業部の反対意見それ自体も、まさに政策的観点から発せられたものであったが、いずれにせよ、結局は三八年一二月一六日に興亜院が設立されると、対支文化事業も文化事業部の管轄から切り離されることになった。

(2) 情報局設置にともなう文化事業部の廃止

東京協議会会合は全部で第一五回（四四年八月一一日）まで開かれているが、すでに四〇年一二月六日には文化事業部は廃止されており、それ以後の日独文化事業関係一般は拡大改組された内閣情報局に移管され、協定実施に関する事務的事項のみを外務省条約局が扱うこととなった(50)。

四〇年七月二二日に成立した第二次近衛内閣は、外交政策的には日独伊枢軸強化、内政的には新体制運動を促すものであった。情報局作成による「情報局ノ組織ト機能」（一九四一年四月一日）によれば、この第二次近衛内閣が成立してすぐに、その行政機構改革の一つとして最初に取り上げたのが内閣情報部の改組であった（石川 一九七六、一五七–一八九頁）。この動きは一二月五日の情報局官制（勅令第八四六号）によって具体化される。総裁は伊藤述史、その後も谷や天羽英二など主に外務官僚がこれを務めた。次長には久富達夫や奥村喜和男などが就いている。「情報局ノ組織ト機能」では、「近代戦ノ特質ハ組織力ノ戦ヒデアル。武力戦、経済戦、思想戦等ノ諸要素ガ総合形態デ戦ハレルトコロノ一大組織力ノ闘争デアル。ソノ一ツデモ欠落ヲ暴露スレバ、戦争体系ハ忽チ崩壊シ最後ノ勝利ハ獲得シ得ナイ」と述べられているが（石川 一九七六、一五七頁）、こうした考え方に基づいて情報局は「組織力ノ戦ヒ」のなかの宣伝戦を主導する機関として位置づけられている。そして、それまで外務省文化事業部が所管してきた業務は情報局第三部第三課に移されることとなった。したがって、文化事業部の廃止は、日本側がそれまで展開してきた対独文化政策における基本方針の断絶と転換を象徴する出来事として捉えることができるが、それは第二次近衛内閣の施策を通じた、より大きな政策的転換のなかでもたらされたものであった。

具体的には、四〇年七月二六日の閣議決定「基本国策要綱」では、根本方針において「皇国ヲ核心トシ日満支ノ強固ナル結合ヲ根幹トスル大東亜ノ新秩序ヲ建設スル」ことが挙げられ、「先ツ其ノ重心ヲ支那事変ノ完遂ニ置く」ことが確認された。さらに、翌二七日の大本営政府連絡会議決定「世界情勢の推移に伴ふ時局処理要綱」では、対外施策において日中戦争の解決に加えて「対南方問題ノ解決」を図るため、「先ツ対独伊ソ施策ヲ重点トシ特ニ速カニ独伊トノ政治的結束ヲ強化シ対ソ国交ノ飛躍的調整ヲ図ル」とされている（外務省編 一九五五、四三六–四三七頁）。

在英大使であった重光は外相松岡洋右に宛てて、「我態度ハ独伊ニ対シテハ独自ノ並行政策遂行カ可然ク」、「根本ニ於テ政策ノ独自性ヲ確保スルコトカ要点」であると、対独接近はあくまでも自主外交に基づいてなされるべきと意見を述べている。[51] しかし他方で、松岡の方では、九月一九日の御前会議で「いまやアメリカの対日感情は極端に悪化していて、僅かの機嫌とりくらいでは回復するものではない。ただわれわれの毅然とした態度だけが戦争を避けしめうる」と述べており（細谷 一九八七、二一二頁）、まもなくして日独伊三国同盟条約が締結された。これにより日米関係は著しく悪化する。[52]

国内では四〇年一〇月に大政翼賛会が成立し、翼賛会文化部が国内文化活動を国家主義的な方向へ推し進めていく（木坂 一九七六）。これと同時に国際文化事業も、「国内文化宣伝機関と密接なる関連を保たしめ右と歩調を揃え」るべきとの考えから情報局へ移管されることとなった。[53]

以上のような一連の政治局面の展開を背景として外務省文化事業部が廃止される。これは遅くとも東京協議会第九回会合（四〇年一一月六日）の前までには確定していた。[54]これまでに見てきたように、東京協議会ではいずれの会合においても三谷、市河、箕輪らを中心に日本側グループの意思形成がなされてきた。だが文化事業部が廃止されたあと、彼ら旧文化事業部関係者は東京協議会からはほとんど姿を消す。[55]第一二回会合には箕輪の姿もあったが、もはやそれ以前ほどの積極的な関与は見られない。[56]これにより東京協議会では以前のような形での日独間の政策的対立は見られなくなる。しかしながら、このことは日独文化事業が、その後全体として両国の完全な協力関係のもとに実施されたことを意味するわけではない。例えば学術交換の事例に見られるように（第4章で後述）、日独文化事業にはその拡充を制限するさまざまな対立要因が常につきまとっていた。そうした事業拡充を阻害する諸要因は戦時期を通じて根本的には解消されることはなく、そこには文化的「猶太人」問題に象徴的に示されるようなナチ人種主義をめぐる問題も密接に絡んでいる。

ここでさらに指摘しておきたいことは、文化事業部が廃止されたころからの箕輪の言説には、それ以前の文化協定政策や対独文化事業においてはほとんど姿を見せてなかった「革新派」的な主張が散見されるようになったことである（箕輪 一九四〇a、一九四〇b）。彼は情報局第三部第三課の専任情報官として、その後も対外文化事業に関わっているが、[57]四二年には従来の対外文化政策のありかたを批判する形で、極めてイデオロギー色の濃い、まさに「大東亜文化政策」と言うべき政策論を力説している。そこでは、「文化による政治の実現」が「究極の目標」に据えられ、対外文化事業の使命は「その前提を日本文化の確固たる把握と発展に置きつつ戦争の遂行と、戦後の建設に最大限の奉仕をなす」こととされる。さらには、「我々は日本精神の真髄を敵国及敵国人に放撃することによって武力戦に並行する精神的弾丸の任務を果たし得ることを知らねばならら」ず、英米を主要な対象とした「文化戦争を敢行」しなくてはならないとする（箕輪　一九四二ａ）。同様に、四二年に締結された日泰文化協定についても「大東亜文化政策」の観点から意味づけられており、同協定が「単なる二国間の友好関係の増進に寄与することより一歩を進めて新秩序に相応はしき文化の創造に寄与せんとする真摯なる使命に要請せられた必然的な共同理想」を表現するものであるとする（箕輪　一九四三、九三頁）。箕輪の言説においては、対外文化事業の目的と意義は、すべて「大東亜共栄圏」の建設に収斂されていくのである。戸部（二〇一〇）において、箕輪が「革新派あるいはそれに近い人々」と見なされているのは、こうした言説ゆえであろう（同上、一九六頁、二四三–二四四頁、二九七頁）。

箕輪の言説におけるこうした転回の理由については、史料的な制限からもここでは限定的な考察にならざるをえないが、一つには四〇年前半における、もはや目前に迫ったように見えたドイツのヨーロッパでの「勝利」と、そうした前提に基づく日独伊三国同盟の締結により、対英米関係改善の必要性や余地が大幅に縮小したと考えられたこと、さらに四一年一二月の日独両国の対米（英）開戦に至ってこれが決定的となり、そうした状況変化のなかで従来のような政策路線はもはや現実的に有意な選択肢とは見なされなくなったのではないか、ということが考えられる。

文化事業部の文化協定政策や対独文化事業は、あくまで「政治からの独立」を基調とするものであった。[58] この政策方針は、既述のように、「対支文化事業」の政治過程においては三〇年代中頃まで続いた「理想主義的な方針」として捉えられており、その後これが「政策的見地」に基づく「現実対応の」諸事業に転換したと理解されている。しかしながら、本書のこれまでの考察を通じて明らかにしてきたように、この「政治からの独立」を是とする対外文化政策は、例えば対ソ政策を軸とした東欧諸国との関係構築や、対独・対米関係への配慮などを視野に入れて策定されたものであった。それは目まぐるしく変転する国際環境や日本の国際的立場を考慮し、さまざまな政治目標に応用がきく政策的手段として用いられていたのである。それゆえ、少なくとも対ドイツ関係から見れば、その内実は「理想主義」というよりは、むしろ極めて実際的・政策的観点から策定された方針であったと言える。あるいは、「理想主義」的な形をとった対外文化政策にこそ、最も実際的な政策的効用が期待されていたと見るべきであろう。そしてこのような政策方針は、四〇年に文化事業部が廃止されるころまで存続していたのである。

第4章

日独文化連絡協議会における学術交換をめぐる論議　1939－42年

──日独文化協定の執行過程（2）

日独学徒大会の様子。1940 年，山梨県河口湖にて。
出典：『写真週報』第 115 号，1940 年 5 月 8 日（JACAR Ref. A06031071000）。

第*1*節　東京協議会における日本側の待遇改善要求

戦時期の日独文化事業において、日本側が当初から最も力を注いでいたのは学術交換に関する諸事業であった。[1]もちろん、これにはドイツ側も大きな関心を寄せてはいたが、それはむしろ将来において見込まれる日本の国際的な地位や、今後の日独関係を見越しての文化宣伝としてであった。一九三九（昭和一四）年七月一九日の東京協議会第二回会合では、[2]ドーナートは、「今後は日本語が東アジア全体の交通語になると見込まれるため」、ドイツにおいて日本語がさらなる影響力を持つように適切な方法を考えねばならないとしている。また、両国の諸大学におけるドイツ学／日本学の内容は、「文化協定に合わせなければならない」と主張していた。

他方、日本側では、留学や在外研究を通じたエリート養成や国内の学術的発展を目的として、学術交換制度の整備拡充を図るために、ドイツ滞在時の生活・研究環境の経済面での改善が重視されていた。確かに、日本側において学術交換に文化宣伝の目的が含まれていなかったわけではないが、かかる目的を第一義とした事業が具体的な構想と要求をともなって現れ、その実現に向けた働きかけが多少なりとも可能になるのは、ベルリン協議会という実際的な交渉の場が確立してからであった。

日本側文化事業部では、在独邦人学生からその困難な生活状況について報告を受けており、例えば、ある交換学生は「ドイツハ物価ガ高イノデ一二〇マークダケデハドウヤラ一ケ月呼吸ヲ続ケテ行ケル程度」、このような厳しい経済状況にあっては充分な留学成果を挙げるのは難しく、交換学生は「皆同様ノ感」を抱いていると陳情している。[3]そのため、日本側は連絡協議会において早くから、ドイツ政府から日本人留学生に支給される奨学金が過少であるとして、改善要求を出している。これは日本側が戦時期を通してドイツ側に働きかけていた問題である。確かに、ドイツ側も日本に対して同様の要求を出してはいるが、これはむしろ日本側の要求を受けて、その条件として提示されたものであり、経済支援の問題は日本側の方が深刻に受け止められていた。

それから約一ヵ月後の八月一六日の東京協議会第三回会合では、(4) ドイツ側から日独文化協定の附属議定書として学生交換規定案が提示され、その審議においてもやはり交換学生への給費額が問題となった。同案では、日本での西洋風の食事や国内研究旅行を含めた「最低限の支出金額」として、ドイツ人留学生への給付額を毎月二三〇円とすることが提案されている。

当時、日本の大卒月給がおよそ六〇円(私大卒)から六五円(帝大卒)であり、二〇〇円で大学教授や一流企業の上級社員の月給に相当したとすれば、これは極めて大きな金額であったはずである(篠原 一九八四、一二七頁)。実際、三七年二月から三八年三月にかけて交換学生として日本に滞在したヴァルター・アドラーによれば、「日本での生活費は私にとって有利だった。家賃や食費、それからタジマ氏〔アドラーの下宿先〕への支払いをすべて含めて、だいたい毎月一八〇円から二〇〇円になった。私は毎月一五〇円の奨学金を得ていた。これは少ないように見えて、実は多かった。というのは、円はまだ二・一六DMの価値があったからだ。日本では物価がとても低く、それに賃金もとても安かった。一円あればそれでもうたいへん立派な食事をとることができた」。このほかにも、留学生ではないが、三七年一月から三九年三月まで広島の旧制高校にドイツ語講師として勤務していたゼッケルは、「忘れてはいけないのは、当時は円の価値がものすごく高かったことだ。私がそうだったように、三〇〇円の給料があればたいへん快適な生活を送ることができた。これは校長を除けば最高額の給料だった」と述べており、こうした回想からも、日本政府から奨学金や給与を得ていた在日ドイツ人たちの生活の程を知ることができる(Ehmcke / Pantzer (hrsg.) 2000, S. 47, 70)。

ドイツ側の学生交換規定案ではまだ空白であった日本人留学生への給付額について、箕輪は、「在独本邦学生ノ窮状ハ到底在日独逸学生ノソレト比較ニナラズ〔…〕我方ノ要求ハ緊切」と述べ、日独文化協会主事の友枝も、購買力の差から一円対一ライヒスマルク(以下、RM)では、日独間で大きな不均等が生じると主張した。しかしドイツ側は、他国からの留学生への支給額との関係から、日本人留学生に対する給付額の増額には積極的に応じる姿勢を見せていない。

その後、独ソ不可侵条約の締結と欧州大戦の勃発というヨーロッパ政治情勢の急激な変化を受けて、以後の事業実施のあり方を確認するため、日本側では三九年九月一九日に次回会合へ向けた準備会議が開かれた(5)。そこでは第3章で見た通り、一般的方針として「従前通リ其ノ実施ヲ計ル」としつつも、今後の情勢推移がはっきりしないために、ベルリン協議会の設置は見合わされた。ただし、ドイツにおける日本語・日本文化講座は「欧州戦乱中ト雖モ我在外文化陣営確保ノ為此ノ種施設ハ能フル限リ積極的ニ保持スルコト」、待遇改善要求の継続、図書交換の続行（「但シ飽迄我方ノ自由ナル選択ヲ認メシムルニ努メ宣伝書籍ノ交換ニ堕落セサル様注意スル」）、交換放送は「仮令実現スルモ内容厳ニ文化放送ニ限ルコト我方提案ノ通リトスルコト」などが確認されている。ここには日本側にとっての主要な文化事業と、その実施に際しての姿勢が明確に示されており、日本人留学生や講師の経済的な待遇改善要求もこのなかに含まれている。

この時期にドイツ留学を予定していた篠原正瑛は、戦時下において留学が可能かどうかを在ベルリン日本大使館に直接打診した。それに対する在独大使大島からの返事は、当人の予想に反して、「戦争と学問は別である。ドイツの大学における研究活動は、戦争によっていささかの掣肘もうけてはいない。日本からの新たな留学生は大いに歓迎する」という趣旨の内容であったという（篠原　一九八四、一六頁）。このように政治情勢と文化事業のあり方を峻別しようとする大島の意図は、まさに先頃の独ソ提携によって日独関係が冷え込んでいる状況にあって、ドイツとの関係回復のための回路を少しでも保持することにあったと思われる。

三九年九月二七日の東京協議会第四回会合では、ヨーロッパでドイツを中心に戦争が拡大するなかで、日独文化事業がはたしてどの程度の範囲において実施可能であるのかという問題について協議が進められた(6)。ここでは学生交換に関して、箕輪は、「現在本邦留学中ノ独逸人学生ニ対スル本邦側ノ取扱振ニ毫モ変化ナシ」、交換継続は「日本側ハ何等困難ナシ」と述べ、これに対してドーナートは、「戦争ノ終了迄独逸ヨリ日本ニ留学スル学生ナカルベシ、但シ日本人学生ノ渡独ハ歓迎ス」と答えている。さらに箕輪は先決問題として、日本人留学生のドイツへの入国の可否、そして実際に研究活動を継続しうる環境であるのかどうかだけでなく、「物価騰貴ノ戦時ニ於テ一月一二〇馬克ノ給費ニテハ研究不可能」として、ここでもやはり増額要求を出している。ドーナートは、これには本国政府から「多分満足ナル返答ヲナシ得ベシ」と返している。日本人語学講師についてもこれと同様の問題が指摘され、ドーナートは「ムシロ増員スルノ要アル」と述べているが、給与増額は「相当困難」としている。

このように欧州大戦の勃発が在独邦人の生活環境と研究環境にさらなる困難をもたらし、日本側の待遇改善要求はますます切実化していった。しかし、この問題がその後の連絡協議会会合においても度々取り上げられているように、戦時期を通じて、これは根本的には未解決のままであった。確かに、ベルリン協議会第三回会合を経て交換学生に対する一定の給付額の増額がなされ、多少の進展を見せてはいる。しかしながら、やはり全体としては日本側の要求は充分な形では実現していない。そして四一年六月の独ソ戦の勃発により欧亜交通はほぼ完全に途絶し、人的交換のためのそもそもの物理的条件を欠くことになった。小川（二〇一〇）でも、戦時期の日本語講座支援事業に、「帰国の機会とともに収入源を失ったエリートの処遇のための、大使館による在留邦人支援・保護のための受け皿」という「副次的機能」が加わったことが指摘されているが（同上、一〇〇頁）、こうしてヨーロッパ情勢のめまぐるしい変化にともなって、これまでの待遇改善問題は、新たな交換や派遣に関する問題としてではなく、大きな制限を受けた文化事業政策において、現地での主要な役割を期待された在独邦人の経済支援の問題へと収斂していくのである。

第2節　ベルリン協議会における学術交換をめぐる論議

一九四〇（昭和一五）年四月三日に新たに設置されたベルリン協議会では、これまで議論されてきた待遇改善問題についてさらに具体的な協議が行われている。四月五日の第二回会合で、[7]日本側は現在ドイツの諸大学に勤めている五名の日本語講師の手当は「生活費トシテ不十分」、「講師相応ノ体面ヲ維持スルコト到底不可能」として、少なくとも各人について三五〇RMへの引き上げを要求した。当時、各講師の手当は、村田豊文（ベルリン大学）三九五RM、若山（ライプツィヒ大学）二一〇RM、堀岡智明（ハンブルク大学）三〇〇RM、守屋長（フランクフルト大学）約二二〇RMであり、そこから三割が控除されることなどによって、実収約一四〇－二〇〇RMと報告されており、岡（ウィーン大学）はウィーン大学日本研究所長として日本語講師を兼任しているため、講師としては無給であった。[8]

同会合では、在独日本人学生も同様に、「給与《ママ》ハ不充分ニシテ生活ヲ支フルヲ得ス」かつ「為替管理ノ為日本ヨリノ送金不可能」、それゆえ副業を余儀なくされ、「本来ノ勉学ノ目的ヲ達シ得サル状況」であるとして、フンボルト給費生には現在の奨学金月額一五〇RMを二三〇－二五〇RMへ引き上げ、交換学生にも現在の支給額月額一二〇－一二五RMを「適当ニ増額」することが要求されている。日本側は、日本人留学生の毎月の支出合計額（部屋代、食費、理髪代、通学費、衣服代、書籍代、旅行費、小遣いその他雑費）を二七四－二九七RMと見積もっており、最低三〇〇RMまでは増額が必要であると考えていた。[9]

これに対してドイツ側は、フンボルト奨学金の日本人学生に対する増額は制度上困難であるが、ドイツ側の予備資金から一定程度これを補助できる可能性があるとして、フンボルト奨学生に月額六〇〇RM、交換学生に月額八〇〇RMの全体予算を提示し、審議のための小委員会の設置がここで決議された。また、日本側から特に助教授クラス以下の若手研究者や技術実習生などの派遣のための制度的整備を図ることが提案され、これについても同じく小委員会の設置が決議された。このように、東京協議会においてすでに提出されていた日本側からの待遇改善要求は、ベルリン協議会においても引き続き中心的な協議事項の一つであり、さらに具体的な形で進行していったのである。

他方で、ドイツ側からは日本の高等教育機関におけるドイツ人講師の選定が、最も重要な問題として提起された。すなわち、「在日本独逸人講師ハ其ノ世界観及教育ノ点ニ於テ独逸民族ノ生活及文化ノ代表者タリ得ル資格ヲ有セサルヘカラス此ノ点ニ付テハ先ニ日独文化協定締結ニ関スル日独間協議ノ際日本側ハ独逸側ノ意向ヲ是認セリ独逸カ文化協定ヲ一ノ原則協定トスヘシトノ日本側提案ニ同意シタルハ右諒解アリタルカ為ナリ客年在京日独文化連絡協議会ニ於テ［…］日本側ハ独逸人講師雇用ハ個々ノ場合ニツキ処理スルノ用意アリトノ意向ヲ表明セルニ過キス右ハ前記文化協定締結前ノ日独間諒解ト一致セス」と述べている。そして文化協定前文の「精神」に基づく附属の講師協定の締結と、講師傭聘に際しての候補者推薦表の作成利用を提案した。しかし、前章でも見たように、すでに東京協議会でも紛糾していたこの問題は、ここでも具体的な結論に至ることは困難であった。[10]

このようなベルリンでの協議を踏まえて開かれた四〇年五月二八日の東京協議会第八回会合では、交換学生人数の増員を提案するドイツ側に対して、[11] 市河はむしろ経済支援を充実させ「後顧ノ憂無ク充分ニ勉強セシメ研究ノ目的ヲ達成セシムル様取計フコト目下ノ急務」として、月額最低三〇〇RMを提示した。ドーナートはこれに、「留日独逸学生ニ於テモ同様ナル事情」があり、ドイツ大使館が月額一五〇円を補助している状況を挙げており、協議は平行線をたどったまま終わる。

研究者・学生交換制度の整備へ向けて、ベルリン協議会に附属する小委員会として四〇年五月三日に「教授講師助手交換問題ニ関スル小委員会」が、また七月九日には「交換学生ニ関スル小委員会」が設けられ、事業予算と費用負担を中心に協議が進められた。[12] 五月三日の小委員会では、助成金額を決定するにあたり、両国の生活水準と通貨の購買力の差から円とRMのレートがまず問題となった。結局、一円対一RMを標準として、それぞれが同一額を支出することとして、「相互主義ヲ保持スルニ不充分ナルコト判明スルトキハ」再度これを審議することで一応は合意された。交換基金はそれぞれ年額五万円と五万RMとされた。教授等への支給金額は派遣国側が決定し、大使館から受入国側の関係官庁へ申請がなされ、受入国における文化団体もしくは大学を通じて支払われるとされた。開始時期はドイツ側では一〇月一日から、日本側は会計年度の関係上、翌四一年四月一日からの実施が決議された。

その後、七月九日の小委員会では、交換学生人数をそれぞれ八名（研究期間二年、毎年四名ずつ派遣）とし、留学生の学費は受入国側が負担すること、ドイツ側は月額二〇〇RM、日本側は二三〇円の支給を一〇月一日から実施するとされた。現時点ですでに留学中の学生については、ドイツ側は八月一日以降に月額一二五RMから一七五RMに増額する姿勢を示したが、これは日本側における月額二〇〇円への増額を条件としている。両国間でのこのような支給額の差の根拠は議事録からは判然としないが、いずれにせよ両委員会における決議事項は七月一〇日の第三回会合で承認されている。

講師の雇用に関する協議においては、雇用資格（大学等における身分、肩書き）と雇用人数に双方の関心が向けられ、またこれに密接に関連する講座の規模も問題となった。これについてドイツ側は、四〇年五月三日の「教授講師助手交換問題ニ関スル小委員会」でも、文化協定前文の「趣旨」を根拠に、語学教師・音楽学校講師に「独逸系猶太人ヲ傭聘セザル様明瞭ナル措置」（ハンス・コルプ）を講じることを日本側に要求している。ここで非常に興味深いのは、同小委員会では日独ともに個々の場合について検討するとして、一般的な規定を避けている点である。ドイツ側は、日本側の個別的対応に不満を表して「明瞭ナル措置」を求めているが、その一方で、おそらくは「職業官吏再建法」（三三年四月）の規定に基づいて、ドイツ諸大学における日本人教員の資格には自らの態度を曖昧にしている。同法はユダヤ人を主たる標的にしていたが、母親が日本人であったオットー・ウルハン解雇の例が示しているように、これはあらゆる「非アーリア人」に対して適用された。その後、ウルハンは日本に招かれ弘前高等学校のドイツ語教師となっている（山本 一九八五、二八－三〇頁）。[13]「人種主義国家ドイツ」（バーリー、ヴィッパーマン 二〇〇一）の日本に対する両面価値はここにも表れている。[14] 他方で日本側も、自動的にユダヤ人排除をともないかねないような原則的規定を設けることには慎重であった。

第3節 実現しなかった文化事業拡大計画

ベルリン協議会第三回会合（一九四〇〈昭和一五〉年七月一〇日）と第四回会合（四二年二月二五日）は、一年半以上の長い間隔が空けられている。この時期、日本においては、まずヨーロッパ大陸を席巻していたヒトラー・ドイツに対する多大な軍事的信頼を前提とした日独伊三国同盟条約の締結によって対米交渉力の強化が期待されていた。そして、それによって完全に泥沼化していた日中戦争の早期解決が期待されるとともに、同盟条約の第一条と第二条において相互に確認されたアジアおよびヨーロッパにおけるそれぞれの将来の勢力圏形成が目指されていた。[15]

この間の日独文化事業の動向を知る手がかりとしては、在独日本大使館に新たに設置された文化部が作成した四一年四月の「日独文化協定実施要領案」があり、そのなかで各種文化事業における「現状」と日本側の「計画実施案」の詳細が報告されている。[16] これは非常に大規模な計画のために実際には大部分が実現不可能であったが、日独伊三国同盟条約の締結から独ソ戦勃発までのあいだに今後の日独文化事業の全体計画として構想されたものであり、この間の日本側の動向を考えるうえでも非常に重要であると思われる。しかも、これほど積極的・体系的な計画構想は、日本側における戦時期の対独文化政策としては、これが唯一と言えるほどである。

「日独文化協定実施要領案」の「前文」では、次のように述べられている。すなわち、日独文化協定の成立後も

訪独中の松岡洋右（1880–1946 年）。1941 年，ベルリンにて。
出典：『写真週報』第 165 号，1941 年 4 月 23 日（JACAR Ref. A06031076000）。

連絡協議会設置のほかは、いくつかの個別的な事業が行われたにすぎない。しかし、「独逸上下ノ対日関心（親衛隊長『〔ハインリヒ・〕ヒムラー』氏ノ如キモ日本精神ニ対シ多大ノ関心ヲ有シ居レリ）ハ客年九月日独同盟締結後益々増大シ、新聞、雑誌、映画、音楽、劇等ニ日本関係ノ記事、論文、作品瀕リニ取扱ハレ日本側ニ対スル寄稿、講演、資料ノ要求等応接ニ遑ナキ処、独逸政府モ先般数百馬克ヲ投ジ、対日智識ノ啓発普及ニ当ル」ようになり、そのための具体策をリッベントロップの指導の下、ハインリヒ・ゲオルク・シュターマーが立案中である。さらに、松岡訪独がこれに拍車をかけ、[17]「今ヤ寔ニ日独文化交換促進ノ千載ノ好機」である、と。

　こうして日本側では、日独文化事業のいっそうの拡大に向けて組織体制の整備拡充が構想された。まず事業企画・人的配置・経費を取り仕切る（A）在独日本大使館文化部は、民族啓蒙宣伝省を中心としたドイツ側の動きに注意しながら、「『独逸ハ日本ノ何ヲ知ラント欲スルヤ』ヲ調査シ、又『日本トシテ独逸ニ何ヲ知ラシムベキヤ』ヲ考慮シ、右ニ基キ企画ヲ為ス」こと。また、大使館文化部の下に、（B）日本学会、（C）諮問会、（D）専門委員会を組織、または再編成し、その指導に当たること。その際には、従来不十分であった現地の文化団体との緊密な連絡を図るべきとされている。

大使館文化部の指導下で「日独文化協定実行ノ中枢機関タル重大使命」を担うとされる（B）日本学会は、現在、経費年額三万五千ＲＭ（設立時の三分の一に削減）、役員は日独各一名にすぎず「右使命達成ノ能力ナシ」という厳しい現状にあり、人的拡充と経費復活を通じた早急な改善が求められている。

（C）諮問会は専門家集団によって構成され、「各専門事項及一般文化ニ関スル意見ヲ聴取」し、月一回の会合を行うとしている。

（D）専門家委員会では、一六部門（一　日本語普及部、二　教授学生交換部、三　日本学講座部、四　寄稿翻訳部、五　講演部、六　資料配受部、七　検閲部、八　雑誌部、九　映画部、一〇　音楽部、一一　ラジオ部、一二　展覧観光部、一三　演劇美術工芸部、一四　青少年部、一五　医学部、一六　運動部）が設置される。「各部門ハ在伯林各専門関係者数名ノ部員ヲ以テ組織シ、内二、三名ヲ委員トス、同委員ハ各担当部門ニ付、常時立案、企画シ大使館文化部ヲ補佐ス」という役割が当てられている。

これに続いて、「日独文化協定実施要領案」では、専門家委員会各部門の「現状」と「計画実施案」が報告される。学術交換に直接的に関わる部門である日本語普及部、教授学生交換部、日本学講座部については以下のようになっている。

（一）日本語普及部
（イ）現状
（a）日本語教授機関ハ甚ダ不完全ナリ（（三）日本《（ママ）》語講座部参照）
（b）独逸人執筆者ハ大部分外国語ノ材料ニ據リ日本紹介ヲ為セルタメ、英仏等ノ対日観ヲ其ノ儘伝ヘタル嫌ヒアリ。

（ロ）計画実施案
独逸人ニ日本語ヲ普及セシメ、直接ニ日本語ノ文献ニ依リ研究調査ヲナサシム。（伊太利ハ防共協定成立以後、独逸ノ各都市ニ無料講習会ヲ開催シ、伊太利語ノ普及ニ努メ居レリ。）
（a）現存独文日本文法ハ難解ナルニ付適当ナル独文日本語教科書発行ノコト。
（b）最近高等中学ニ於テ日本語ヲ随意課目ニ指定スベシトノ意見アル処、右実現ノ際ハ之等学校ノ教師トシテ在日独逸人語学教師ヲ採用、其ノ補充ニ独逸ニ於ケル日本語研究者ヲ当ツルコト。然ルニ於テハ日本ニ於ケル独逸人語学教師ヲ適当期間内ニ交替セシメ、又従来大学卒業後就職甚ダ困難ナリシ日本語研究者ニ進路ヲ与ヘルコトトナリ、日本語普及ニ大イニ貢献スルコトトナルベシ。
（c）日本語一般講習会ノ開催、日本側ニテ単独或ハ党ノ文化機関ヲ利用、更ニ在独日本学生其他ヲ講師トシテ夏期及冬期ニ開催ス。
（d）日本語賞――最モ優秀ナル日本語修得者二名ニ対シ往復半年ノ予定ニテ日本旅行ヲ為サシムルコト、別ニ年一度大使賞トシテ一等（千馬克）、二等（五〇〇馬克）、三等（三〇〇馬克）ノ賞品ヲ授与スルコト。

（二）教授学生交換部
（イ）現状
教授交換ナシ、交換学生年二名（給費額一名ニ付二〇〇馬克）。
フンボルト給費生現在二〇名（給費額一名ニ付一五〇馬克）。
（ロ）計画実施案
（a）独文部省ハ年額五万馬克程度ノ予算ヲ以テ四、五名ノ教授ヲ本邦ト交換スル用意アリ。

（b）独文部省ハ本邦教授一方的ニ来独ノ際（四、五名ノ程度）滞在生活実費ヲ支弁スベキ旨申出アリ右ノ如キ申出モアリ世界的邦人学者ヲ招聘シ、講演寄稿ヲナサシムルコト。
（c）助手及実習生ノ交換ヲ実行スルコト。
（d）在独支部留学生数本邦学生数ニ数倍シ居ル事実ニモ鑑ミ交換学生乃至給費生ヲ能フ限リ増加スルコト。
（e）交換教授及交換学生銓衡ニ付テハ日本学会及在独日本大使館文化部、独逸側機関ト協力スルコト。
（f）日本学生ニ対スル給与ハ本邦在留独逸学生ト均衡ヲ失シ居ルニ付是正スルコト。
（g）日本ニ於テモフンボルト教育財団ニ相当スル機関ヲ設置シ、従来ノ同給費生ヲモ交換的ニスルコト。
（h）独逸給費額ノ不足ヲ補フ為、在独学生ニ対シ大使館ヨリ月一人ニ付五〇馬克ヲ補助シ、本来ノ研究ヲ妨グル如キ副業ヲナサシメズ、学業ニ専心セシムルト共ニ専門委員会ノ仕事ヲ補佐セシムルコト。
（i）在独日本学生ヲ以テ組織スル学生会ヲ改組スルコト。

（三）日本学講座〔部〕
（イ）現状
（a）所在地…伯林、ライプチヒ、漢堡、ボン、維納、フランクフルト、ハイデルベルク、マルブルク（マヽ）ノ八ヵ所。
右ノ中
伯林、漢堡…独逸人正教授及日本人講師アリ。
ボン…独逸人助教授アルモ日本人講師ナシ。
ライプチヒ…日本学教室及日本人講師アルモ独逸人正教授ナシ（右日本学教室ハ本山大毎社長ノ基金ニヨリ設置セラレ京都独逸文化研究所ト姉妹関係ヲ有ス。）。

維納…日本学教室、日本人客員教授アルモ日本人講師ナシ。
マルブルグ（ママ）…日本人名誉教授アルモ日本人講師ナシ。
フランクフルト…日本人講師ノミ。
ハイデルベルク…日本人講師ノミ。

（b）従来独逸大学ニ於ケル日本人講師ノ給料ハ極メテ少額ニシテ（二〇〇馬克前後）講師トシテ職責ヲ完フシ得ザリシ為、大使館ヨリ補助シ居レリ。

（c）現在独逸側日本学担当者ハ極メテ消極的ニシテ放置スルニ於テハ後継者絶ユル惧アリ。

右ノ内、正式日本学講座アルモノハ伯林・漢堡・ボン・維納・マールブルグニシテ他ハ日本語ノ講座アルノミ。

（ロ）計画実施案

（a）右諸大学日本学講座ヲ独逸当局ヲシテ拡充セシメ出来得レバ諸大学日本学講座ニ対シ補助金ヲ与へ、後継者養成ヲ鞭撻援助スルコト。

（b）左記ノ諸大学ニ日本語講座ヲ新設セシメ、交換学生及「フンボルト」給費生ノ期限終了者（此ノ点ヨリモ交換学生増加ノ必要アリ）及独逸遊学ノ希望者中ヨリソノ専門ノ如何ヲ問ハズ適任者ヲシテ担当セシムルコト。

（ケーニヒスベルグ、イェーナ、チュービンゲン、ゲッチンゲン、ハレー、）

（c）日本語講座ハ将来日本学講座ニ昇格セシムルコト。

（d）日本学教授及日本語講師ヲ年一回招集シ意見ノ交換及報告ヲナサシムルコト。

（e）大使館関係者ハ少クトモ年一回日本学及日本語講座ヲ設置スル各大学ヲ歴訪シ実情調査及督励ヲナスコト。

そのほかのいくつかの部門についても簡単に見ていくと、例えば、これまでほとんど実施されていなかった（四）寄稿翻訳や（五）講演、あるいは（六）資料配受は、日独伊三国同盟の成立以後は「要求夥シ」く「応接ニ暇アラズ」という状況にあった。

（七）検閲は、「日本ヲ誤リ伝ヘタル」ドイツ語書籍がなおも少なくないという現状から、対象範囲をさらに拡大し、「日本ニ関スル書籍、記事、脚本特ニ各稿学校ノ教材及教科書ヲ積極的ニ検閲スル」とされている。

（九）映画は、「大衆最大ノ娯楽機関ナル為、［…］本項実施ニハ充分ノ努力ト経費ヲ払フ」、ドイツ側単独や日独共同作製の場合には「日本政府及専門家ノ厳重ナル監督指導ノ下ニ置ク」としている。

これと同様に（一一）ラジオも、「全国民ヲ対照《（ママ）》トスルモノナルヲ以テ特ニ力ヲ入レ各種ノ放送（演奏、「レコード」音譜、講演）及機会ヲ捉ヘ放送ヲ行ヒ、又現行日独交換放送『プログラム』ノ充実ヲ計ル」とする。

（一二）展覧観光部では、以前に「多大ノ効果ヲ収メタ」伯林日本古美術展覧会に匹敵する催しを用意するとして、諸企画が提案されている(18)。そのなかでも、「小学生作品ハ伯林ナチス教育者団会館ニ一部分出品セル処、大好評ヲ博セリ、同作品三十万ヨリ成ル展覧会」という壮大な催しがすでに開催計画中であるという。

（一四）青少年交換では、ヒトラー・ユーゲントと日本の青少年代表団との交換を、「必ズ毎年実行スルコト」、「大独逸ヲ建設セル『ナチス』精神ト訓練トヲ一層深ク体得スル為、代表的青年年二、三名［…］一方的ニ又ハ交換的ニ二年ノ予定ヲ以テ派遣」するとされている。

この「日独文化協定実施要領案」の内容は、まず東京協議会第一三回会合に向けて開かれた四一年六月一八日の日本側準備会議で検討されている(19)。そこでの同案の位置づけは、ドイツの「対日関心昂揚」を受けてのものであると同時に、「独側ノ対日宣伝ニモ対抗スル意味合上計画セラレタル」となっている。ただし、「案ノ厖大ナルニ比シ予算ノ之ニ伴フ能ハス従ツテ重点主義」をとるとされた。どこに重点を置くべきかについて、ドイツから帰朝していた岡は「先ツ日本文化啓発宣伝ノ中核的組織ヲ確立」するために諸大学に日本語・日本学講座を設置すること、博士論文の審査までできる専門学者を留学ではなく講座担当教授として派遣し、これを土台として「日本ニ関スル専門家ヲ徐々ニ養成スル」と述べている。また、教授内容はドイツにおいて知識が乏しい政治・経済・法律等の現代日本事情および歴史であり、これらを諸大学が分担することで各講座に特色を持たせることが考えられた。そのため、先に挙げた専門家委員会各部門（一）（二）（三）が「最重要ニシテ」、「常住的ニ活動」する必要があった。

こうして同案は予算面からの「重点主義」により極めて限定的な形でのみ実施することができるとされたのであるが、もっとも、その直後の六月二二日の独ソ戦勃発と、さらにはその後の対米開戦が追い打ちをかけ、大規模で多分野にわたる定期的な事業の多くは非現実的なものとなった。この点に関して補足的に述べておけば、例えば日本のメディアでは、電報などの通信技術を駆使した枢軸国間の交流継続が言われている。すなわち、「大東亜戦争勃発以来わが国と独伊枢軸国との連絡は電波によるの外なく、今まで輸入されていた学術雑誌など全然入手し得ないため海外との科学技術の交流は不可能となっている、［…］海外盟邦との科学の交流は益々重要性を増している」[20]。だが、こうした電波の学術交換については「新聞報道ハ誤謬ヲ含ミ且誇大サレ居リ」、文部省側の計画は在独邦人にドイツ語の書籍やのちに入手困難になる雑誌等を買い置かせ、これらに依拠して学界動向を電報で報告させることであったが、当然、電報のみでは詳細な報告は不可能であり（「結局論文ノ『タイトル』程度」）、実際的な効用を期待することはほとんどできなかったが、しかもそれさえも「未ダ準備中」という状況であった[21]。

四一年七月一七日の東京協議会第一三回会合では[22]、少壮教授交換は独ソ戦のために延期が決定、映画交換も同様に事実上不可能とされ、交換放送のみ「現下ノ事情ニ於テ唯一ノ実行可能ナルモノトシテ重要視」された。また、翻訳権をめぐる協議のなかで、ドイツ側から出された「日独文化協定ノ趣旨ニ背馳スル書籍」の翻訳出版取締の要求に対して、日本側は「内務省ハ既ニ権力的取締ノ方法トシテ国内ノ安寧秩序ヲ乱シ国交ヲ害シ又ハ元首ヲ誹謗スルモノノ禁止処分ヲ為シ得ル次第ニテ右規定ノ広義・解・釈ニヨリ」これを禁止していると回答している。これはドイツ側からのかねてからの要求に対して新たに特別な規定を設けるのではなく、あくまで現行の一般的な取締規定の

表4−1　日本在住のドイツ国籍保持者数（1935–42年）

年	1935	1936	1937	1938	1939	1940	1941	1942
男	843	865	992	1,065	1,180	1,204	1,266	—
女	615	670	759	777	908	906	1,341	—
計	1,458	1,535	1,751	1,842	2,088	2,110	2,607	2,571

注記：単位は人，年末調査，42年の男女別人数不明。
出典：内務省警保局編（1980），付図の35年から42年までの「内地居住外国人国籍別人員表」を基に著者作成。

範囲内で処理しようとするものであった。

　他方で同会合においては、その対独文化宣伝の姿勢が強まったことで、日本側からも出版取締要求が出されている。岡は特に日独伊三国同盟以前のドイツでの出版物のなかには日本の対中政策に対して「懐疑的ナル書物相当アリ」、日本人から見て「不愉快ナル印象」を持つと述べている。これに対してドイツ側は「独逸政府ニ於テハ原則的ニ日本ニ対シ友好的ナル書ノミ出版ヲ許可シ居ル処非友好的ナル書アラハ参考ノ為申出アリタク審査ノ上禁止若クハ撤回ノ措置ヲトル」とした。

　会合の最後には、ドイツ側委員長代理シュルツェ（大使館文化部長）から、独ソ戦勃発によって日本在留を余儀なくされたドイツ人たちのなかで、例えば音楽家や学者などの「文化方面ノ有力者」たちを「日独文化関係増進ニ利用」したい旨が伝えられ、日本側もこれを「極メテ有意義」とした。表4−1に見られるように、四一年には日本に在留するドイツ人の数はピークに達している。これは特に同年七月からの、いわゆる「蘭印婦人」の引揚げを中心とした女性の増加によるものであった。彼女たちの多くは、配偶者の仕事の関係でオランダ領インド（現在のインドネシア）に滞在していたにすぎず、日本語が話せない多くのドイツ人女性とその子どもたちの生活を大使館が生活補助金を出して支援していた（上田・荒井 二〇〇三、五一−五七頁。Ehmcke / Pantzer (hrsg.) 2000, S. 144-147, S. 221-228）。シュルツェの提案もおそらくはこのような状況を受けて、引揚げドイツ人の生活支援も目的の一つとしてなされたものと思われる[23]。

　日独伊三国同盟の成立から独ソ戦勃発までのあいだには、広範囲にわたる文化事業の実施が期待され、具体的な実施案も提示されていたが、それらのほとんどがデスクプランにすぎなかったことは条約局第三課の報告書にも窺われる。その四一年度の「執務報告」には、いずれの事業も延期もしくは「具体化ヲ見ルニ至ラズ」という状況が記されており、具体的な成果と言えるのは「日独青年学徒論文募集」と両国において数回開催された「日独学徒大会」、交換放送協定の締結などであり、比較的小規模・低予算・短期の諸事業、あるいは行政的な取り決めがなされたにすぎなかったのである。[24]

なお、日本側文化事業部が四〇年末に廃止されたのちには東京協議会委員の顔ぶれもだいぶ変化し、この時点では次のようになっていた。日本側常任委員は主事松本俊一（外務省条約局長）、永井浩（文部省専門学務局長）、石井康（情報局第三部長）、青木（継続）、友枝（継続）、成瀬（継続）、臨時委員には矢田部保吉（国際学友会専務理事）、木村隆規（国際観光局長）、荒木光太郎（日独文化協会常務理事）、宮本吉夫（情報局第二部第三課長）の名が挙がっている。他方、ドイツ側常任委員は主事シュルツェ、リュッデ=ノイラート（大使館官補）、エッカルト（継続）、ヴェーグマン（継続）、そして臨時委員には、アルフレート・ローゼンベルクによって日本へ派遣されナチの文化政策を積極的に行っていたグラーフ・フォン・デュルクハイム（Ehmcke / Pantzer (hrsg.) 2000, S. 15, S. 50-51）、および映画問題の専門家としてバルトなる人物が加わっている。

第*4*節　「相互主義」に基づくドイツ側の対応

一九四二（昭和一七）年二月二五日のベルリン協議会第四回会合では、日本側から先に述べた「重点主義」に沿った提案がなされた。[25]すなわち、①日本関係出版物と邦書独訳奨励に関する常設委員会設置、②日独翻訳権問題、③日本学講座設置、④日本語講座増設、⑤ギムナジウムの選択科目として日本語を採用すること、⑥在独日本語講師等の増俸問題である。ここでは、別の小委員会に付託された②以外についてのドイツ側の回答を見ていく。

まず①については、「日本精神文化ノ紹介ニ付誤謬ナキヲ期スル」ために日独常設委員会をベルリンに設置するという案であり、ドイツ側は「相互主義」を条件として、すなわち同様の機関を日本にも設置するという条件でこれに応諾した。ドイツ側では宣伝省の法令によって「反日的記事及出版物ハ一切禁止」しているとして、日本側にもユダヤ人の著作物や反ナチ的出版物の取り締まりについて「同様ノ措置」を求めた。これに対して日本側は、こうした著作物は国内ですでに「事実上」取り締まりを行っていると回答している。

次に③については、これはミュンヘン等五ヵ所の大学に日本人教授による日本学講座を設置するという提案である。ドイツ側からは、日本人教授を正教授として雇用することは「法規上困難」であるが、客員教授であれば「相互主義」に基づき、かつ戦後の実現を図ると回答した[26]。同時に、ここでも日本におけるドイツ関係講座からのユダヤ人・反ナチ的教師の解雇を求めている。

なお、ナチ体制下のドイツの大学においては、日本人教授の正教授としての就任は、その学問的業績にかかわらずまず不可能であった。藤本（一九八五）によれば、二四年に宗教大学（現、大正大学）を卒業したのち、三〇年にハイデルベルク大学で博士論文「仏教の形而上学」を提出し学位を取得した北山は、その後もドイツで研究・教授活動に従事した。北山の研究はドイツの学界において高い学術的評価を獲得し、四〇年にマールブルク大学から客員教授（Honorarprofessor）に任命された。彼は、四一年の夏学期から四四年の夏学期まで精力的に教授活動に取り組んだ。こうした北山を評価する同僚教授らによって彼の待遇改善、すなわち戦後における正教授への昇格への働きかけがなされたが、それにもかかわらず、四二年二月二五日付けのプロイセン文相の回答はこれをはっきりと拒否するものであったという。

この日本学講座の設置と同様に、④日本語講座増設および⑤ギムナジウムにおける日本語科目の設置についても、戦後に実現を図るとした。そして最後に、日本側からのかねてからの要求であった⑥日本人講師の増俸については、ドイツ側は「全般的引上ケニハ法規ノ改正ヲ必要」として、なお消極的な対応姿勢であった。このように日本側の一連の提案要求に対するドイツ側の回答はいずれも「法規上困難」、もしくは「相互主義」に基づく「戦後」の実施が条件に付されているのである[27]。さらには、四二年二月の時点においてもなお、ドイツ側は日本における文化的「猶太人問題」を執拗に追及していた[28]。もっとも、この問題について興味深いのは、この時期になると文化協定の前文規定を持ち出すよりも、むしろ日本側の具体的な要求を逆手に取る形で、「相互主義」の論理を通じた実現が図られていることである。ドイツ側の要求がかかる論理に基づいていたために、日本側も自らの要求が制限されるという状況に陥っていたのであった。

確かに、日本側にとってこの間の国際環境の大きな転換は、もはやそれ以前のような形での国内に在留するユダヤ人に対する「配慮」へのインセンティヴを次第に失わせていただろう[29]。しかし、日本の対米開戦以降、「大東亜戦争」という呼称が象徴的に示しているように、そして「戦時中の日本の自己イメージの再定義を代表」する四三年一一月の大東亜会議で採択された「大東亜共同宣言」における諸原則のなかに「人種差別撤廃」が含まれているように、日本にとり「人種平等」は依然として戦時プロパガンダの重要な構成要素であった[30]。それゆえ、一見すると、日独間のさらなる政治的緊密化とともに、連絡協議会においても、反ユダヤ主義や人種主義をめぐる両者の政策的対立は次第に薄らいでいくようにも見えるが、原理的に矛盾する両者のイデオロギーが戦時下においてますます先鋭化するにつれて、潜在的な対立はむしろ増大していったと言える。

他方で、この時期になるとドイツ側は、日本在留ドイツ人をとりまく生活環境の改善を訴えるようになっている。四二年七月三日の在京ドイツ大使館から日本外務省宛ての文書によれば[31]、これは日本側による郵便物の検閲や旅行制限のみならず、警察による日常的な取り締まりと監視に対する苦情であり、それは「彼らの滞在と活動が〔日本側から〕もはや歓迎されていないのではないか」との疑念をドイツ側に抱かせるほど厳しいものであるとされた。

ドイツ大使館からの文書では、このことに加えて、ドイツ語教授時間数と雇用契約期間の短縮や非更新が問題と

表4-2　日本在住のドイツ国籍保持者の主要職業別人数（1935–42年）

年	1935	1936	1937	1938	1939	1940	1941	1942
官公吏	21	29	35	39	44	34	85	129
官公衙雇	2	0	8	7	2	9	13	---
宣教師・尼僧	140	157	168	168	144	214	143	141
学校教師	95	84	86	91	109	99	76	93
学生生徒	39	34	28	38	47	47	33	32
技師技手	71	66	98	98	134	81	79	62
銀行・会社・商店員	259	307	316	355	345	397	384	343
貿易商	57	49	67	61	77	53	34	27
							軍人	43
							無職	333

注記：単位は人。年末調査。表中の38年の「宣教師・尼僧」は原史料中の「宣教師」「僧侶」「僧尼」の合計数。同様に，40年の「宣教師・尼僧」は「宣教師及僧侶」「修道士及修道女」の合計数。41年および42年の「宣教師・尼僧」は「宣教師」「修道士」「修道女」の合計数。41年の「銀行・会社・商店員」は「商店員並会社員」を指す。42年の「銀行・会社・商店員」は「会社員」を指す。42年の「学校教師」は「講教師」を指す。

出典：内務省警保局編（1980），付図の35年から42年までの「内地居住外国人職業別人員（調査）表」を基に著者作成。

して挙げられている。その内容は、戦時体制下の学制改革によってなされた、高等学校等での修業年限の繰上げによるドイツ語とドイツ人講師の扱いに関しての事実確認と、日本側の意向の確認であった。

表4－2にあるように、在留ドイツ人の職業構成においては学校教員も一定の割合を占めており、その家族までも含めると、ドイツ語教員の削減・廃止による経済的打撃は決して小さなものではなかったと思われる。そのうえ、日本側から給料が支払われるだけでなく、将来の日本のエリート層に向けて直接的な働きかけが可能な立場にあった語学講師は、ドイツ大使館の斡旋によって職を得ていたこともあり、対日文化宣伝の重要な担い手としても期待されていた(32)。もっとも、実際に彼らのなかのどのくらいの割合が、どれほどの積極性をもってナチのプロパガンダ活動に従事していたのかは別の問題であり、これについては改めて検討する必要があるだろう。

いずれにせよ、これらの問題について日本側では四二年七月七日の東京協議会第一四回会合準備会議において検討された[33]。この準備会議においては、文部省は、「警察等ノ取締ハソレ程酷クナク学校ノ方モ別段差別待遇ハナシオラザル」が、戦時下における個人旅行の制限は止むをえず、「友好国民」であるドイツ人に対しては「校長ノ裁量等ニ依リ好遇スル」としている。しかし同時に、ゾルゲ事件以来、「独人ニ対スル警察ノ態度変リタル」と付言されており[34]、在留ドイツ人は日本国内では微妙な社会的立場に置かれていた。

また、ドイツ語時間数や講師雇用に関しては、事実、時間数は減少しているものの、これはあくまで「戦時措置」であり、「戦争ト同時ニ敵性国人ノ契約ハ解除」されたが、これはドイツ人には該当せず、契約期間三年間から一年間もしくは二年間への減少は「戦時下ノ不安定ナル事情ニ基ク」としている。そして、ドイツ側が浦和と福岡の事例を出して懸念していたドイツ語授業の漸次的廃止については、浦和高等学校に勤めていたゼッケルは「『エゴイスト』ニテ授業ヲ怠リ自己ノ仕事ノミニ専心ス」という事情を挙げ[35]、文部省としては高等学校の外国人教師制度自体を廃止する意図はないことを加えている。

日本側で準備会議が開かれた翌々日の七月九日の東京協議会第一四回会合においては、ドイツ側はやはりこれらの苦情を強く訴えたものの、結局は具体的な解決策は出されないままにこの会合は終わっている[36]。

ここまで東京とベルリンの連絡協議会における学術交換をめぐる論議に着目して、第二次世界大戦の前半期における日独文化事業の実態を明らかにしてきた。一方では、日本側から提起された留学生や派遣講師の経済的な待遇改善をめぐる交渉とその不十分な結果、あるいは日独伊三国同盟成立を受けて構想された日本側の文化事業拡大計画の挫折、他方では、ドイツ側から要請されたドイツ語・ドイツ学の講師招聘に際しての日本の協力（ユダヤ人排除）、高等学校等におけるドイツ語時間数縮減についての苦情、そしてこれら諸問題への日本側の対応の仕方、こうした一連の過程には、当時の日独文化事業の限界性もまた滲み出ている。

戦時期の日独文化事業が抱えていた矛盾や限界性については、独ソ戦や対米開戦などの戦争の展開による欧亜交通路の途絶といった外在的な要因も確かに大きな要因ではあったが、それだけではなく、「相互主義」という論理にも注意が必要である。本来、国際文化交流における基調理念としての「相互主義」には、交流事業におけるポジティヴな役割が期待されていた。すなわち、政治力・経済力に大きな差がある二国間での文化事業が一方向的な文化宣伝に陥ることを回避し、双方向的なやりとりを通じた文化関係の深化や、それぞれの文化的発展を促すためのものであった。しかしながら、当該時期の日独文化事業においては、「相互主義」のなかに人種主義イデオロギーと「反人種主義」プロパガンダをめぐる相互に妥協しえない対立の図式を含んでいた。それゆえ、日独文化協定の前文規定とともに、「相互主義」の論理は自国の文化政策、その具体的な要求を相手国に受け入れさせるための根拠や、反対に相手国の要求を受け入れるに際しての条件として持ち出された。ここでの「相互主義」は、そのような意味でネガティヴに作用したのである。さらには、このような否定的作用の仕方が、日独文化事業の拡大・促進を制限する内在的な要因として働いたものと考えられる。

第5章

「日独共同戦争」下の「精神的共同作戦」 1943－44年

── 日独文化協定の執行過程（3）

アルブレヒト・フォン・ウーラッハ『日本軍の強さの秘密』
ナチ党中央出版局，1943 年
（Albrecht von Urach, *Das Geheimnis japanischer Kraft*, Berlin: Zentralverlag der NSDAP, 1943）の表紙。
出典：Koltermann（2009）, S. 152.

第*1*節　日独の戦争敗退過程における「精神的共同作戦」の提唱

(1)　対米開戦後、「日独共同戦争」へ

一九四一（昭和一六）年一二月八日に日本は英米に対してついに開戦に踏み切り、そしてその三日後の一一日にはドイツも、西部戦線における対英戦の膠着と東部戦線における対ソ電撃戦の挫折が明らかとなっていたにもかかわらず対米宣戦布告を行った[1]。これにより、それまでアジアとヨーロッパにおいて個々に行われていた両国の戦争はグローバルに構造的に結びつくことになり、文字通りの世界大戦の状況が生まれることとなった（油井 二〇〇五、二四一頁）。

一二月一一日に結ばれた「日独伊共同行動（単独不講和其他）協定」では、日独伊三国は米英から強制された戦争を勝利に終るまで全力を尽して遂行すること（第一条）、三国は米英のいずれとも単独に休戦または講和を行わないこと（第二条）、三国は戦争に勝利したのちも三国同盟の意味する公正な新秩序招来のため密接に協力すること（第三条）、以上が定められた。すなわち、戦時のみならず「戦後」における密接な協力関係が改めて確認されたのである。また、翌四二年一月一八日に締結された日独伊軍事協定では、日本とドイツ・イタリアがそれぞれ担当する作戦地域が示されたうえで、対米（英）戦において相互に策応することが約束された[2]。これらの協定によって、枢軸同盟はいっそう強固に結びついたかのように見えた。

こうした国際関係の構造的な変化は日独関係を新たな次元へと導き、それが両国の対外文化政策や日独文化事業のありかたにも影響を及ぼしていくことになる。まずドイツ側のそれを端的に表しているのが、在日ドイツ公館による対日宣伝活動の変化であった。日本側内務省警保局の調査報告によれば、対米開戦を契機として、ドイツ側の宣伝内容と宣伝手法は大きく変化した。それまでの戦況ニュース中心の内容は控えめになり、「専らゲルマン民族

乃至はナチスの主義綱領、政策、技能等の優秀を宣伝し、我が国民をして精神的に独逸に結びつけんとするが如き動向」が見受けられるようになった[3]。

それ以前までは、イギリスとソ連に対抗する形で、「今次大戦の正義人道性即ち戦争誘発の責任は敵側にありとなし、或は戦況ニュースによる戦果の誇大宣伝に重点を置」いていた。だが、「今更独逸側の正義人道性を唱へる必要もなく」、また日本軍の初期の軍事的「成果」によって、「独逸側が其の戦況を如何に誇張宣伝するも、本邦人の興味をひくことなきを看取し」、よって以後は「ゲルマン文化の優秀性」、「ナチス政策の合理性」、そして「日ソ開戦の慫慂」の三点に宣伝内容の重点が置かれるようになったと報告されている[4]。

さらには、宣伝手法も変化し、それまでのようにドイツ大使館から大々的に文書を各方面に発送するなどを止めて、日本の出版業者に資料と資金とを提供し、「巧みに其の刊行物を各方面に頒布」するようになった[5]。以前は大使館文化部名で発行されていたパンフレット類や書籍などの印刷物が主な宣伝媒体であった。しかし次第に、大使館からの原稿の無償供与、数千部から数万部を大使館が定価買取り、頒布先名簿を与えて業者から直接発送させるなどのような形で日本の出版業者を利用するようになったことで、「一見宣伝文書なるや否やの判定困難」となった。これに加えて、大使館文化部長シュルツェは語学講師や各日独文化団体にも政治的な宣伝活動への協力を働きかけていた[6]。

日本国内の各ドイツ領事館もこれに歩調を合わせている。例えば、阪神総領事K・A・バルザーは「忠実に大使館の意を体し」、東京の大使館からの宣伝印刷物を管内の政財界有力者に配布、また講演会や映画会などの「凡ゆる機会を利用し、日独親善気運の醸成並に昂揚に努め」、同時に「在留自国人に訓令を発し『日本の知己に対する礼儀として凡ての応待には戦勝の祝辞を捧ぐること』を命じ」ていたと報告されている[7]。

ドイツ側のこうした動向に対して、日本側外事警察では以下のように評価している。

斯かる策動暗躍に拘らず我が帝国は独自の立場を持し、専ら支那事変の処理、大東亜戦争の完遂に邁進し、而も我が実力が独逸側の予想以上に強力なるを現実に見且つ我が経済的活動が独逸側の躍起の活動に拘らず完全に其の地盤を固めたる事実等により、我が方と協力するに非ずんば却て不利なるを看取し、本年下半期は表面対日協力的態度を採るに至り、殊に独逸人ゾルゲ一味に係はる国際諜報団事件の検挙発表等もありて勢其の活動を憚り消極的たらざるを得ざるに至れるが、尚其の反面我が国内情報の蒐集並に対日宣伝の手を緩めず益々其の活動を潜行的ならしめつつあり

日蘇開戦も差当り日本には必要なく且つ対日協力なくしては独逸側の経済的要求も充たされ難き実情に鑑み、本年下半期に至りては、愈々対日宣親善協力に努め、日本側との軋轢を極力避けつつあり、従つて大使館に於ては単に文化面を通じて対日宣伝をなしつつあり(8)

日本側外事警察のこれらの記述は、自国の状況認識についてはひどく楽観的ではあるが、ドイツ側の宣伝手法の変化とともに、それに対する日本側の警戒・不信感が明確に表れており、その点では非常に興味深い内容である。対米開戦以降、ドイツ側の公的な宣伝活動は「潜行的」となり、また「文化面を通じて」行われるようになった。もちろん、従来の大使館の宣伝活動においても文化事業は少なからぬ比重を占めていたはずであるが、いまやこれが宣伝活動の主要な方法になったのである。民間の文化団体を中心的な活動主体としたのは、おそらくは自然生的な「精神的な結びつき」の演出を企図してのものであったと考えられよう。ドイツ側のこうした対日姿勢の変化とは対照的に、日本側では開戦初期における戦勝気分の昂揚のためか(9)、ドイツ側の動きに対して当初はさほど熱心な対応姿勢を見せてはいない。ただし日本側においても、既述の箕輪の例に見られるように、対外文化政策の理念が、この間に次第にその色合いを変化させていたことには注意しなければならない。

以上のように、対米開戦を契機として両国の対外文化政策における姿勢にも一定の変化が立ち現われていた。しかし、当時の日独文化事業は文化的側面における協力体制の構築を目指しつつも、その展開は内在的・外在的要因によって構造的な制限を受けていたのであり、政策レベルでの交渉過程における日独間の競合的な状況は四二年に至っても解消されてはいなかった。ところが、日本とドイツの戦争敗退過程において、政治的・社会的諸条件が大きく変化していくなかで、日独文化事業もその相貌を新たにしていく。すなわち、「日独共同戦争」という意識の下に、あるいはそのような意識を両国民のあいだでいっそう強化・浸透させるために、新たな共通の政策理念が提唱されるとともに、これが日独文化事業の土台に据えられるようになったのである。

(2) 「精神的共同作戦」――揺らぐ関係性の反映

このような変化は、ベルリン協議会での協議内容にも顕著に表れている。四三年七月八日には第五回会合が開かれているが、ドイツ側ではトワルドフスキに代わって新しく議長となった、フランツ＝アルフレート・ジックスがこれに参加している[10]。

三五年から親衛隊保安部（ＳＤ）で新聞部長として活動していたジックスは、保安部での経歴とそこでの権力的地位を基盤として、ドイツの大学行政にも政治的影響力を及ぼしていた。三六年にはハイデルベルク大学に教授資格論文、「ドイツにおける異民族少数派の新聞」を提出し、四〇年にはベルリン大学の正教授、および新設された外国学部長、「ドイツ外国学研究所」の総裁に就任するなど、若干三〇歳にして「彼の大学経歴の頂点に立った」。その後、国家保安本部（ＲＳＨＡ）から外務省に移り、四三年三月二二日からは外務省文化政策部長として対外宣伝活動に従事していた（大野 二〇〇一、一三九－一四〇頁、一七六－一七八頁）。戦時下のベルリンにおける外国学教育の監督者であったジックスは、同時に日本学会の副総裁であった。日本人への配慮から、日本学会は唯一の外国学術団体として形式的には自立を維持していたが、ジックスの研究所での講義を受け持たねばならなかったという（Friese 1997, S. 241-242）。

ベルリン協議会第五回会合は、ジックスの挨拶と佐久間信（公使）の答辞から始まる。[11] ここでの両者の発言には、それ以前の連絡協議会では見られなかったような共通の姿勢が窺われる。第一に、日独の対米（英）開戦にともなう国際情勢の根本的変化と、特にその後の戦局悪化を踏まえた発言であること。このとき、日本はすでに、四二年六月にミッドウェーで敗北しており、四三年二月にガダルカナル島から撤退していた。大本営ではこれをガ島、ブナからの「転進」として発表したが、これを機に敗戦憶測の「特異言動」が『特高月報』にも記録され始めるようになる（川島 二〇〇四、八五–八九頁）。他方でドイツも、四三年二月にはスターリングラードで敗北し、まもなくして五月には北アフリカで降伏していた。このころ、ドイツの人々のあいだには、確かに独ソ戦への参戦に対する日本の消極的な態度への失望はあったが、しかし同盟国にかける期待と好意的な理解がなおも存在していた（Koltermann 2009, S. 146）。こうした情勢変化を受けて、ジックスは現在の日独関係を「新シイ戦友関係 junge Waffenbrüderschaft」と表現している。

第二に、そうした困難な戦争状況と交通手段の途絶に際して、日独の最終的勝利へ向けた「精神的共同作戦 gemeinsame geistige Kriegführung」の必要性が強調されていることである。ジックスは、「今日ニ於キマシテハ実ニ日独ノ戦友関係ハ我々両国民ノ死生ヲ賭シテノ共同戦争ニ迄強化サレ［…］不退転ノ勝利ノ意思ヲ共通ニ有スル」ために、「文化戦ニ於テモ総力ヲ発揮シ得ンガ為凡ユル精神的武器ヲ動員」すべきであると述べる。[12] 佐久間もこれに同意して、「精神的共同作戦」という理念が、「現在ノ戦局ニ於キマシテ極メテ実際的ナ又時宜ニ適ツタコト［…］精神的分野ニ於テコソ我々ガ敵ニ対シ絶対的優越ヲ持ツ［…］我々ノ正義ノ為ニ最モ鋭利ナル武器ヲ使用シ得ル」と応じた。さらには、「文化ノ方面ヨリシテ窮極的勝利ノ獲得並ニ道義ニ基ク世界新秩序ノ招来ニ貢献」すると述べている。

ベルリン協議会第五回会合における協議事項のいくつかを順に見ていくと、まずこの「精神的共同」を最も象徴的に示す事例とされたのは翻訳権交渉の妥結であった。これは前回の第四回会合とその後の小委員会での協議を経て、ドイツ側の譲歩によりようやく双方の合意に達していた。ジックスは「甚ダ紛糾」したこの翻訳権問題について、「独逸ノ経済的利益ヲ度外視シテ日本ノ特殊事情ヲ考慮スベク努力」したと述べ、佐久間もこれを大いに評価し、これこそが「此ノ分野ニ於ケル協力ノ頂点」とまで言っている。

それは具体的には、翻訳書の著者に対する補償金率について、当初ドイツ側は文芸書四・五パーセント、専門技術書七・五パーセントを提案したものの、これを「負担シ得ズ」という日本側の希望を汲んで、「単ニ経済問題ノ協定ニアラズシテ文化交換ノ調整ニ関スル取極コソ寧ロ第一義ナルベキヲ考慮シ」、出版部数の増加による累進率を含めて補償金率をそれぞれ二パーセントと四パーセントにすることに同意した。ただし、それぞれ補償金率の異なる著書の分類には大きな困難が生じることが予想されたことから、四三年六月二五日の小委員会では三パーセントの単一補償金率が決定された。この決定は連絡協議会でも承認され、「本協議会ハ両国政府ニ対シ本取極ノ受諾ヲ勧奨ス」と決議された。

次に、「語学教師及客員教授」に関して、ドーナート（この時期にはドイツで活動していた）は、日本人教師のドイツへの新たな派遣については、戦争激化による制限のために「戦争終了後ニ譲ラザルヲ得ズ」とした。これに続けて、日本におけるドイツ人教師については、日本の学制改革により官立高等学校において外国語履修時間が「激減」し、それにともなって「数人ノ独逸人ノ教師カ解雇」されたという状況を挙げながら、将来的にはこれがドイツ人教師全体に及ぶのではないかという危惧を表明している。

ドーナートの発言を受けたジックスは、「文化協定ノ趣旨ニ鑑ミ之〔ドイツ人教師〕ガ維持ハ極メテ望マシキ〔…〕独逸ニ於テハ将来日本語研究ヲ大イニ強化スル意向ナル処此ノ意図モ日本ニ於ケル独語授業ノ減少ニ依リ当然実現困難〔…〕右解雇ハ日本及独逸ノ共同ノ敵ニ対シ日独不一致ヲ示ス論拠ヲ与フル」と苦言を呈した。日本側は「独逸側ノ希望モ尤モ」として、政府への報告を約束した。

さらに、「文化宣伝ノ問題」に関しては、ジックスは日本およびドイツ・イタリアの「指導」により「再建」されつつあるアジア圏とヨーロッパ圏における諸問題について「根本的啓発」を行い、「相互理解」のためにジャーナリズム的観点からではなく、「両指導民族ノ民族的本質ニ基礎付ケラレタル根本的原則及価値ヲ研究スルコト肝要」と述べる。「敵国側ガ同盟国ノ陣営ニ於ケル意見ノ相違ト対立ヲ捏造シ利用」しようと試みるなかで、「両民族ノ共同戦争」において文化宣伝の問題は「根本的意義」を有するとした。そこで、「特ニ精神文化ノ面ニ於ケル両国同盟ノ一致並ニ共通点ヲ一定ノ線及指導理念［…］ニ於テ定式化シ出版物其ノ他ニ利用シ得ベク」、小委員会を組織して研究することが提案された。

これに対しては日本側は次のように述べて、ドイツ側の提案に「全幅的賛意」を表した。

両国ノ相互理解ヲ其ノ民族的本質ニ於テ増進スルコトハ日独ヲ結合スル緊密ナル友情ハ戦時中之ヲ持続スルノミナラズ戦後益々強化スル要アルニ鑑ミ極メテ望マシキモノ［…］特ニ共同ノ窮極的勝利ノ為全力ヲ盡サザル可カラザル今次戦争ニ於テハ精神的及文化的分野ニ於テモ両国ノ新秩序理念又ハ欧州及亜細亜ノ伝統的文化ニ付全世界ヲ啓発シ更ニ強ク戦争目的ヲ明確ナラシムルトイフ方法ニ依リ戦争遂行ニ協力スルコトハ極メテ大ナル意義ヲ有スル［…］右ハ盟邦ノ契リヲ益々固クスルノミナラズ他国民ニ此ノ思想ヲ熟知セシメ同時ニ敵国ヲ内面的ニ弱化スルニ寄与スル

こうしてベルリン協議会第五回会合の閉会にあたっては、日独文化関係においては「既ニ解決セラレ居ラザル又解決ノ見込ナキ如何ナル問題モ存セザル」ことや、「独逸側ガ文化協定ノ実施ニ如何ニ熱心ナルカヲ日本側ニ印象セシメタルコトヲ確信スル」ことが全体で確認された。

以上の会合内容から明らかなように、日独双方にとって戦局がいっそう厳しさを増すなかで、日独文化事業においても「戦友」や「共同」という言葉に表れている両国の対等性を前提として、両国の「精神的」な共同関係が著しく強調され始めた。議事録の内容から窺われる第五回会合の雰囲気は以前のそれとは全く異質である。しかし、強調された「共同」関係や、その構築手段としての日独文化事業に対するこれまでにない積極性は、この時期の日独同盟がその根幹から大きく揺らぎ始めていたことの表れとして見るべきである。

まずはこれについて、当時の全体的な日独関係と照らし合わせながら見ていきたい。クレープス（二〇〇八）では、戦時期の日独軍事協力関係を総じて、「三国同盟の締結国は、個々に、そしてそれぞれ違う目標に向かって戦争を遂行した。戦略上の優先課題と地理的な距離の大きさのため、軍事協力がなされたことは結局のところ一度もなかった。唯一効果があったとすれば、英米などの対戦国がその軍事力を分散しなければならなかった点であろう」（同上、八二頁）と論じている。

四三年一月二〇日には日独経済協定（「経済協力ニ関スル日本国「ドイツ」国間協定」）が締結され、その前文では「今次戦争ニ於テ其ノ経済総力ヲ挙ゲテ相互ニ援助スル」とともに、戦争終結後には「夫々両国ノ経済圏内ニ於テ広汎ナル建設計画ニ依リ［…］両国政府間ノ経済協力ヲ一層緊密ナラシメンコト」が確認された[13]。ただし、工藤（二〇〇八b）は、戦時経済協力を可能にする客観的な条件は、「一九四三年一月以降の時期にはそのような条件はほとんど失われていた」と指摘しており、協力の可能性ないし前提条件が存在した四〇年五月－六月の西部戦線におけるドイツの電撃的勝利から、四一年六月の独ソ開戦に至るまでの一年間においても、両国はそれを生かすことができなかったと結論づけている（同上、二七一－二七二頁、三一三頁）。

このように軍事戦略・通商における日独間の協力は日独伊三国同盟の成立後にも、英米間のそれなどと比べて極めて乏しく、戦争遂行において有意な協力体制が築かれることはほとんどなかった。さらには、欧亜交通路の途絶によって直接的な接触の機会が大幅に制限されたことで、軍事戦略面や通商面で実際的な戦時協力体制を構築する可能性を考えることはますます非現実的となっていた。

そのような実態ゆえか、対米開戦以降、日独提携の「強固さ」を外面的に取り繕い、両国の協力体制における乏しい実態を隠蔽する工作が、ずっと続けられてきた。これに関して、田嶋（一九九五）では、ベルント・マルティンのインタビュー記録における渓口泰麿、酒井直衛の証言に基づいて、次のエピソードを紹介している。すなわち、四二年の初頭、在独大使大島が日独軍事協定交渉において在独陸軍武官坂西一良および三国同盟軍事委員野村直邦らと困難な関係に陥った際に、日本政府・参謀本部は「ベルリン駐在日本大使館におけるそうした状態をもはや甘受することが出来なくなってきた。しかし、大島の更迭は考えられなかった。なぜなら、敵国をはじめとする国際世論が、大使の交代を日独関係の軋みであると解釈する恐れがあったからである」と（同上、四一二頁）。他方で交戦国のアメリカにおいては、「戦時中の不吉な噂のレベルでは、枢軸同盟は日独双方にとって政略結婚であり、もし枢軸国側が勝つ日が来るとすれば、日本の次の予定表にはドイツが載るだろうと、よく言われたものだった」という（ダワー 二〇〇一、二九八頁）。ベルリン協議会第五回会合における「文化宣伝ノ問題」についての協議は、まさにこうした問題状況への対処という意味でもなされていたのである。

こうした状況下での唯一の「現実的」な提携のあり方が、「精神的」な提携の強化であり、形骸化しつつある日独同盟になおも積極的な意味を付与しえるものであった。両国がなおも同盟関係を維持しようとしたのは、やはりいずれかの同盟離脱によって連合国の戦力が集中し、他方がさらに困難な戦争状況に陥るという恐れが双方に存在したためであると思われる。実際、例えば日本側では、第三次近衛内閣の豊田貞次郎外相の下で、四一年九月からの日米交渉において、対米妥協のために三国同盟に基づく参戦義務を「自動的」ではなく「自主的」と解釈していることを通告するなど、三国同盟離脱を求めるアメリカ側の要求に相当の譲歩的態度でもって応えていたという経緯がある（義井 一九八七、一六〇頁）。また、日独伊三国同盟条約に対する躊躇や批判もまた当初から根強く存在しており、当局の取り締まり対象にもなっていた[14]。

他方、ドイツ側はこれまでの経過において、とりわけ独ソ不可侵条約や日ソ中立条約締結直後の対ソ戦の開始など、およそ日本との同盟関係にはそぐわない政策決定を繰り返し行ってきた。例えば、バルバロッサ作戦発動の少し前、四一年三月五日に下された総統指令第二四号「対日協力」では、イギリスとアメリカの注意を太平洋に逸らすために日本との軍事協力を重視しながらも、「日本側には、『バルバロッサ作戦』について一切触れないものとする」としていた（トレヴァー＝ローパー編 二〇〇〇、一〇八―一一〇頁）。またヒトラーにおいては、日本に対するアンビヴァレントな心情を最後まで抱き続け、――日本側が望んだようにソ連との講和ではなく――終始イギリスとの和平を望んでいた。イギリスとの同盟構想は『わが闘争』以来のものであったが、ヒトラーはテーブル・トークにおいても、対米英開戦後に東南アジアを席巻する日本を同盟国として賞賛しつつも、しかしまた同時に、日本に対する人種的嫌悪感とイギリスに対する親近感をしきりに表している(15)。

このように日独の外交上の利害は移ろいやすく、ゆえにこの同盟がいつ突然にして瓦解するのか、そうした不安や疑念が双方に常に存在したはずである。四三年九月八日のイタリア・バドリオ政権の休戦とまもなくの無条件降伏、そしてそれに対する日本側の反応も、こうした状況をさらに浮き彫りにしているように思われる。イタリア降伏を受けて、まず九月九日の「帝国政府声明」では、「帝国政府は、既にかかる場合を予想し万全の措置を講じ来れるところにして、本事件の如きは戦争の大勢に影響するものに非ず。帝国は益々必勝の信念を強固にするものなり」と述べられた。また九月一五日の「日独共同声明」では、「バドリオ政権の背信は三国条約に些かの影響を与ふるものに非ず。大日本帝国政府及び大独逸国政府は相共に有ゆる手段を尽して最後の勝利を得る迄今次戦争を遂行するの決意を有するものなり」と言われている（「時彙」『外交時報』第九三二号、一九四三年、七八―七九頁）。

日本の新聞メディアの論調も、掌を返したように、昨日までの同盟国であったイタリア非難に走り、「足手まとい」「貧国」イタリアの脱落がむしろドイツの負担減になることを喧伝するようになった（清沢 一九五四、五一―五二頁）。九月一〇日の『読売新聞』の記事（「ただ〝撃ちてし止まむ〟弱き者去れ 伊の脱落」）では、「血盟からの脱落は〔神奈川の〕二四〇万県民の胸に形容出来ぬ激しい憤激を湧き立たせた。〔…〕われに三千年来胸底深く燃ゆる大和魂あり、独に不屈のドイツ魂あり、日独の血盟益々固きいま前進を阻む者、そは何者なりとも断乎撃ち破るのみ……。［…］われら最後の勝利の栄光めざし日独枢軸の強固なる団結のもと宿敵撃滅に一路突進せん」と報じられ、これを日独同盟のさらなる強化の礎にしようとする向きがあった（横浜市・横浜の空襲を記録する会編 一九七五、第六巻、二二一頁）。また、英米によって展開されたイタリアに対する政治的謀略、すなわち独伊離間政策およびイタリア国民間の反戦・厭戦思想の醸成が、今後は日本とドイツに対してもますます積極的に用いられるとして、これに対する警戒も呼びかけられている（楠山 一九四三）。

ただし、日本は決してドイツ・イタリアを恃んでいるのではなく、基本的に独力で戦っているという意識、あるいは戦わねばならないという心理的規範も、「他力本願」の蔓延を嫌う当局の世論指導の方針もあって、人々のあいだに少なからず共有されていた。これは公的な言論空間においてはさほど前面に出てはいない。しかし、当時二二歳の鉄道員、「戦時下愛国青年の一典型」であった小長谷三郎の四三年九月九日の日記には、次のように記されている。「も少し強いと思ったイタリアは、何の手ごたえもなく降伏した。いくじのなさ、だらし無さ、全くあきれる外はない」と非難の声は変わらないが、続けて、「毛色の変った奴等は全くあてにならぬ。こうなったら、我が帝国のみにて最後の勝利を獲する迄の事だ。日本が東亜の盟主、否世界の盟主になるのには血みどろの苦闘がある筈だ」と、人種偏見を交えて語られているのである（横浜市・横浜の空襲を記録する会編 一九七五、第二巻、五〇一頁、五六二－五六四頁）。

第2節 戦争末期における日独関係の諸相と文化事業

(1) 戦局の悪化と日本在留ドイツ人――「同盟国人」と「外人」のあいだで

東京とベルリンの連絡協議会は緊密な情報交換や関係者の往来によって、基本的には歩調を合わせており、「精神的共同作戦」への移行は東京協議会でも同様に見られた。そもそも、戦争末期の一九四四（昭和一九）年以降、日独文化事業における実際的・本質的な問題は、ドイツにおけるよりも、日本における展開の方により強く表れている。その理由は、この時期の日独文化事業が、日本在留ドイツ人全体の生活に直接的に関わる問題をも含むようになったからである。

他方で、ドイツになおも滞在していた日本人の数は、「在独邦人一覧表（昭和二〇年一月一〇日現在）」によれば計五四二名となっており、彼らの多くは、例えば大使館員などの公的身分で滞在、かつベルリンに集中していた[16]。しかし、すでにこの時期には激しい空襲のために、在独邦人の多くがベルリン郊外や近隣諸国を含む各地への避難を余儀なくされていた。当時、在独財務官事務所に勤務していた有吉正によれば、終戦までベルリン市内に滞在していた邦人は二〇名前後とされている（有吉 一九五一a、一〇三頁）。戦場となった欧州各地からの避難民や在独邦人のなかで資産や職のない者に対しては、在独日本人会が五万ＲＭの基金でもってその生活支援にあたった。一般在独邦人については、日本人会の指導のもとに隣組が編成され、すべて大使館の管理下に置かれるという状況であった[17]。

このように、在独邦人の数は在日ドイツ人の数に比べればもともと少数であったうえに、厳しい生活状況のなかでなおも文化事業活動に一定の意識と労力を割くことができたとは考えにくい。したがって、ここでは主に戦争末期における日本在留ドイツ人をめぐる政治・社会状況に留意しつつ、日本における日独文化事業の展開について見ていきたい。

東京協議会第一五回会合に向けて、四四年六月七日に両国のあいだで非公式の打ち合わせ会議が開かれた。そこでドイツ側代表であった日独文化協会ドイツ人主事ヘルベルト・ツァッヘルトは、現在の日本における「日独文化親善ノ障礙」をいくつか挙げている[18]。そこには「同盟国人」と「外人」のあいだで揺さぶられている在留ドイツ人の状況が端的に示されている。

第一に、ドイツ人音楽家の「冷遇」、あるいは「等閑視」についてである。ツァッヘルトによれば、ドイツでは「政治的見地」より日本人音楽家を好遇・活用しているにもかかわらず、日本ではドイツ人も「一律ニ外人視」され演奏会において指揮が断られたとして、「政治的考慮ヲ忘却シ居ルハ遺憾」とし、「相互的」な待遇を主張した。例えば、この打ち合わせ会議の少し前には、「独逸人」音楽家マンフレート・グルリットが東京交響楽団から出演拒否されるという出来事があった。これについて、日本側当局は次のような見解を挙げている。すなわち、四三年一〇月に日本音楽文化協会は「決戦下音楽体制確立ノ為」に枢軸国人以外の演奏家との共演を中止する通牒を発しており、これはすべての外国人演奏家を排除するものではなく、あくまで「戦時下音楽活動ヲ通ジテ枢軸国ノ共同戦争目的遂行ニ寄与」するためのものである。したがって、グルリットの出演拒否の件は外国人排除の意図からではなく、あくまで同楽団の「芸術的見地ニ因ヅク」と考えられた。そうであれば、これは当事者間の問題であって当局が関与すべき案件ではない、というものであった[19]。

ただし興味深いのは、日本側はここではグルリットを「ドイツ人」として扱っているが、彼は実はユダヤ系であり、それにもかかわらずナチスへの接近があったことが指摘されている（山本 二〇〇四、一四〇頁）。ゾルゲ事件以降、在京ドイツ大使館では親衛隊大佐マイジンガーを筆頭に、ユダヤ人に対してはもちろん[20]、日本在留ドイツ人に対する監視や取り締まりはますます強化され（上田・荒井 二〇〇三、一五一–一五八頁。ローゼンストック 一九八〇、七七–七九頁）、徴兵忌避や献金拒否、反ナチ的なドイツ人の国籍剥奪も強行されていた（中村 二〇一〇、一九八–二〇三頁）。こうしたドイツ国籍をめぐって錯綜する状況は、「枢軸国人」と「非枢軸国人」の境界を、非常に曖昧なものにしていったと思われる。

さらにはまた、当時の日本において音楽関係者や教養層を除いた一般の人々のなかで、ドイツ音楽がどれほど広く認知されていたのか、あるいは「同盟国」音楽の区別がどれほど正確になされていたのか、という問題もあるだろう。これについてここで立ち入った検討はできないが、いくつかの事例から状況を垣間見ることができる。当時の人々の回想のなかには、空襲が激しくなってきたころ、ベートーベンの第九のレコードを庭でかけていたところ、「警防団のおじさん」がとんで来て「こらっ、敵国の音楽を鳴らすとは何事か」と怒鳴られた話や、四二年頃にベートーベンやバッハを含むいわゆる「赤ラベル」（洋楽レコード）がすべて一緒くたにされて「敵性音楽」として私服刑事に没収された話もある（松谷　一九八七、五四〜五七頁）。このほかにも、少しあとの四五年の事例であるが、工場夜勤の休み時間中にシューベルトの「鱒」をドイツ語で合唱していた女学生たちに対して、「そこに突然あらわれた陸軍少尉のT氏が『おまえらは、敵国のことばで歌をうたうのか！　やめろ！』とものすごいけんまくでどなり」、英語とドイツ語の区別もつかない将校に一同白けたという話もある（東京大空襲・戦災誌編集委員会編　一九七三、第二巻、九五七頁）。ドイツ音楽をめぐるこれらのエピソードが、事実として正確かどうかを検証することはできないが、それよりもむしろ、こうした類の逸話がいくつも語られていること自体に着目すべきであろう。

ツァッヘルトが提起した問題の第二は、「ドイツ人＝スパイ」イメージの流布と日本人による暴力事件である。例えば、日本の映画会社が防諜映画のスパイ役にドイツ人の出演を執拗に懇請したことを挙げ、このような「没常識」だけでなく、「独逸人ガ通行スレバ子供等ヨリ外人馬鹿ト罵ラレ独逸人ノ子供ガ日本人ノ子供ノ投石ニ依リ負傷セル事実モ一、二ニ止マラズ斯ル事件ガ度重ナリ将来両国ノ親善関係ヲ阻害スルニ至ルナキヤヲ危惧スル」と述べる。

横浜市中区においては、まさにこの時期の四四年六月四日から一〇日にかけての一週間だけでも、一二－一三歳の日本人児童による六件の殴打、投石、暴言（「スパイ」「外人ノ馬鹿」など）の被害が挙げられている。[21]このように日本人加害者が特に子どもであったことから、ツァッヘルトは居留地近辺の青少年団、学校、隣組等を通じた注意喚起を要請し、「日独子供ノ協力ヲ宣伝」することを提案している。

ツァッヘルトによって挙げられた「日独文化親善ノ障礙」は、これにとどまらない。まず、日本の映画配給会社によるドイツの東部戦線ニュース映画上映の「謝絶」の問題である。ドイツ本国からはニュース映画が便あるごとに送られてきていたが、この二年間にドイツ映画が「一度モ」上映されたことはなく、ドイツにおける日本映画の扱いとは対照的であると言う。そして、日本においては、中立関係にあるソ連に関する映画はともかくも、「英米ニ対シ東西呼応ノ共同作戦ヲナシ居ル戦友ノ姿ヲ日本民衆ニ示スハ必要」と主張する。

次に、不適切なドイツ語書籍の翻訳出版の問題である。例えば、オスヴァルト・シュペングラー『西洋の没落(*Der Untergang des Abendlandes*)』(第一巻初版、一九一八年、第二巻初版、一九二二年)など、「現在ノ建設的ナル新興気分ニ満チタル独逸人ノ世界観ノ反対物ニシテ今頃斯ル書物ノ出版アルハ極メテ迷惑」。しかも、戦時下の紙不足の状況にもかかわらず、このような書籍の出版を見るに、「日本ノ出版統制方針ヲ知ルニ苦シム」と大きな不満を訴えている。

さらには、日独医事協定実施の停滞を挙げる。四三年一一月にこれが署名されたものの、実施機関がいまだ存在しておらず、その進展を促した。

最後に、輸送の途絶による日独図書交換の停滞である。四三年七月のベルリン協議会第五回会合で二万円／二万RMの図書交換購入が決定したものの、「注文セル書籍ノ多クハ入手出来ズ」という状況であった。

ツァッヘルトは、こうした日独関係における「障礙」、特にドイツ人に対する差別的待遇やドイツを等閑視するような姿勢が、ドイツ本国に伝わることを強く懸念していたのである。

以上のような日本在留ドイツ人にとっての困難な生活状況は、第二次世界大戦の後半期以降、とりわけ戦争末期における、日本社会の雰囲気の変化にも起因している。すなわち、「敵国人」に対する敵愾心の昂揚にともなう、「外国人」全体に対する人々の視線の変化である。日本にとって戦局がますます不利になり、銃後の日常生活が悪化の一途をたどるにともなって、在留外国人に対する地域住民の姿勢もまた厳しさを増していった。

例えば、国内最大の外国人居住地域の一つであった神奈川県では、[22] イギリス人やアメリカ人をはじめとする「敵性外国人」のなかで交換船による本国送還がかなわず残留していた人々を、四三年六月に男性は神奈川県第一抑留所（足柄上郡北足柄村字内山、開設時五三名）に、女性は第二抑留所（横浜市戸塚区戸塚町、開設時九名）に収容した。第一収容所の場合、「開設の当初は、付近住民の感情もよく、比較的協力的であったが、昭和一九年から二〇年になると、戦局の不利と日常生活の悪化を反映し、しだいに抑留者に対する感情もとげとげしくなり、敵意むきだしの気配が濃くなった。このため抑留所の警備には人知れぬ苦労があった」。収容所の警備主任であった渡辺勝之助の日記には、抑留者に対するさまざまな暴力行為が記録されている。すなわち、抑留者に対する子どもによる投石、面会家族に対する暴言や投石、水道の破壊、物資配給の妨害、兵士や村民による排斥運動であり、四五年になるとこうした行為はさらに激しさを増したという（神奈川県警察史編さん委員会編　一九七二、七五八－七七七頁。引用は七七〇－七七一頁）。

国内各地で空襲が激化・無差別化していくなかで[23]、すなわち「銃後」が「戦場」化していく過程で自らの実際的な被害が拡大するなかで、外国人に対する、とりわけアメリカ人に対する地域住民の恐怖心と敵愾心は増幅していった。それまで大多数の日本人にとっては、アメリカ人とはほとんど直接的・具体的な関わりを持つことなく、メディアなどの情報を通じてイメージするだけの観念的な存在にすぎなかった[24]。戦時期に流布された有名な「鬼畜米英」のプロパガンダは[25]、こうした直接的な被害の拡大によって人々の内面に浸透していったのであろう。確かに、一面では、住民のなかで戦争への諦観的態度や空襲被害に対する感覚の鈍化があったにせよ、他面、自らの被害の体験によって、その原因である敵に対して寛容でもなかったのである（川村　二〇〇六、三一四－三一五頁）。

こうした敵に対する憎悪の感情の増幅とその噴出は、当時のいくつもの記述から読み取ることができる。例えば、清沢洌の日記には、「『米鬼』に対する宣伝各方面に起る」（四四年一〇月二〇日）、「朝、足利の経済倶楽部に講演に赴く。［…］町に『殺せ、米鬼』という立看板がある。落下傘で降りたものを殺せというのであろう」（一〇月二六日）などが記されている（清沢　一九五四、一八六－一八七頁）。

同様に、当時二三歳の医学生であった山田風太郎は、以下の四五年三月の日記のなかで激烈な復讐の心情を吐露しており、同時に、その心情が軍による訓示内容に全く共感する内容であることを示している（山田 一九七一、五〇頁、五三頁）。

雨のように焼夷弾を撒いているB29の姿を自分は見ていた。〔…〕敵としては、日本人を何万人殺戮しようと、それは極めて当然である。／さらばわれわれもまたアメリカ人を幾十万人殺戮しようと、もとより当然以上である。いや、殺さねばならない。一人でも多く。〔…〕こうして全日本人が復讐の陰鬼となってこそ、この戦争に生き残り得るのだ（四五年三月一〇日）。

大西比島方面海軍航空部隊司令官、特攻隊に対する訓示は、すなわち全日本人に告ぐる言葉なり。アメリカ人を殺せ、一人でも多く殺せ、日本人は腰をすえ、冷徹無比の心を以て、如何にせば一人でも多くアメリカ人を殺し得べきや研究せよ、彼らの血と肉を以て戦争の悲惨さを思い知らすべしと。――先日〔三月一〇日〕、余が空襲の焼跡に立ちて思いしことと、符節を合わせるがごとし（四五年三月一四日）。

そして、そのようにして蓄積された憎悪は、単に意識面で留められていたのではなく、その「敵」に遭遇したときに、物理的暴力をともなって集中的・突発的に噴出するようになった。よく知られているように、非戦闘員を標的にした空襲の下手人が運悪く地上に墜ちた場合、彼らは民衆の怒りが凝縮した私刑を受けることになった（同上、一一五頁）。

捕虜に対する姿勢も、大空襲のあとにはいっそう厳しいものとなった。横浜警備独立歩兵第十四大隊中川福栄の証言によれば、横浜で空襲が最も激しく展開された四五年五月頃のある晩、「俘虜衛兵たちが、〔空襲で焼け出された」数十名の捕虜を救い出し、独断でかなり離れた安全な場所に誘導」している途中、「沿道に住む日本民衆が、一斉に詰め寄ってきて『その捕虜を殺せ』と口々に叫びながら、石を投げたりして、たいへんだったそうである」（横浜市・横浜の空襲を記録する会編 一九七六、第一巻、二六六頁）。

こうした復讐の憎悪は、もちろん米英国人をはじめとする「敵国人」に対して向けられたものであり、決して「同盟国人」としての「ドイツ人」に対するものではない。だが、意識的にせよ無意識的にせよ（容姿や言語から感覚的に、あるいは誤認から）、「ドイツ人」が「白人」や「外人」というカテゴリーのなかで捉えられる場合には、こうした敵対感情は彼らに対しても向けられる可能性が大いにあった。(26)

ドーナートは三九年一月にすでに、日独文化協会の報告書のなかで次のような懸念を表明し、注意を促していた。すなわち、「一方では日本は西欧の自由主義からますます離れ、それでもって国民社会主義文化の理解により近しくなるだろうが、他方では東アジアの西洋からの解放の側面に応じて［…］外国モデルや外国の学問、またその鍵となるドイツ語を含めた外国語のさらなる過小評価が生じるだろう」。したがって、「西洋の影響が区別なく除去される傾向」のなかで「ドイツの地位を保持」しなければならない、と。(27)

ツァッヘルトが挙げた「日独文化親善ノ障礙」の最初の二つは、ドーナートが危惧していたことが実際的な問題として深刻化し始め、さらなる拡大の危機感が存在したことを物語っている。そして、ツァッヘルト自身や在留ドイツ人たちもまた、自らがそうした状況に置かれていたことを認識していた。四三年夏に疎開令が出され、ツァッヘルトの妻子を含む横浜のドイツ人たちが軽井沢に移り住んだあとも、彼は同地に留まり日独文化協会の仕事に勤しんでいた。しかし、「いつのころからか、東京で空襲が始まったら外国人は皆殺しにされるという噂が流され、協会は大事をとって彼にしばらく軽井沢に留まるよう指示していたのである。日本人には外国人の見分けがつかない。米軍が上陸したら、同盟国のドイツ人とはいえ、アメリカ人と間違えられて殺される可能性はじゅうぶんあった」という（ツァヘルト・雪山・佐々木 一九九六、一三六頁）。(28) もちろん、ここでの「外国人」は「白人」のことを指している。

これは、当時の日本とナチ・ドイツの関係に内在していた本質的な問題へつながっている。両国があらゆる資源を動員し、死力を尽くして戦っていた戦争は、「白人からのアジアの解放」を究極的目標に掲げた「大東亜戦争」と、ナチの「世界観戦争」として戦われ、またそれゆえに「絶滅戦争」であった独ソ戦である。これらの戦争は、つまるところ資源をめぐる帝国主義戦争でありながらも、宣伝された戦争目的の核心には人種主義ないしは反西洋のイデオロギーがあり、それらは原理的には互いを排除し合うような間柄にあったのである。

人種差別とそれへの反発という双方の対立感情は以前から見え隠れしていたが[29]、三六年一一月以降は、「友好」や「同盟」のスローガンの陰にあえて隠されてきた。しかし、戦争末期の過酷な極限状態において、日本では「白人」としてのドイツ人に対する不信や嫌悪感が実際の事件として表出し始めることとなり、こうした軋轢が現在の同盟関係と、構想された将来に悪影響を及ぼすことが懸念された。日独の強固な「精神的な結びつき」の構築を目指す動きは、まさにこうした問題群への対症療法的な処置であったのである。

(2)「共同戦争ノ完勝」と「戦後経営協力」へ向けて

東京日独文化協会は、日本での「精神的共同作戦」において、いっそう重要な役割を果たすことが期待されていた。この時期の協会活動には、軽井沢への疎開者をはじめ多くの在留ドイツ人への生活物資の援助などを通じて、彼らの日常生活を支える仕事が加わっている。そのため、ツァッヘルトは四三年夏に家族が軽井沢に移り住んだあとも平日は横浜に留まり、週末に軽井沢に帰っていた。四四年の冬になっても、「日独文化協会の仕事は相変わらず忙しく、たまに戻るヘルベルトの顔には疲労の色が浮かぶようになり心配でした」と妻ズザンナは回想している（ツァヘルト・雪山・佐々木 一九九六、一一五頁、一三一－一三二頁）。

日独文化協会から「日独文化親善ノ障礙」が提起されたのと時期を同じくして、それとは別に東京協議会第一五回会合へ向けて、以下の五項目の事業提案が協会からなされている。[30] すなわち、①日独懇話会の設置（「共同戦争ノ完勝ト戦後経営協力ニ遺憾ナキヲ期」するために、年数回の懇談会を催すこと）。②日独文化研究者の交換（正規の教授・技術者交換は「戦後」の実施とし、さしあたり在日ドイツ人・在独邦人に研究調査を委嘱して、相互的理解の不断の促進により、「共同戦争目的達成ニ資」すること）。③日独学界情報の交換（交通・通信が困難な今日においても、あらゆる手段を駆使して学界情勢や研究成果の情報を交換し、「直接、間接ニ戦力増強、戦争遂行ニ資」すること）。④日独文化研究に必要な基本的文献、資料の収集および交換（空爆により多数焼失した基礎文献を相互的に補うため、必要な資料・文献を収集し始め、交通再開後ただちに輸送すること）。⑤「日独盟約ノ確キコト世界ニ宣布スルニ適切ナル各種ノ施策ヲ随時講ズルコト」、であった。

これらの事業案を紹介した新聞記事では、「研究者も資料も交換　『日独文化』さらに鉄壁の陣容へ」という大げさな見出しが付されているが、その内容は、日独交流の実態よりも対独願望を表すレトリックで満ちている（『朝日新聞』一九四四年八月一〇日、I. 1. 10. 0. 2-21）。そうした願望的な内容は、とりわけ研究者や技術者、および科学研究情報の交換について見受けられる。紙面では、例えば上記②について、「この際お互のもつ力を全面的に供給し合ふことが何より緊急［…］重点は当然科学面におかれ水も漏らさぬ必勝陣を固める」と述べられる。また、上記③については、「時代の尖端をゆく学界情報を通報し合ひ、敵を屠る新研究、新発見を悉く共同のものとする」、と報じられた。

日本側がドイツの軍需産業や兵器開発の状況をどう認識していたのか、なぜドイツから日本への武器移転が総じて、結果的に起こらなかったのか。こうした問題についてここでは立ち入った検討はできないが、いずれにせよこうした新聞報道からは、「科学大国」ドイツにかける大なる期待を読み取ることができよう。これは通常兵器と核兵器の場合を分けて見ていく必要があるが[31]、軍や研究者レベルではともかく、住民にとっての差し迫った危機は空からの無差別爆撃であり、彼らの期待も前者に対してであった。特に空襲が頻繁に行われた都市部では、対処策が切望されるようになっていた。例えば、高見順は四三年一〇月八日の日記に、「前日、桜田氏がベルリン空襲の話をしていた［…］。敵機二五〇が、ドイツの新兵器のため全部やられたという。そしてドイツの技師が日本にその新兵器をつたえるため潜水艦で急行中だという。胸の明るくなる話だった」、と記している（高見 一九六六、第二巻下、六三一頁）。

四四年八月一一日、およそ二年ぶりに東京協議会第一五回会合が帝国ホテルにて開かれた[32]。日本側主事安東義良（外務省条約局長）は、この開会挨拶でこう述べている。すなわち、日独が「互ニ同志トシテ」「共同ノ敵米英」と熾烈な戦いを行う現在、両国は「文化面ニ於テハ固ヨリ更ニ之ヲ基礎トシテ」政治、経済、技術の分野でもますます緊密の度を加え、軍事的に一体となって「人類ノ敵」米英に対する最終的勝利の獲得へ向かっている。「今次戦争ノ目的ガ世界ノ国々ヲシテ各々其ノ所ヲ得シメルトイフ道義ニ基ク世界新秩序ノ建設ニ在ルコトヲ思フトキ［…］日独両国固有ノ精神文化コソハ常ニ此ノ動乱ノ人類世界ニ於ケル導キノ星デアル」、と言う。

これに続くドイツ側主事シュルツェ（大使館文化部長）の挨拶では、今日の日独文化交換の意味は「共同ノ勝利ノタメ又勝利ノ後ノ新シキ時代ノ形成ノタメニ智的、感情的ナ諸条件ヲ両国民ノウチニ成熟」させることとされる。さらに、「両民族ノ運命ノ共同性ヲ意識シテ大イナル未来、大イナル目標ニ向ツテツネニ眼ヲ注グ」こと、そのためには「冷静ナ理性ノ思考」だけでなく、「内面ノ確信、責任ヲ背負フ喜ビト大イナル熱情」が必要と述べる。

これらの発言は、この時期の日独文化事業の性格を考えるうえで非常に示唆的である。安東発言では、そもそも日独同盟の意義自体が日本側の天皇制イデオロギーのなかでのみ、「其ノ所」や「道義」といったそれを構成する言葉とともに語られている。この文脈では日独が対峙するのは「人類ノ敵」英米であり、破滅的な対ソ戦を戦っているドイツの立場は全く捨象されている。その前提には、「文化」関係に基づく政治・経済・技術分野での提携強化があり、従来の政治的提携を軸とした相互的な文化的理解の増進という図式が反転されている。日本とドイツが「指導民族」たりえるのは人類を導く「固有ノ精神文化」を有するからであり、両国が「同志」として協力するのは必然とされた[33]。他方、シュルツェ発言においては、言葉づかいはさらに漠然としているが、「両民族ノ運命ノ共同性」を前提として、理性よりもむしろ感情（「確信」や「熱情」など）の方が、本質的な要素として認められている。この時期になると、日本がその背後にいるソ連を刺激することを避けたため、「防共」や「反共」は対外的なプロパガンダとして用いることはできず、もはや日独提携の中核的理念として共有されうるものではなくなっていた。

日独文化協会においても、日独提携について語られる意義や事業姿勢は、基本的にはこれに沿ったものとなっている。東京協議会第一五回会合では、日独文化協会会長であった井上三郎も以下のような内容の挨拶を述べている。すなわち、「大東亜戦争」の勃発以後の「共同ノ敵米英」に対する「共同戦争」の下で、日独文化協会は「アラユル精神的創造トソノ成果ヲ合セテ文化ト看做ス広義ノ文化観ノモトニ政治、経済、技術、生産等ノ広キ範囲ニ亘ツテ専ラ戦争完遂上緊要ナル主題」を事業内容としてきた。この協会はまた、「実際ニ生起セル諸問題ヲ臨機ニ捉ヘ両国民ノ間ニ一層理解ヲ深メ併セテマタ両国間ニ存スル諸懸案ノ解決」に、ドイツ大使館の「理解アル協力」を得ながら貢献してきた。今日では、「日独ノ紐帯ニハ些カノ緩ミヲモ許サス相倶ニ熾烈ナル戦局ニ対処」し、敵国側の「絶エザル宣伝謀略」とも戦わねばならない。そうした状況下で行われる日独文化事業は、「現下ノ国家的要請タル戦力増強ト日独盟約ノ確保推進ニ重点ヲ置キ［…］来ルベキ世界ノ建設期ニハ日独両民族ヲ中核トセル新タナル秩序樹立」に貢献するものとなる、と述べる[34]。

この間の日独文化協会の主な事業内容を見てみると（表5－1参照）、まず四三年度第一期（四月－七月）には、国内各地の日独文化団体の統合によって地方支部が設立された。富山支部（七月一八日発足）と宮城支部が設立され（その後四四年三月四日に熊本支部、四月三日に広島支部が発足）、講演会や映画上映などを積極的に実施し、以後の事業総数は大きく増加した。

続いて第二期（八月－一一月）には、日独会館の開設（一〇月一四日開館式）と、「独逸事情ヲ紹介シ独逸ニ関ス

表5–1 日独文化協会実施事業の内訳（1943年4月–44年7月）

事業種類	1943年度			1944年度	計
	第1期	第2期	第3期	第1期	
式典・午餐会	4	2	4	3	13
各種会合	1	1	6	13	21
講演・講座	10	21	14	7	52
映画上映	4	19	32	20	75
劇上演	1	—	—	—	1
放送	4	1	2	—	7
音楽会	1	—	2	5	8
展覧会	—	4	1	5	10
青年団関係	1	—	—	1	2
案内	2	—	5	—	7
後援・資料提供	3	—	1	—	4
計	31	48	67	54	200

注記：「第1期」は4月–7月，「第2期」は8月–11月，「第3期」は12月–3月である。一つのイベントに複数の内容がある場合には（講演後に映画上映など），それぞれを一つに数えた。映画の貸与上映は表中の「資料提供」ではなく「映画上映」として数えた。

出典：日独文化協会「昭和一八年度事業概観」第1期–第3期，「昭和一九年度事業概観」第1期（I.1.10.0.2-21）より著者作成。

ル正確ナル認識ヲ与ヘルト共ニ日独提携強化ノ一助」としてドイツ講座が開設され、学生、技術者、官公吏、教員、会社員などがこれに参加した。この「総合独逸講座」は四三年八月から九月にかけて計八回開催され、延べ九二三人が聴講した。各講座のタイトルは「独逸の国土」、「独逸民族とその民族主義」、「独逸の政治と組織」、「独逸世界政策の発展」、「金なき経済の構想」、「独逸の技術と生産」、「独逸文芸思潮」、「最近の独逸国民生活」であった。

第三期（一二月–三月）には、大阪での日独文化団体の統合による近畿支部が発足した。こうした統合による既存団体の解散について、「敵国側ハ之ヲ逆宣伝ノ材料ニ用ヒ『日独両国ノ関係ハ最近頓ニ悪化シ〔…〕大阪日独協会ガ政府ノ命令ニ依リ解散スルコトトナレルハ其ノ証左ナリ』ト放送」したと報告されている。

表5–1が示すように、この間に実施され

た大小さまざまな協会事業のなかで、講演・講座と映画上映が大きな比重を占めている。とりわけ四三年度第二期以降、支部事業として多く催された映画上映数が増加し、第三期からは講演・講座以上になった。さらに、四三年度第三期から四四年度第一期の目玉企画として、「日独共同戦争目的に就て――対米英戦に於ける日独提携の意義」という課題の懸賞論文企画が行われた。これには四四年二月一一日（紀元節）の募集発表から四月一五日の締め切りまでのわずか二ヵ月弱のあいだに全国各地をはじめ朝鮮、満洲、台湾、海南島、マライ等から計四二五篇の論文が集まっている。協会機関誌『日独文化』の第四巻第四号（四四年七月）でこの特集が組まれ、政治・経済・文化の観点から一等と二等が選ばれ、計六篇の当選論文が発表された[35]。ただし、その課題内容に見られるように、これはあくまで「対米英戦」における意義であり、またこのような企画が催されたこと自体に、そもそも主催者側も「共同」の理念を模索していたようにも思われる。

以上の協会事業のほかには、四三年七月一〇日に署名された日独翻訳権取極（「著作物ノ翻訳ニ関スル日本国政府「ドイツ」国政府間取極」）があり、四四年五月一〇日に両国の実施団体（大日本著作権保護同盟とドイツ書籍仲介部）のあいだで契約が結ばれ、「名実共ニ実施」の運びとなった。また、三九年六月に日独医学協会とドイツ国医師院のあいだで締結された日独医学協定は四三年六月一日に失効したが、同年一一月二四日には、新たに両国政府間で日独医事取極（「医事ノ分野ニ於ケル協力ニ関スル日本国政府「ドイツ」国政府間取極」）が締結されていた。

東京協議会第一五回会合では、こうした具体的な「成果」を踏まえつつ、先に挙げた協会の事業案に基づいて協議が進められた。その結果、医事取極の実施については小委員会の設置が決められた。第一五回会合の協議項目のなかで特徴的な事例を挙げれば、まず①図書交換購入については、例えばツァッヘルトが注文した書籍の半分以上は購入不可能であり総額一千円にも満たない程度、日本側は購入において「多大ノ困難ヲ切抜ケントスルノ決心ヲ表明」したにすぎない。次に②日独文化事業小委員会についても、懸賞論文企画に準じた歌曲や絵画、彫刻の募集と、共同映画や「日独提携ヲ象徴スル」ポスター作製などの計画が案として報告されたにすぎず、そのほかの提案はすべて「戦後」の実施を目指して「具体化ヲ図ル」とされた。そして③日独懇話会の設置については、定期的な談話を通じて日独文化界の一体的な結合をつくり、「互ニ友達トシテ文化ノ分野ニ於テ共同ノ敵ニ対シテ戦フ機会ヲ与ヘルトイフ意味ニ於キマシテ誠ニ有意義ナ計画」（安東）などが言われた。

以上に見られるように、「精神的共同作戦」としての日独文化事業も、総じてこれまでと同様に形式的な行政の取り決め、ささやかな企画案の提示、もしくは明確な目的などない単なる励まし合いの場がもたれるだけでしかなく、しかもそのほとんどは「戦後」に後払いとなった。

このような意気込みや形式だけが先行する状況が、その後の展開においても変化していなかったことは、東京協議会第一五回会合のあとの、「文化研究ノ分野ニ於ケル日本国政府「ドイツ」国政府間取極」についての動きからも察せられる。四四年後半において、日本側文部省では同取極の締結に向けた研究と草案作成がなされていた。これは狭義の文化（学術、宗教、教育、芸術など）の範囲にとどまらず、政治、経済、技術、生産などの分野にもわたって規定する内容が想定されていた。ただし、あくまでも「戦時下戦力増強ノ一翼トシテ遂行セラルベキ研究ノ交換」が強調されており、それゆえ、例えば学界情報の交換などは「目下戦力増強ニ直接関連ヲ有スル理化学工学、技術、経済等ニ主眼ヲ置ク」とされていた。しかしながら、この文部省草案は「余リニ抽象的ナル為原文化協定ニ重複スルヤノ感アリ」というもので、具体性を欠いていた。しかも、（外務省条約局の見解において）「今回文部省ガ之ヲ実施スベシト言明セルハ其ノ意気込ニ意義アリト認メラレ、且文化協定関係事業ノ見ルベキモノナキ現在、最モ重要ナルモノノ一トモ見ルベキ本分野ニ於ケル事業ノ遂行ニ、積極的ニ文部省ガ乗リ出セルコトハ独逸側ニ於テ大イニ之ヲ歓迎スベキ処ナルベキモ、［…］現戦局下ニ於テ即時実効ヲ上グベキ取極案トシテハ些カ迂遠ナルモノト思考セラル」と述べられているように、やはり一定の実際的な効用が期待されてではなく、パフォーマンスとしての側面にその意義が見出されているのである[36]。

いずれにせよ、具体的な事業のほとんどは「戦後」の後払いのままであり、しかもそれは実現可能性を帯びた戦後構想に基づくものではなく、現在の同盟関係と互いの戦意をつなぎとめるだけに掲げられた観念的な、単に理想を描いた「戦後」にすぎなかった。連合国軍がノルマンディー上陸作戦を開始した四四年六月以降も、日本の人々のなかには「楽観悲観両様の見方」があり、ドイツの勝利にかける期待もまだ多少は残っていた。だが、「徒らに期待のみにして根底は薄弱」であり、ドイツの反攻とその機会に「呼応して起ち上がる好機」を得たいとする、むしろ願望であったと言える。(37)

神奈川県の柿生国民学校の校長であり、熱烈な「愛国主義者」であった白井隆資の四四年六月八日の日記の内容は、もはや精神主義と非合理主義の叫喚にほかならない。すなわち、「西欧より飛電!! 米英、北仏に上陸! 独軍如何に――おお固唾を呑む反撃よ!! ラジオに総身の熱血は沸る。真に之れ千年、生死の岐るる所。独逸よ捷て。捷って捷って、必ずや捷ち抜け。天に祈る。独逸よ大捷を必ずや持て。限りなき極東、大和魂の祈念を送るぞ」、というものである(横浜市・横浜の空襲を記録する会編 一九七五、第二巻、一〇四頁、五六四頁)。

日本では「大和魂」とともに「ドイツ魂」という言葉がますます言われるようになり、「指導民族」としての日本とドイツは滅亡の危機にさらされながらも、自己犠牲的精神でもって「大義」や「道義」のために死力を尽くして戦っているという、まさに「戦友」意識を強化するレトリックがたびたび用いられるようになった。そして四四年後半からは、日本国内では精神主義への傾斜をいっそう深めていく。一〇月六日の閣議決定「決戦輿論指導方策要綱」で策定された内容は、「国体ニ対スル信仰ノ喚起昂揚」、「決戦的戦時生活下ニ於ケル気分ノ明朗化」など観念的な内容が列挙されているのみであり、「窮極ニ於ケル必勝確信ノ具体的基礎ノ明示」の項目においてさえ、「我ニ天佑神助アリ〔…〕一億協力大和魂ヲ以テ戦フ時ハ必ズ敵ヲ破リ得ル所以ヲ解明ス」、「外寇ニ対シ挙国総決起シテ戦ヘル結果ハ〔…〕必ズ之ヲ突破セル歴史的事実ヲ示シ国民的確信ヲ強化ス」というふうに、「おおよそ具体性もなく精神主義一色であった」(赤沢・北河・由井編 一九八五、第一三巻、一八〇―一八一頁、川島 二〇〇四、一九四一一九五頁）。

こうしたなかで、日本においては「同盟国ドイツ」も、その観念的世界、信仰の世界のなかに埋没していくのである[38]。

(3) ドイツでの新たな試み――ヨアヒムスタール・ギムナジウムにおける日本語教育の導入

本章では主に戦争末期の日本の状況に目を向けてきたが、最後にドイツの状況についても簡単にではあるが触れておきたい。首都ベルリンでも空襲がますます激しさを増すなかで、大使館員を含む数少ない在独邦人は近郊各地への疎開を余儀なくされ、文化事業の担い手自体がいなくなったことで、もはやその継続すら困難であった。日本側でも、「戦時下文化関係ノ一般的事業ハ実際上種々大ナル困難ヲ伴フ」として、細々とした予算でごく小規模の日本学・日本語講座の維持のみがかろうじてなされる程度であった。四三年度に計上された日独、日伊、日洪、日勃間の文化協定実施のための経費は、計二八万五、三〇〇円（タイプ印刷によるこの数字は、手書きで二二万七、五〇〇円に訂正されている）の予算要求に対して、日本学講座費としてわずかに三万円であった。四四年度も二二万九、七〇〇円（二四万一、四五〇円に手書きで訂正）の予算要求に対して、三万三、二〇〇円のみである。それゆえ、「一般的ニ文化関係事業ヲ積極的ニ遂行スルコトハ之ヲ中止セサルヲ得ス」とされ、四五年度の予算要求額は日本学・日本語講座補助費として三万八〇〇円にとどまった（表5－2参照）[39]。

すでに連絡協議会も事実上は活動停止状態にあって、新事業の実施は見合わされていたが、そうしたなかでも特異な例外があった。それはテンプリンのヨアヒムスタール・ギムナジウムにおける日本語科目の導入である。四四年九月から四五年三月頃まで同ギムナジウムで日本語講師を務めた篠原正瑛が、在独日本大使館でこの問題を担当していた二等書記官杉浦宏から、ヨアヒムスタール・ギムナジウムでの日本語科目導入にいたる経緯について説明を受けた。それによれば、これは「日独両国の外務省が共同で練り上げたもので、ドイツ側ではフォン・リッベン

表5−2　1945年度の日本学・日本語講座に対する補助額（予算要求）内訳

国名	講座担当者	講座設置場所	年額	月額	年額合計
ドイツ	上武正二	ベルリン大学	2,400	200	21,200
	千足高保	ベルリン大学	2,400	200	
	田中泰三	ハンブルク大学	2,400	200	
	守屋謙二	ライプツィヒ大学	2,400	200	
	守屋長	フランクフルト大学	2,400	200	
	岩倉具実	ハイデルベルク大学	2,400	200	
	木間瀬精三	ミュンヘン大学	2,400	200	
	前田護郎	ボン大学	2,400	200	
	松野繁子	ベルリン市立国民高等学校	2,000	166	
イタリア	野上素一	ヴェニス高等商業学校	2,400	200	2,400
ハンガリー	武井宗男	ブダペスト大学	2,400	200	4,800
	菅博雄	ブダペスト民間団体日本語講習会	2,400	200	
ブルガリア	渡邊護	ソフィア大学	2,400	200	2,400
計	13名		30,800	2566	

注記：金額の単位はすべて円。
出典：条約局第二課長から佐藤会計課長宛，「昭和二〇年度予算新規要求ノ件」1944年6月10日の添付資料「昭和二〇年度文化協定実施ニ要スル経費　一九，六，一〇　条二」（I.1.10.0.2-21）より著者作成。

トロップ外相がたいへん乗り気だそうである。計画全体の内容は、きわめて思い切ったもので、日独両国がこの戦争に勝った暁には、日本では中学校と高等学校（いずれも旧制の）で英語の代わりにドイツ語を必修科目とすること、そしてドイツではギムナジウムで英語の代わりに日本語を必修科目とすること、というのである。しかし戦争中は、とりあえず一校だけをモデル校に選んで、試験的に授業を始めようということが決まった」、というものであった（篠原一九八四、二二四頁）。

ドイツの敗戦が日増しに濃厚になってゆく状況から、その実現の可能性を訝っていた篠原に対して、杉浦はこう述べたという。「たしかに、あなたや友人の方がたが考えているとおりです。元来この計画はもっと早く具体化されるはずだったのが、いろいろな事情でおくれてしまった。しかしドイツ側としては、この期に及んで計画をとりやめることは面子にかけてもできないし、日本側としても、日本語科の先生になってくれる人間が一人もいないというのでは、同盟国でありながらいかにもドイツの敗戦を見越したようになるので、はなはだまずいのです」、と（同上、二二七頁）。そうした事情のために、篠原は従来の在独日本語講師と比べれば破格の条件で雇用された。すなわち、ほかのドイツ人教員と同等の身分と、手取りで五〇〇RMの俸給といった篠原が日本大使館に出した雇用条件は、「すべて」受け入れられたという（同上、二二八–二二九頁）。第4章で見たような日本人講師の待遇との比較でも、これが全く特例的な措置であったことがわかるだろう。

この日本語科目導入の意義について、独日協会会長フェルスターは、四四年一一月二五日、日独文化協定の締結六周年に際してベルリンで行われた講演で次のように述べている。

言葉は単に人間相互の理解の具であるばかりでなく、更に精神を反映致すものであり、［…］精神もそれ相応に保護を要するものであります。この精神の存続の為には独自の言語を有するのであり、言語のみが斯かる精神の本質を表現し、他にも之を諒解せしめるものであります。一国民が文化的に欲する所、為し得る所を真に知らんとし、その精神的なものの真髄に触れんと欲すれば、その際の最大前提要件は、その国語を知り、理解することであります。［…］

我がドイツに於ける日本語の習得は、現在迄の処、極く少数の特別に興味を有する人々に限られて行はれ、日本との交渉は、日本人がドイツ語を知って居ることを以て、従ってその文化、精神生活の上に於て、日本人がドイツ語に通じて居れば十分なりと信じられて来たのであります。以上の事態なるが故に、今回特に中等学校の科目に日本語を採入れ、今後多くのドイツ人が日本語の知識を持つことになるのは真に欣快至極であります（同上、二二三九–二二四〇頁）。

篠原の日本語授業には一〇歳から一四歳までの男子生徒一二名が参加することとなり、彼は教材不足に悩まされながらも教授活動に精を出していた（同上、二二九－二三八頁）。このようなギムナジウムにおける日本語教授の実態からも、この試験的な試みは「精神的共同作戦」の一つの「成果」として捉えることができるかもしれない。しかし、杉浦の言にあるように、政策レベルにおいては実際的な効用を期待してのことではなく、むしろ「面子」や同盟国としての体面といった表面的な取り繕いの方が先行していたのである。

終　章

砂の上の同盟

NIPPON TIMES, FRIDAY, MAY 11, 1945

Scribe Gives Account of Signing in Berlin Of Ratification of Germany's Surrender

1945年5月11日の『ニッポン・タイムズ（*Nippon Times*）』。
ドイツ・デーニッツ政権が降伏しても日本は自らの戦争目的に向かって進み続ける。
出典：Koltermann (2009), S. 207.

本書では、一九三八（昭和一三）年から四四年までの戦時日独関係の内実を明らかにすることを目的として、文化的協力の側面から両国の関係性について考察してきた。考察に際しては、この期間における日独間の文化的協力体制の構築が、いかなる外交政策的な枠組みのなかで試みられていたのか、さらには、これがグローバルな戦争のダイナミックな展開とどのような形で連動していたのかという問題視角から、日独文化協定の成立過程および執行過程に着目した。本書の前半部分（第1章・第2章）においては、三八年一一月に日独文化協定が締結されるまでの日本外務省における政策論および政策展開を明らかにし、そのなかで日独文化協定締結が持った意味を検討した。後半部分（第3章・第4章・第5章）においては、今度は、文化協定に基づく日独文化事業の実施過程を議論の軸として、東京とベルリンの連絡協議会における日独交渉の過程を考察した。また、日本側の対外文化政策における政策理念や政策展開が、その後の日独文化事業の実施にどのような形で接続していったのかという問題については第3章で論じた。以上の本書の内容を踏まえて、終章では各章における議論をまとめつつ、本書の結論を提示したい。

日独文化協定が締結される国際的な背景として、二〇年代から、ヨーロッパおよび南米諸国において、学事協定を主な内容とした文化条約が次第に多く結ばれるようになっていた。各国政府のあいだで結ばれる文化条約は、三〇年代にはその対象とする範囲を大きく拡大し、より多様な文化的事項について規定する「包括的文化協定」が主流となっていく。こうした国際的な傾向を受けて、日本国内では外務省文化事業部箕輪の政策論に示されるような、文化協定の政策的利用が構想され始めていた。すなわち、表面的には政治的に「無害」な文化協定が、単に自国の対外文化宣伝のために用いられるだけでなく、あらゆる外国文化との継続的・安定的な接触を保障し、それによって自国文化の持続的な発展を促すものと考えられた。また長期的な観点からは、諸外国との政治的・経済的な利害の調整においても、有利な条件を生み出すとされた。さらには、そもそも文化協定の締結を諸外国に呼びかける行為それ自体が、軍国主義国家や野蛮国家という否定的イメージを薄め、「文化国日本」を世界に向けてアピールする一助になると考えられていたのである。

もっとも、こうした文化協定の多角的な利用構想のなかには、当時の日本の対外政策に応じた、より直接的な政策的利用も含まれていた。日本は、将来的には、政治的立場を異にするものも含めた多様な国々とのあいだに文化協定を締結したいと考えていた。だが、これが三〇年代後半の防共枢軸外交のなかで展開したこともあって、さしあたりは対ソ軍事戦略的観点から東欧諸国との締結が目指された。こうした利用構想の前提条件としては、たとえそれが建前であったにせよ、国家間における文化関係が政治・軍事・経済関係から独立していることであり、文化協定もまた「非政治的」なものでなければならなかった。そこで、これまでにまだ包括的文化協定を締結したことのない日本にとって、文化協定政策の成否は、「最初」に結ぶ協定にかかっていたのである。すなわち、欧米諸国との文化協定においては、締結の時期と順序が極めて重要な問題となり、ドイツやイタリアのような政治提携が進んでいた「大国」ではなく、直接的な政治的利害とは結びつかないように見える国を最初の締結相手国にするという基本方針が採用された。こうして日本外務省は最初に東欧諸国との文化協定締結交渉に着手し、とりわけハンガリーとのあいだで交渉が進展していった。

このような政策方針にもかかわらず、三八年一一月二五日の日独防共協定締結二周年記念日にわざわざ合わせて日独文化協定が日本で「最初」の文化協定として結ばれ、当初の狙いとは全く反対に、極めて政治色の濃い文化協定が成立してしまう。こうした結果がもたらされた政治的背景には、同時期に並行的に進められていた第一次三国同盟交渉における、日本の外務省外交が置かれた困難な状況があった。すなわち、陸軍をはじめ、国内の親独派がナチ・ドイツとの軍事同盟の締結を強力に推し進めると同時に、三八年初頭のリッベントロップの外相就任に象徴されるドイツ側の東アジア政策の転換、親日政策の展開もあって、日独軍事同盟はいよいよ現実味を帯びてきた。日本外務省は政府内政治においても、さらには大島・白鳥ら三国同盟論者・外務省革新派との省内政治においても、政策決定に充分な影響力を行使することができず、急進的な方向へ引きずられていくという状態にあった。

加えて、三八年の日本の社会状況も、こうした政治的動向を後押しするものであった。ナチ体制が成立したころの日本の世論は、むしろ人種主義的な日本蔑視に対する反ナチ感情の方が強かったが、三六年の日独防共協定の締結を経て徐々に共通の「防共の使命」などが言われ始め、三八年には国内での「防共協定強化」論議の高まりとともに、ナチ・ドイツに対する「学ぶべき国」としてのイメージが著しく増幅されていった。同時に、国内各地でさまざまな文化事業が大々的に実施され、「ドイツ・ブーム」的な状況が生み出されていた。こうした状況下で国内世論は対独傾斜をいっそう深めていく。これにはドーナートやシュルツェらによって担われた、ドイツ側の対日文化政策の影響もあった。

このように政治局面と社会的動向において親ドイツ的・親ナチ的な気運が高まるなかで、対独政策における外務省外交の選択肢の幅も徐々に狭まっていったと考えられ、従来の基本的な政策方針から大きく逸脱する形で日独文化協定が成立する。したがって日独文化協定の政治的な意味は、日本側の主要なアクターの一つであった外務省にとっては、従来考えられてきたような日独政治関係のさらなる緊密化を期待しての段階的な措置ではなかったのである。この時点ではむしろ、状況追随的な政策決定という意味での妥協の産物であったと言える。

外務省文化事業部が構想していた文化協定政策は、ドイツとの文化協定によっていったんは挫折したものの、彼らの政策理念が完全に消失したわけではなかった。「非政治的」という対外文化政策の理念は、文化事業部が主管であった国際文化事業の実施において、なおも継続している。このことは、政治提携が深まりつつあったナチ・ドイツとのあいだの共同文化事業においてこそ最もよく表れており、日独文化協定の執行過程にも大きな影響を及ぼした。そして、彼ら文化事業部の政策理念は同時に、日独文化事業の実施において、人種主義イデオロギーと密接不可分に結びついていたナチ・ドイツとのあいだに大きな摩擦を生じさせることになった。

日独間の政策的な対立状況は連絡協議会の設置交渉のなかにすでに現れていたが、その後の会合でも、ドイツ側は文化協定の前文規定を通じて、自らの人種主義的・民族主義的な文化政策を日本国内で広く実施することを試みていた。日独間の対立はとりわけ東京協議会における文化的「猶太人問題」をめぐって立ち現れた。ナチ・イデオロギーにおいては「ユダヤ人問題」は本質的には人種問題として考えられていたが、東京ではドイツ側はあくまでユダヤ人の問題としてこれを取り上げ、協定前文規定を根拠に日本在留ユダヤ人の社会的排除を日本側に求めた。日本側はこれに対して、同じように協定前文規定を根拠として「反人種主義」を対抗論理とした。連絡協議会におけるこうした日本側の対応は、政府の全体的な対ユダヤ人政策に即したものであり、そこでは国際世論、とりわけ米国ユダヤ人社会が強く意識されていた。これと同時に、日本側は日独文化事業が単なるナチのプロパガンダに矮小化される事態を回避するために、事業実施においてドイツ側の干渉を極力排除し、自立性を維持することに努めていた。

こうした対立状況はしかし、日独伊三国同盟条約の締結後まもなく、四〇年一二月に内閣情報局の設置にともなって文化事業部が廃止されたことで大きく変化する。箕輪の言説のなかにも、それまでとはうって変わって「革新派」的な主張が見られるようになる。文化事業部の廃止は、日本側では欧米諸国との国際文化事業において、従来の「非政治的」という政策理念がもはや実効性を失ってしまったと見なされたことを象徴的に示す出来事として位置づけることができる。これ以後、日本の対外文化政策はすべて、戦争完遂と新秩序建設に直接的に奉仕すべきものでなければならないとされる。しかしこのような変化を、それまでの「理想主義」的な政策からの「現実主義」的な政策への「転換」として捉えるとすれば、それは適切ではないように思われる。少なくとも欧米諸国との国際文化事業における外務省文化事業部の政策路線は、現実主義的な観点から策定されていたからである。したがって、ともに現実主義ではあるが、文化事業部の廃止および情報局への移管によって、その政策的表現が変化したと捉えるべきである。

日独文化協定の執行過程において、日独両国が当初から大きな関心を寄せていたのは学術交換事業である。日本側では三九年六月以降、連絡協議会を通じて学術交換制度の拡充を図るなかで研究者や学生などの在独邦人の経済支援を重視し、彼らの待遇改善を継続的にドイツ側に要求した。四〇年四月にベルリン協議会が設置されて以降は、ドイツ諸大学における日本学・日本語講座の増設要求が具体的な形でこれに加わるようになる。さらに四一年には、ドイツ側の文化宣伝に対抗した、対独文化宣伝を主な目的とした大規模な文化事業実施構想が日本側でも生まれる。しかしながら、これは財政的問題や独ソ戦勃発にともなう物理的条件の欠如という外在的な要因から、「重点主義」の名のもとに学術交換のごく一部の実現が目指されたにすぎなかった。

他方、ドイツ側は講師手当や奨学金の増額は「相互主義」を条件とし、これには日本の高等教育機関におけるドイツ学・ドイツ語講座からのユダヤ系・反ナチ的ドイツ人の排除が含まれていた。日本におけるあらゆる文化領域から彼らを排除するための根拠は、文化協定前文規定から次第に日本側の要求を受け入れる条件として、すなわち「相互主義」の論理へと移っていくのである。しかし、日本とナチ・ドイツのあいだでの「相互主義」には、人種主義イデオロギーと反人種主義プロパガンダという、相互に両立しえない対立の図式が含まれていた。それゆえ両国間の「相互主義」は、文化的対等性を前提とした相互的な交流の促進という本来的な意味を失い、むしろそれとは反対に、日独文化事業の拡大を制限する要因として作用したと考えられる。

総じて三九年から四二年にかけての日独文化事業は、以上のような外在的・内在的な諸要因に規定され、それにより大幅な制限を受けていた。日本とナチ・ドイツは文化協定の締結によって互いの「文化」の尊重と文化的協力を確認した。だが、大々的な「文化的友好」のスローガンが掲げられた裏側で、こうした問題状況は根本的にはほとんど解消されていなかったのである。

それでも四三年ころからの両国の戦争敗退過程において、「日独共同戦争」という側面がいっそう強調されるとともに、「精神的共同作戦」という新たな政策理念が提唱された。連絡協議会においては、この精神的な協力体制の構築こそが現在の情勢に即して「実際的」であり、連合国との対比において枢軸国が著しく「優越」する分野であるとされた。こうした両国の「精神的な結びつき」を強めようとする主張自体は、確かに三六年の日独防共協定の成立以降、いたるところで見られるようになり、とりわけ新しいものではない。だが、ここにきて初めて、両国の政策レベルでの合意のもとに、これが日独文化事業の基調理念に据えられることになった。

「精神的共同作戦」の日本における展開は、日本在留ドイツ人をとりまく生活状況にも深く関連している。「ドイツ」や「ドイツ人」をめぐる日本国内の社会状況はますます複雑化し、微妙な問題をはらむようになった。日独文化事業に携わる人々のあいだには問題のさらなる深刻化への危機感が存在しており、文化事業には現在と将来の日独関係に悪影響を及ぼす問題群への対処という意義が新たに加わった。だがその一方で、提案された事業の多くは「戦後」へ後払いされることになり、両国の戦時協力体制の構築においてはほとんど実際的な意味を持つものではなかった。

日独の同盟形成過程においては、三六年一一月以降、例えば対ソ戦略や対英戦略、対米牽制（日本側ではイギリス・アメリカへの牽制と交渉力の強化を通じた対中国問題の解決や、南進政策への推進力の獲得）など、その実効性はともかく、少なくとも当事者のなかには期待された明確な外交的・軍事戦略的効果が存在していた。そうした前提がまず先にあって、そのあとに「防共」や「世界新秩序建設」などのイデオロギーにおける共通性が見出され、同盟の中核理念に据えられた。しかし、四一年一二月の対米開戦以降、さらには日独両国の敗戦が濃厚になるにしたがって、単独不講和の約束に基づく連合国の戦力分散以外には、もはやそうした現実政治的な意義はほとんど失われていったように思われる。だがその一方で、そしてまさにそうした現実政治的な意義が失われていたからこそ、戦争末期の日本においては、「人類ノ敵」英米に対峙する「固有ノ精神文化」を有する「両民族ノ運命ノ共同性」といったイデオロギーが著しく強化され、そうした意味づけによって形骸化しつつあった日独同盟は正当化された。さらには、それまでの日独文化事業においてその拡大発展を制限していた構造的な諸要因も、結局のところ戦争の最終段階まで存続していた。それゆえ、戦争末期に提唱された「精神的共同作戦」の理念も、日独文化事業の実施過程における発展的転回を表しているのではなく、むしろ従来からの問題状況が全く未解消であったがゆえの、新たな政策理念に基づく飛躍への期待を表したものにすぎなかったと言える。

もちろん、こうした一連の動きを支えた人々の意識には、戦局の好転へ向けた実際的な期待も含まれていなかったわけではない。しかしそれは同盟国や交戦国における現実の生産力や軍事力の差や、現在の戦局の客観的な認識と分析に基づくものではなく、むしろ疑うべからざる「最終的な勝利」への幻想がもたらした、観念的な「ドイツ」への信仰とでも言うべきものであった。当初期待されていた外交政策的・軍事戦略的な効用を失った日独同盟は、勝利かさもなくば死かというあと戻りのできない戦争状況のなかで、すでに出来上がってしまった関係性を可能な限り「戦力ノ増強」に資するような形に組み換え、解釈し直し、また自らの戦争目的に向けて消費していくという姿勢から維持されていたにすぎなかったのである(1)。

以上、本書の議論を通じて見てきたように、戦時日独関係のありようは全く両面的なものであった。これを日独文化協定の成立および執行過程、すなわち両国の文化的協力関係構築のプロセスから見た場合、外面的には「友好」や「精神的連帯」などのスローガンを高らかに掲げながらも、実態はそれとは大きく乖離していたのであって、自己利害に基づく政策を貫徹する姿勢、相手国に対する不信感や監視の態度というネガティヴな要素を多分に含むものであった。それぞれがアジアとヨーロッパにおいて帝国主義的な膨張政策を推し進めた日本とナチ・ドイツは、世界的な動乱のなかで何度もその関係性や提携の意義が解釈されなおされた。戦争の最終局面に至っては、それはもはやイデオロギーの同盟にすり替わっていた。ただし繰り返し述べてきたように、日独両国における体制のイデオロギーは原理的には互いに排除し合う間柄にあって、それぞれの自己完結的な世界のなかにある相手国への幻想がなおも同盟関係をつないだとしても、「思想戦」や「文化戦」において決して共同戦線を形成することはできなかったのである。日独同盟はこのように矛盾に満ちみちた関係でありながら、しかし同時に「協力」・「共同」の道を模索し、「運命共同体」として敗戦へと至る。

あとがき

本書は、二〇一三年度に横浜市立大学大学院国際総合科学研究科に提出・受理された著者の博士論文がもとになっている。これを著書として刊行するにあたっては、この間に新たに発表された関連研究を可能な限りフォローし、議論を補強するために補足的に説明を加え、また本としての読みやすさを考えて文体を修正するなどの加筆・修正を加えている。ただし、本書の基本的な構成や論旨には手を加えていない。本書各章の内容はすでに個別論文としても公表しているが、それらの対応関係を示せば以下の通りである。

- 「一九三八年の三国同盟問題における日独文化協定の位置付け――日本外務省の文化協定締結方針と目的」（『国際文化研究紀要』横浜市立大学大学院、第一五号、二〇〇八年）：第2章
- 「一九三〇年代日本の文化協定政策――理論的枠組みと初期における展開」（松尾金藏記念奨学基金編『明日へ翔ぶ――人文社会学の新視点二』風間書房、二〇一一年）：第1章
- 「戦前・戦時期における日独関係の推移とドイツ大使館の対日宣伝――ドイツ極東政策の転換から世界大戦化まで」（『世界史研究論叢』世界史研究会、第一号、二〇一一年）：第二章第一節、第五章第一節
- 「戦時期日本の対独文化事業政策方針――日独文化連絡協議会における外務省文化事業部の政策的対応から」（『現代史研究』現代史研究会、第五八号、二〇一二年）：第3章
- 「第二次大戦下の日独文化事業――日独文化連絡協議会における学術交換をめぐる論議　一九三九―四二年」

（『世界史研究論叢』世界史研究会、第三号、二〇一三年）：第4章
●「『精神的共同作戦』としての日独文化事業――一九四三－四四年の日本における展開」（『日本歴史』日本歴史学会、第八〇七号、二〇一五年）：第5章
●「ナチズムと日本文化――W・ドーナートにおける日独文化提携の論理」（『現代史研究』現代史研究会、第六一号、二〇一五年）：第2章第3節、第3章第2節

本書は、第二次世界大戦前夜から戦争末期に至るまでの期間における、日本とナチ・ドイツの文化的な提携関係の内実を問題とするものである。著者がこのような研究テーマに行きつくまでには紆余曲折があったが、第二次世界大戦とその時代に対する関心は、研究を始めた当初から一貫して持っていた。そのきっかけとなったのは、当時の日本やドイツによってもたらされた凄惨な戦時暴力の実態であり、同時に、現在までの日本やドイツにおける、そのようなまぎれもない歴史的事実を集団的記憶のなかから抹消しようとする「歴史修正主義」や否定論に対する批判的認識であった。こうした世界戦争の時代のなかで日本とナチ・ドイツは最も主要なアクターであって、少なくとも短期的に見れば、両国の同盟関係が世界戦争をもたらした重要な要因の一つであったことは間違いないだろう。それゆえ、著者はまずもって、この時代の日独関係のさらなる解明はそれ自体に意義があると考えている。

著者は現在、日本学術振興会特別研究員（PD）として、九州大学大学院法学研究院において研究に従事している。このような経済的にも時間的にも非常に恵まれた研究環境のなかで、自身の研究をさらに発展させる機会が得られたこと、さらには大学院時代の研究成果を本書のような形で世に問うことができる機会が得られたのは、ひとえに九州大学の熊野直樹先生のおかげである。熊野先生からは九州大学への受け入れを快諾いただいただけでなく、折に触れて温かい励ましの言葉と、丁寧で緻密なご指導をいただくこととなった。博士号を取得したあともな

かなかその先が見えず、経済的にも精神的にも厳しい状況が続いていた著者にとっては、これ以上にない励みとなった。二〇一六年から福岡での研究生活に入ってからも、熊野先生が主催されている東アジア政治史コロキウムへの参加などを通じて、きめ細かい指導において理論と実証を深くおさえたまさに匠の業というべき熊野先生の議論から多くを学ばせていただいている。

二〇〇八年度に横浜市立大学大学院の博士後期課程に進学してから二〇一三年度に博士論文を提出するまでの六年間にも、多くの方々にお世話になり、院生生活のさまざまな面で大いに助けていただいた。

永岑三千輝先生には、学部から博士前期課程に引き続いて、博士後期課程の最初の三年間、主指導教官として特にお世話になった。著者が学部生のころ、ちょうど『ホロコーストの力学』（青木書店、二〇〇三年）を刊行されてまもない永岑先生の講義では、ヒトラーのユダヤ人絶滅命令に関する歴史学界の論争に加えて、ホロコースト否定論とそれに対する歴史学界の批判的対応を、専門的でありながらも学生にもわかりやすいように解説されていたことを今でもよく覚えている。永岑先生のそのときの一連の講義は、何も知らない一学生だった著者に歴史学のアクチュアリティを考えさせてくれる最初の重要な機会となり、それ以後の長きにわたるゼミでの指導は、著者を現代史研究に強く導いてくれるものとなった。

山根徹也先生には、博士前期課程から博士後期課程まで副指導教官としてお世話になり、博論審査では主査としてご指導いただいた。山根先生は当時から学生・院生のあいだでは厳格な指導と学問的厳密さでもって尊敬を集めていたが、少人数の大学院の利もあって、一対一での授業も珍しくなく、山根先生の授業の前日には必ずといってよいほど徹夜で予習や発表の準備をして授業に臨んだものであった。こうした学びの機会を通じて、山根先生からは、歴史学のなかの自分の専門領域だけにとどまることなく、隣接諸科学を広く学ぶことがいかに重要であるのかを教えていただいた。さらには、学問研究の社会的意義や、研究者の社会的諸問題と向き合う姿勢、そしてそれらを繰り返し問い続けること、こうしたことの多くを山根先生から学ばせていただいた。

大学院では永岑先生が退職されたのち、残りの三年間は金子文夫先生が、大学業務で多忙を極めるなかで面倒を見てくださった。本宮一男先生には、同じく大学院時代を通じて副指導教官として丁寧なご指導をいただいた。研究者として、教育者として、そして知識人として、常に真摯な姿勢で臨まれる諸先生のもとで学びの機会が得られたことは、著者にとってこれ以上にない財産になっていると思っている。この場を借りて深く感謝申し上げるとともに、本書の刊行によってこれまで受けてきた学恩にほんのわずかでも報いることができればと願うばかりである。

以上の方々のほかにも、横浜・東京・福岡での研究生活において、多くの方々にさまざまな面でお世話になった。ここですべての方のお名前を挙げることはできないが、中島浩貴氏（東京電機大学）、今井宏昌氏（九州大学）、胡内奈都子氏（元東京大学附属図書館）には記してお礼を申し上げたい。

本書は、二〇一八（平成三〇）年度の日本学術振興会科学研究費補助金（研究成果公開促進費〈学術図書〉課題番号JP18HP5145）の交付を受けたものである。昨今の、若手研究者にとってはとりわけ厳しい出版状況にあって本書を刊行することができたのも、同会からの助成のおかげである。出版にあたっては、九州大学出版会の永山俊二氏に非常にお世話になった。永山氏からは、出版助成への申請から本書刊行にいたるまで多くの労をとっていただき、本書の作成に際しても編集者の観点から有益なアドバイスを多くいただいた。

最後になったが、著者の研究生活を言葉少なくも長く支えてくれた母と祖母にも、記して感謝したい。

二〇一八年五月　著者

ブッククラブと民族主義

竹岡健一

A5判・512頁・7400円（本体）

第一次大戦後のドイツにおいては，安価に本の提供が受けられる会員制のブッククラブが大きく発展し，読書習慣の広がりや文学作品の普及に貢献した。しかしその一方で民族主義的な思想を掲げるブッククラブも現れ，ナチズムの台頭に利用されるに至った。20世紀のドイツで一世を風靡したブッククラブの諸相を解明した本書は，文学研究と書籍研究を架橋する意欲的試みであるとともに，ナチズム研究においても必読の書である。

〈第39回（2017年度）日本出版学会賞受賞〉

〈著者紹介〉
清水　雅大（しみず　まさひろ）
1983年　福岡県生まれ
2014年　横浜市立大学大学院国際総合科学研究科博士後期課程修了，博士（学術）
現在，日本学術振興会特別研究員（PD），九州大学大学院法学研究院専門研究員
専門：国際関係史，日独関係史
主要業績：「「精神的共同作戦」としての日独文化事業」（『日本歴史』第807号，2015年）
「ナチズムと日本文化」（『現代史研究』第61号，2015年）
「一九三〇年代後半における日本の国際法的営為とナチ・ドイツ」（『九州歴史科学』第45号，2017年）
翻訳：ハルトムート・ケルブレ著，永岑三千輝監訳『冷戦と福祉国家――ヨーロッパ1945～89年』（共訳，日本経済評論社，2014年）
ヴァンゼー会議記念館編著『資料を見て考えるホロコーストの歴史――ヴァンゼー会議とナチス・ドイツのユダヤ人絶滅政策』（共訳，春風社，2015年）

文化《ぶんか》の枢軸《すうじく》
戦前日本の文化外交とナチ・ドイツ

2018年9月10日　初版発行

著　者　清水　雅大
発行者　五十川　直行
発行所　一般財団法人　九州大学出版会
〒814-0001 福岡市早良区百道浜3-8-34
九州大学産学官連携イノベーションプラザ305
電話　092-833-9150
URL　https://kup.or.jp/
印刷・製本／シナノ書籍印刷（株）

ISBN978-4-7985-0240-3

人名索引

ア行

カ行

サ行

タ行

ハ行

マ行

ヤ行

ワ行

事項索引

ナ行

ハ行

マ行

ヤ行

ラ・ワ行

史料・参考文献

未刊行史料（邦文・欧文）

外務省記録（外務省外交史料館所蔵／アジア歴史資料センター）

「帝国議会関係雑件　説明資料関係」（A.5.2.0.1-3／JACAR Ref. B02031353900〈第4巻〉）

「第二次欧州大戦関係一件　在留邦人保護，避難及引揚関係　在独邦人名簿（昭和二〇年一月現在）」（A.7.0.0.8-6-2／JACAR Ref. B02032394900）

「文化協定締結ニ関スル雑件」（B.0.0.0.12／JACAR Ref. B04013433300）

「日亜文化協定関係一件」（B.1.0.0.J/A1／JACAR Ref. B04013457000）

「日，英文化協定関係一件」（B.1.0.0.J/B3／JACAR Ref. B04013457400）

「日，白文化協定関係一件」（B.1.0.0.J/BE2／JACAR Ref. B04013457600）

「日，伯文化協定関係一件」（B.1.0.0.J/BR1／JACAR Ref. B04013457800）

「日，勃文化協定関係一件」（B.1.0.0.J/BU1／JACAR Ref. B04013458000）

「日，芬文化協定関係一件」（B.1.0.0.J/FI1／JACAR Ref. B04013474600）

「日，独文化協定並医事取極関係一件」（B.1.0.0.J/G1／JACAR Ref. B04013474800）

「日本，洪牙利国間友好及文化的協力ニ関スル協定締結関係一件」（B.1.0.0.J/H1／JACAR Ref. B04013477000）

「日，蘭文化協定関係一件」（B.1.0.0.J/N2／JACAR Ref. B04013479200）

「日，波文化協定関係一件」（B.1.0.0.J/PO2／JACAR Ref. B04013479600）

「日，葡文化協定関係一件」（B.1.0.0.J/PR1／JACAR Ref. B04013479800）

「日，羅文化協定関係一件」（B.1.0.0.J/RU1／JACAR Ref. B04013485700）

「日，西文化協定関係一件」（B.1.0.0.J/S1／JACAR Ref. B04013485900）

「日，泰文化協定関係一件」（B.1.0.0.J/SI2／JACAR Ref. B04013486500）

「日独伊防共協定関係一件」（B.1.0.0.J/X2／B04013487200）

「日独伊防共協定関係一件　第三国ノ加入関係」（B.1.0.0.J/X2-4／JACAR Ref. B04013488400）

「日独伊防共協定関係一件　防共協定強化問題」（B.1.0.0.J/X2-5／JACAR Ref. B04013488600）

「日独伊防共協定関係一件　防共協定ヲ中心トシタ日独関係座談会記録」（B.1.0.0.J/X2-6／JACAR Ref. B04013489000）

「日，独経済協力協定関係一件（貿易，技術協力，支払）」（B.2.0.0.J/G5／JACAR Ref. B04013553300）

「日支共同委員会関係一件　団匪賠償金返還，汪一出淵協定廃止日支委員非公式会見」（H.2.2.0.1-2／JACAR Ref. B05015120800）

「各国の団匪賠償金処分関係雑件　日本の態度」（H.2.2.0.2-4／JACAR Ref. B05015129100）

「本邦各国間文化交換関係雑件　日，米国間ノ部」（I.1.1.0.1-1／JACAR Ref. B04011329200）
「本邦各国間文化交換関係雑件　日，独国間ノ部」（I.1.1.0.1-3／JACAR Ref. B04011335700〈第1巻〉，B04011338300〈第2巻〉，B04011340900〈第3巻〉）
「本邦各国間文化交換関係雑件　日，独国間ノ部　文化研究ノ分野ニ於ケル日独協力関係」（I.1.1.0.1-3-1／JACAR Ref. B04011341900）
「各国ニ於ケル協会及文化団体関係雑件　独国ノ部　（一〇）伯林ニ於ケル日独文化連絡協議会関係」（I.1.10.0.1-5／JACAR Ref. B04012387800～ B04012388200）
「本邦ニ於ケル協会及文化団体関係雑件　日洪文化連絡協議会関係」（I.1.10.0.2-20／JACAR Ref. B04012424500）
「本邦ニ於ケル協会及文化団体関係雑件　日独文化連絡協議会関係」（I.1.10.0.2-21／JACAR Ref. B04012425700〈第1巻〉，B04012427300〈第2巻〉）
「本邦ニ於ケル協会及文化団体関係雑件　日独文化協会関係」（I.1.10.0.2-22／JACAR Ref. B04012434000）
「本邦ニ於ケル協会及文化団体関係雑件　日伊文化連絡協議会関係」（I.1.10.0.2-23／JACAR Ref. B04012435100〈第1巻〉，B04012436600〈第2巻〉）
「各国少年団及青年団関係雑件」（I.1.10.0.4／JACAR Ref. B04012428200〈第1巻〉）
「本邦少年団及青年団関係雑件」（I.1.10.0.5／JACAR Ref. B04012443600）
「民族問題関係雑件　猶太人問題」（I.4.6.0.1-2／JACAR Ref. B04013205000〈第4巻〉，B04013205600〈第5巻〉，B04013208600〈第10巻〉，B04013209300〈第11巻〉）
「本邦雇傭外国人関係雑件　高等学校ノ部」（K.4.2.0.1-2）
外務省条約局「諸外国間文化条約一覧表」外務省調書（条一　21），1942年（JACAR Ref. B10070305700）
外務省調査部「ナチス・ドイツの教育政策，文化政策，社会政策」（佐藤）外務省調書（調　179），1939年（JACAR Ref. B10070393000）
外務省調査部第二課「ヒットラー・ユーゲント覚エ書キ」（真鍋）外務省調書（調二　42），1938年
外務省通商局第五課「日米通商航海条約廃棄ニ関スル対米処理案」外務省調書（通五　15），1939年（JACAR Ref. B10070608600）
外務省文化事業部「対外独逸文化政策ニ就テ」外務省調書（文化　52），1931年（JACAR Ref. B10070621100）
———「外交の新しき指標——文化協定の話」国際文化事業パンフレット第15輯，1938年（B.0.0.0.12／JACAR Ref. B04013433300）
「重要国策決定綴　其二　昭和一六年一二月一〇日～一七年七月二九日」（防衛省防衛研究所所蔵／JACAR Ref. C12120210900）
枢密院会議文書「枢密院会議筆記　一　文化的協力ニ関スル日本国独逸国間協定締結ノ件」1938年11月22日（国立公文書館所蔵　枢 D00821100／JACAR Ref. A03033775200）
大東亜省「興亜院調査報告総目録」調査資料第14号，1943年
日独文化協会「昭和一三年度事業報告」1939年（I.1.10.0.2-22／JACAR Ref. B040124340

00）

ドイツ連邦文書館（コブレンツ） *Bundesarchiv Koblenz*（BA Kob.）
R64IV（Deutsch-Japanische Gesellschaft）/226, Japanisch-Deutsches Kulturinstitut in Tokio sowie dessen deutscher Direktor Dr. Walter Donat（1936）1937- 1940.

刊行史料（邦文・欧文）

赤沢史朗・北河賢三・由井正臣編（1984, 1985）『資料日本現代史』第12巻，第13巻，大月書店
石川準吉（1976）『国家総動員史　資料篇　第4』国家総動員史刊行会
石田勇治編訳（2001）『資料　ドイツ外交官の見た南京事件』大月書店
内川芳美編（1975）『現代史資料（41）　マス・メディア統制2』みすず書房
外務省編（1955）『日本外交年表並主要文書』下巻，日本国際連合協会
――――（1993）『外務省執務報告　東亜局』第5巻，クレス出版
――――（1994）『外務省執務報告　欧亜局』第2巻，クレス出版
――――（1995a）『外務省執務報告　条約局』第1巻，第2巻，クレス出版
――――（1995b）『外務省執務報告　文化事業部』クレス出版
――――（2011）『日本外交文書　日中戦争（3）』六一書房
――――（2012）『日本外交文書　第二次欧州大戦と日本（1）』六一書房
外務省条約局編（1943）『第二次世界戦争関係条約集』日本外政協会
佐藤元英監修（1992～1993）『外務省公表集』第3巻，第4巻，第6巻，第7巻，第10巻～第12巻，クレス出版
角田順解説（1964）『現代史資料（10）日中戦争3』みすず書房
東京大空襲・戦災誌編集委員会編（1973～1974）『東京大空襲・戦災誌』第2巻，第3巻，第5巻，東京空襲を記録する会
トレヴァー=ローパー, H. R. 編（2000）『ヒトラーの作戦指令書――電撃戦の恐怖』滝川義人訳，東洋書林
内務省警保局編（1980）『外事警察概況』第1巻～第8巻・付図，龍溪書舎
新田満夫編（1968）『極東国際軍事裁判速記録』第2巻，第5巻，第7巻，雄松堂書店
原田熊雄（1951, 1952）『西園寺公と政局』第6巻，第7巻，岩波書店
ヒトラー, アドルフ著，トレヴァー=ローパー, H. R. 解説（1994）『ヒトラーのテーブル・トーク　1941−1944』上巻・下巻，吉田八岑監訳，三交社
みすず書房編集部編（2003）『ゾルゲの見た日本』みすず書房
横浜市・横浜の空襲を記録する会編（1975～1976）『横浜の空襲と戦災』第1巻，第2巻，第6巻，横浜市

Akten zur deutschen auswärtigen Politik 1918-1945（ADAP）, Baden-Baden. Serie C Bd. 2, Bd. 5, Serie D Bd. 1, Serie D Bd. 13-1.
Hofer, Walther（hrsg.）（1957）, *Der Nationalsozialismus Dokumente 1933-1945*, Frankfurt am Main（ホーファー，ワルター『新装版　ナチス・ドキュメント　一九三三－一九四

五』救仁郷繁訳，ぺりかん社，1975年）.
Noakes, J. / Pridham, G.（ed.）（1997）, *Nazism 1919-1945, Volume 3, Foreign Policy, War and Racial Extermination*, Devon（UK）.
———（2000）, *Nazism 1919-1945, Volume 2, State, Economy and Society 1933-1939*, Devon（UK）.

同時代文献（邦文・欧文）

朝比奈策太郎（1939）「友邦ドイツに使して」『社会教育』第10巻第1号（113号）
安達猛（1939）「ドイツ青少年団員と暮して――ドイツ派遣青少年団員の手記（1）」『少年保護』第4巻第3号
荒木光太郎編（1941）『日独文化の交流――日独学徒大会研究報告』明善社
市河彦太郎（1938）「日独文化協定について」『国際文化』第2号
———（1939）『文化と外交』岡倉書房
稲富早苗（1939）「ドイツ青少年の教育と訓練」『少年保護』第4巻第2号
外務省情報部（1938）「日独文化協定について」『週報』第112号
———（1939）「日伊文化協定について」『週報』第129号
鹿子木員信（1997）『やまとこころと独乙精神』大空社
北山淳友（1985）『東と西　永遠の道――仏教哲学・比較哲学論集』峰島旭雄監訳，北樹出版
木村謹治（1940）『日本精神と独逸文化』弘文堂書房
楠山義太郎（1943）「伊太利の変動と其の教訓」『外交評論』第23巻第10号
熊谷辰治郎（1942）『大日本青年団史』（日本青年館発行『復刻版　大日本青年団史』不二出版，1989年）
グンデルト，ウイルヘルム（1936）「独逸に於ける日本学の意義」『日独文化講演集』第10輯
国際文化振興会（1939）『日独文化協定――協定全文，政府の声明，日独文化事業の近況，日独文化協定記念会記録』国際文化振興会
———（1939）『日伊文化協定』国際文化振興会
斎藤秀夫（1941）『ナチス・ドイツの文化統制』日本評論社
「時彙［帝国政府声明］［日独共同声明］」『外交時報』第932号，1943年
「時彙［日独医事分野に協力］」『外交時報』第937号，1943年
大日本連合青年団（1938）「日独青少年団の交歓」『青年』第23巻第4号
ツァヘルト，ヘルベルト（1940）「ドイツに於ける日本学の現状（手塚富雄訳）」『日独文化』第1巻第1号
鶴岡英吉（1939）「ヒツトラー・ユーゲントを案内して」『体育と競技』第18巻第1号
ドーナート，ワルター（1937）「日独伊協定の世界史的意義」『文藝春秋』第15巻第16号（12月臨時増刊　事変・第5増刊）
———（1939a）「文化の民族的基調」『日独文化講演集』第12輯
———（1939b）「日本の東亜新文化建設に就て」『日独文化講演集』第13輯
ドオナアト，ワルター（1940）「1939年ドイツ文化事業概観」『日独文化』第1巻第1号

友枝高彦（1940a）「独逸諸大学に於ける日本研究」『日独文化』第 1 巻第 1 号
――――（1940b）「日本学者紹介　ハウスホーファーとグンデルト ―― 二千六百年記念論文集寄稿依頼者」『国際文化』第 11 号
中西重華（1943）「バドリオの降伏と米英の謀略」『外交評論』第 23 巻第 10 号
日独青少年団交歓会編（1939）『訪独感想集 ―― 大日本青少年独逸派遣団団員感想集』日独青少年団交歓会
「日独青少年団交歓代表者紹介」『青年』第 23 巻第 6 号，1938 年
「日独の締盟固し（敬服すべきドイツの反発力）」『外交時報』第 943 号，1944 年
日独文化協会編（1943）『日独文化協会発行図書目録』日独文化協会
蜂谷輝雄（1938）「日独文化協定に就いて」『外交時報』第 817 号
ヒトラー，アドルフ（2004）『続・わが闘争 ―― 生存圏と領土問題』平野一郎訳，角川書店
二荒芳徳（1934）『ナチス独逸の青少年運動』民衆文庫　第 86 篇，社会教育協会
二荒芳徳・大日方勝（1938）『ヒツトラーと青年』成美堂
マイスナー，クルト（1938）「日本に於ける独逸人の文化的活動」『日独文化講演集』第 11 輯
――――（1942）「日本に於けるドイツ人（1859–1912 年）」『日独文化』第 3 巻第 3 号
三谷隆信（1930）「海牙会議の問題」『外交時報』第 602 号
――――（1938）「欧州政局の瞰望」『外交時報』第 803 号
――――（1939）「欧州政局二十年」『外交時報』第 818 号
――――（1940）「欧州戦争と平和工作」『外交時報』第 848 号
箕輪三郎（1938）「国際文化協定概説」『法学協会雑誌』第 56 巻第 6 号（B.0.0.0.12／JACAR Ref. B04013433300）
――――（1940a）「欧州新秩序の展望」『公民講座』第 190 号
――――（1940b）「欧州政局と我が国際文化事業」『外交時報』第 848 号
――――（1942a）「今日の対外文化事業」『国際文化』第 19 号
――――（1942b）「対南方文化事業の基本問題」『外交評論』第 22 巻第 3 号
――――（1943）「日本国タイ国間文化協定に付て」『国際法外交雑誌』第 42 巻第 2 号
文部省（1938）「日独青少年団の交歓」『週報』第 84 号
柳澤健（1934a）「国際文化事業とは何ぞや」『外交時報』第 704 号
――――（1934b）「国際文化事業とは何ぞや（続）」『外交時報』第 706 号
――――（1936）「我国国際文化事業の展望」『中央公論』第 582 号（1936 年 5 月号）
山田幸三郎（1942）「我国に於ける輓近の独逸語研究」『日独文化』第 3 巻第 3 号

Ausstellung altjapanischer Kunst. Berlin 1939, Staatliche Museen / Berlin, 1939.
Donat, Walter（1938）, *Der Heldenbegriff im Schrifttum der älteren japanischen Geschichte*, Tokyo.
――――（1942）, Das Werden des japanischen Geistes, in: *Nationalsozialistische Monatshefte*, 13（145）.
――――（1943a）, Deutschland und Japan, Eine Einführung, in: ders., *Das Reich und Japan.*

gesammelte Beiträge, Berlin.

――――（1943b）, Der Deutsche und japanische Reichsgedanke, in: ders., *Das Reich und Japan. gesammelte Beiträge*, Berlin.

Hitler, Adolf（1939）, *Mein Kampf*, Bd. 1, 2, München（ヒトラー, アドルフ『わが闘争』上巻・下巻, 平野一郎・将積茂訳, 角川書店, 2005 年［初版 1973 年］）.

Japanisches Handwerk. Sonderheft der Zeitschrift NIPPON. Anlässlich der internationalen Handwerkausstellung Berlin Mai 1938.

Six, Franz Alfred（1943）, Japan und das Reich, in: *Berlin, Rom, Tokio: Monatsschrift für die Vertiefung der Kulturellen Beziehungen der Völker des Welt Politischen Dreiecks*, Heft Nr. 7, Jahrg. 5.

Weinberg, Gerhard L.（hrsg.）（1961）, *Hitlers Zweites Buch. ein Dokument aus dem Jahr 1928*, Stuttgart.

日記・証言・回想録（邦文・欧文）

青木正美（1987）『戦時下の庶民日記』日本図書センター

有田八郎（1959）『馬鹿八と人は言う――一外交官の回想』光和堂

有吉正（1951a）「ナチス・ドイツ崩壊前後の日記より」『財政』第 16 巻第 10 号

――――（1951b）「ナチス・ドイツ崩壊前後の日記（完）」『財政』第 16 巻第 11 号

石射猪太郎（2015［初版 1986］）『外交官の一生』中央公論新社

伊藤隆・渡邊行男編（1986）『重光葵手記』中央公論社

宇垣一成著, 角田順校訂（1970）『宇垣一成日記』第 2 巻, みすず書房

大久保利隆（1976）『回想――欧州の一角より見た第二次世界大戦と日本の外交』鹿島出版会（非売品）（高川 2015 に収録）

風見章（1951）『近衛内閣』日本出版協同

清沢洌（1954）『暗黒日記』東洋経済新報社

邦正美（1993）『ベルリン戦争』朝日新聞社

グルー, ジョセフ・C.（1948）『滞日十年』上巻・下巻, 石川欣一訳, 毎日新聞社

来栖三郎（2007［初版 1986］）『泡沫の三十五年――日米交渉秘史』中央公論新社

ゲッベルス, ヨーゼフ（1984）『大崩壊――ゲッベルス最後の日記』桃井真訳, 講談社

重光葵（1978）『重光葵外交回想録』毎日新聞社

幣原喜重郎（2007［初版 1987］）『外交五十年』中央公論新社

篠原正瑛（1955）『ドイツ人とにっぽん人』東洋経済新報社

――――（1984）『ドイツにヒトラーがいたとき』誠文堂新光社

高見順（1964, 1966）『高見順日記』第 4 巻, 第 2 巻下, 勁草書房

ツァヘルト, ズザンナ・雪山香代子・佐々木五律子（1996）『ズザンナさんの架けた橋――日本とドイツ　私の八七年』集英社

東郷茂徳（2005［初版 1967］）『東郷茂徳外交手記――時代の一面』原書房

新関欽哉（1988）『第二次大戦下ベルリン最後の日――ある外交官の記録』日本放送出版協会

藤山楢一（1989）『一青年外交官の太平洋戦争――日米開戦のワシントン→ベルリン陥

落』新潮社
プリングスハイム，クラウス・H.（2007）『ヒトラー，ゾルゲ，トーマス・マン――クラウス・プリングスハイム二世回想録』池内光久訳，彩流社
松谷みよ子（1987）『現代民話考　第2期Ⅰ　銃後』立風書房
三谷隆信（1999）『回顧録――侍従長の昭和史』中央公論新社
山田風太郎（1971）『戦中派不戦日記』番町書房
ローゼンストック，ジョセフ（1980）『ローゼンストック回想録――音楽はわが生命』中村洪介訳，日本放送出版協会

Dirksen, Herbert v.（1949）, *Moskau, Tokio, London. Erinnerungen und Betrachtungen zu 20 Jahren deutscher Außenpolitik 1919-1939*, Stuttgart（ディルクセン，ヘルバート・フォン『モスクワ・東京・ロンドン』法眼晋作・中川進訳，読売新聞社，1953年）.
Ehmcke, Franziska / Pantzer, Peter（hrsg.）（2000）, *Gelebte Zeitgeschichte. Alltag von Deutschen in Japan 1923-1947*, München.
Löwith, Karl（2007［1986］）, *Mein Leben in Deutschland vor und nach 1933*, Stuttgart / Weimar（レーヴィット，カール『ナチズムと私の生活――仙台からの告発』秋間実訳，法政大学出版局，1990年）.
Ribbentrop, Joachim v.（1954）, *Zwischen London und Moskau. Erinnerungen und letzte Aufzeichnungen*, Leoni am Starnberger See.
Wickert, Erwin（1991）, *Mut und Übermut. Geschichten aus meinen Leben*, Stuttgart（ヴィッケルト，エルヴィン『戦時下のドイツ大使館――ある駐日外交官の証言』〈抄訳〉佐藤眞知子訳，中央公論社，1998年）.
Wickert, Erwin（hrsg.）（1997）, *John Rabe. Der gute Deutsche von Nanking*, Stuttgart（ラーベ，ジョン著，ヴィッケルト，エルヴィン編『南京の真実』平野卿子訳，講談社，2000年）.

研究文献（邦文・欧文）

赤澤史朗ほか編（2001）『戦時下の宣伝と文化（年報・日本現代史　第7号）』現代史料出版
浅田進史（2003）「第一次世界大戦以前のドイツの対中国文化政策論――オットー・フランケとパウル・ローアバッハの論理を中心に」山田賢編『中華世界と流動する「民族」』千葉大学大学院社会文化科学研究科研究プロジェクト報告書，第37集
足立邦夫（1995）『臣下の大戦』新潮社
阿部洋（1984）「戦前における日中両国間の学術文化交流と摩擦――上海自然科学研究所の場合」（斎藤ほか編『国際関係における文化交流』）
――――（2004）『「対支文化事業」の研究――戦前期日中教育文化交流の展開と挫折』汲古書院
荒井信一（1979）「第二次世界大戦と三国同盟」（木坂編『体系・日本現代史』第3巻）
アングラオ，クリスティアン（2012）『ナチスの知識人部隊』河出書房新社
イエッケル，エバーハルト（1991）『ヒトラーの世界観――支配の想構』滝田毅訳，南

窓社
池井優（1996）「戦前日本の文化外交 ── オリンピックを中心として」『外交史料館報』第 10 号
石川美邦（2011）『横浜港ドイツ軍艦燃ゆ ── 惨劇から友情へ　50 年目の真実』光人社
石田憲（2013）『日独伊三国同盟の起源 ── イタリア・日本から見た枢軸外交』講談社
石田勇治（2015）『ヒトラーとナチ・ドイツ』講談社
磯見辰典・黒沢文貴・櫻井良樹（1989）『日本・ベルギー関係史』白水社
市川健二郎（1994）「日泰文化協定をめぐる異文化摩擦」『大正大学研究紀要　人間学部・文学部』第 79 号
井上寿一（1994）『危機のなかの協調外交 ── 日中戦争に至る対外政策の形成と展開』山川出版社
井上勇一（1977）「有田の『広域経済圏』構想と対英交渉」『国際政治』第 56 号
今井清一編（1979）『体系・日本現代史　第 2 巻　15 年戦争と東アジア』日本評論社
入江昭（2007［初版 1966］）『日本の外交 ── 明治維新から現代まで』中央公論新社
入江昭・有賀貞編（1984）『戦間期の日本外交』東京大学出版会
岩村正史（2005）『戦前日本人の対ドイツ意識』慶應義塾大学出版会
ヴィッパーマン, ヴォルフガング（2005）『議論された過去 ── ナチズムに関する事実と論争』林功三・柴田敬二訳，未來社
上田浩二・荒井訓（2003）『戦時下日本のドイツ人たち』集英社
上平泰博・田中治彦・中島純（1996）『少年団の歴史 ── 戦前のボーイスカウト・学校少年団』萌文社
潮木守一（1992）『ドイツの大学 ── 文化史的考察』講談社
───（1993）『ドイツ近代科学を支えた官僚 ── 影の文部大臣アルトホーフ』中央公論社
臼井勝美（2000）『新版　日中戦争 ── 和平か戦線拡大か』中央公論新社
栄沢幸二（1995）『「大東亜共栄圏」の思想』講談社
江口圭一編（1978）『体系・日本現代史　第 1 巻　日本ファシズムの形成』日本評論社
NHK“ドキュメント昭和”取材班編（1987）『ヒトラーのシグナル ── ドイツに傾斜した日』角川書店
大岡聡・成田龍一（2006）「空襲と地域」倉沢愛子ほか編『岩波講座　アジア・太平洋戦争 6　日常生活の中の総力戦』岩波書店
大木毅（1989）「ドイツの対米開戦（1941 年）── その政治過程を中心に」『国際政治』第 91 号
大串隆吉（1999）『青年団と国際交流の歴史』有信堂
大津留厚（2007）『青野原俘虜収容所の世界 ── 第一次世界大戦とオーストリア捕虜兵』山川出版社
大野英二（2001）『ナチ親衛隊知識人の肖像』未來社
大畑篤四郎（1987［初版 1963］）「日独防共協定・同強化問題（1935−1939 年）」（日本国際政治学会太平洋戦争原因研究部編『太平洋戦争への道』第 5 巻）
小川悟（1996）『第三帝国の文化状況』関西大学出版部

小川誉子美（2010）『欧州における戦前の日本語講座 ── 実態と背景』風間書房
小倉和夫（2010）『日本の文化外交』国際交流基金
────（2013）「日本の文化外交 ── 回顧と展望」大芝亮編『日本の外交　第5巻　対外政策　課題編』岩波書店
小塩節（1994）『ドイツと日本 ── 国際文化交流論』講談社
小野田摂子（1995，1996a，1996b）「蒋介石政権とドイツ和平調停（1）（2）（3）」『政治経済史学』第354号，第355号，第357号
小野寺拓也（2008）「歴史研究の『ミクロ過程論的転回』──『ゴールドハーゲン後』のナチズム・ホロコースト研究」『歴史学研究』第840号
────（2012）「ナチズム研究の現在 ── 経験史の視点から」『ゲシヒテ』第5号
外務省百年史編纂委員会編（1969）『外務省の百年』上巻，原書房
外務省文化事業部編（1973）『国際文化交流の現状と展望（1972）』大蔵省印刷局発行
笠原十九司（1997）『日中全面戦争と海軍 ── パナイ号事件の真相』青木書店
────（2005）『南京難民区の百日 ── 虐殺を見た外国人』岩波書店
梶野絵奈，長木誠司，ゴチェフスキ，ヘルマン（2011）『貴志康一と音楽の近代 ── ベルリン・フィルを指揮した日本人』青弓社
鹿島平和研究所編・堀内謙介監修（1971）『日本外交史　第21巻　日独伊同盟・日ソ中立条約』鹿島研究所出版会
加藤哲郎（2008）『ワイマール期ベルリンの日本人 ── 洋行知識人の反帝ネットワーク』岩波書店
────（2014）『ゾルゲ事件 ── 覆された神話』平凡社
加藤陽子（1993）『模索する1930年代 ── 日米関係と陸軍中堅層』山川出版社
────（2007）「興亜院設置問題の再検討 ── その予備的考察」（服部・土田・後藤編『戦間期の東アジア国際政治』）
神奈川県警察史編さん委員会編（1972）『神奈川県警察史』中巻，神奈川県警察本部
金子マーティン（2003）『神戸・ユダヤ人難民　1940-1941 ──「修正」される戦時下日本の猶太人対策』みずのわ出版
加納寛（2001）「1942年日泰文化協定をめぐる文化交流と文化政策」『愛知大学国際問題研究所紀要』第115号
上村直己（1987）「第五高等学校外国人教師履歴」『熊本大学教養部紀要　外国語・外国文学編』第22号
軽井沢町（1988）『軽井沢町誌　歴史編（近・現代）』軽井沢町誌刊行委員会
川島高峰（2004）『流言・投書の太平洋戦争』講談社
河村一夫（1967）「対支文化事業関係史 ── 官制上より見たる」『歴史教育』第15巻第8号
川村湊（2006）「『鬼畜米英』論」倉沢愛子ほか編『岩波講座　アジア・太平洋戦争6　日常生活の中の総力戦』岩波書店
木坂順一郎（1976）「大政翼賛会の成立」『岩波講座　日本歴史20　近代7』岩波書店
────（1994）『昭和の歴史⑦　太平洋戦争』小学館
木坂順一郎編（1979）『体系・日本現代史　第3巻　日本ファシズムの確立と崩壊』日

本評論社
北島正和（2005）『ベルリンからの手紙 —— 第二次大戦，大空襲下の一技術者』中央公論事業出版
工藤章（1992a）『日独企業関係史』有斐閣
——（1992b）『イー・ゲー・ファルベンの対日戦略 —— 戦間期日独企業関係史』東京大学出版会
——（2008a）「日独経済関係の変遷 —— 対立と協調」（工藤・田嶋編『日独関係史Ⅰ』）
——（2008b）「戦時経済協力の実態 —— ドイツの電撃的勝利から独ソ開戦まで」（工藤・田嶋編『日独関係史Ⅱ』）
——（2011）『日独経済関係史序説』桜井書店
工藤章・田嶋信雄編（2008a）『日独関係史　1890-1945　Ⅰ総説／東アジアにおける邂逅』東京大学出版会
——（2008b）『日独関係史　1890-1945　Ⅱ枢軸形成の多元的力学』東京大学出版会
——（2008c）『日独関係史　1890-1945　Ⅲ体制変動の社会的衝撃』東京大学出版会
——（2014）『戦後日独関係史』東京大学出版会
窪田，ゲイロード，片桐庸夫訳（1977）「有田八郎 —— 日独防共協定における薄墨色外交の展開」『国際政治』第 56 号
熊本史雄（1999）「『精神的帝国主義』の提唱とその内実 ——『対支文化事業』移管をめぐる外務省の動向」大濱徹也編『近代日本の歴史的位相 —— 国家・民族・文化』刀水書房
——（2013）『大戦間期の対中国文化外交 —— 外務省記録にみる政策決定過程』吉川弘文館
栗原優（1994）『第二次世界大戦の勃発 —— ヒトラーとドイツ帝国主義』名古屋大学出版会
クレープス，ゲルハルト（1980）「ドイツ側から見た日本の大東亜政策」三輪公忠編『日本の 1930 年代 —— 国の内と外から』彩光社
——（1982）「参謀本部の和平工作　1937-38 —— トラウトマン工作はどのように生まれ，どのように挫折して行ったか」『日本歴史』第 411 号
——（1984）「日本版“ナチス”か？ —— 駐日ドイツ大使館が観察した新体制運動」『日本歴史』第 431 号
——（1997）「在華ドイツ軍事顧問団と日中戦争」（軍事史学会編『日中戦争の諸相』）
——（2008）「三国同盟の内実 —— 1937-45 年の日本とドイツ」（工藤・田嶋編『日独関係史Ⅱ』）
黒沢文貴（2000）『大戦間期の日本陸軍』みすず書房
桑原規子（2010）「国際文化事業から対外文化工作へ —— 1941 年の国際文化振興会主催『仏印巡回現代日本画展覧会』」五十殿利治編『「帝国」と美術 —— 1930 年代日本の

対外美術戦略』国書刊行会
軍事史学会編（1997）『日中戦争の諸相』錦正社
小池聖一（1997）「外務省文書・外務省記録の生成過程 ── 外務省文書の文書学的一試論」『日本歴史』第 584 号
小林英夫（2007）『日中戦争 ── 殲滅戦から消耗戦へ』講談社
小宮まゆみ（2009）『敵国人抑留 ── 戦時下の外国民間人』吉川弘文館
斎藤眞ほか編（1984）『国際関係における文化交流』日本国際問題研究所
酒井哲哉（2007）『近代日本の国際秩序論』岩波書店
佐藤卓己（1998）「ヒトラー・ユーゲントの来日イベント」津金澤聰廣・有山輝雄編『戦時期日本のメディア・イベント』世界思想社
佐藤元英（2015）『外務官僚たちの太平洋戦争』NHK 出版
サーラ，スヴェン（2009）「日独関係 150 周年と日独関係史の研究」，「年報日本現代史」編集委員会編『高度成長の史的検証（年報・日本現代史　第 14 号）』現代史料出版
塩崎弘明（1985）「外務省革新派の現状打破認識と政策」近代日本研究会編『日本外交の危機認識（年報・近代日本研究 7）』山川出版社
芝崎厚士（1999）『近代日本と国際文化交流 ── 国際文化振興会の創設と展開』有信堂
────（2002）「国際文化論における二つの文化 ── 方法論的考察」『国際政治』第 129 号
────（2013）「対外文化政策思想の展開 ── 戦前・戦後・冷戦後」酒井哲哉編『日本の外交　第 3 巻　外交思想』岩波書店
清水雅大（2008）「1938 年の三国同盟問題における日独文化協定の位置付け ── 日本外務省の文化協定締結方針と目的」『国際文化研究紀要』第 15 号
────（2011a）「1930 年代日本の文化協定政策 ── 理論的枠組みと初期における展開」松尾金藏記念奨学基金編『明日へ翔ぶ ── 人文社会学の新視点 2』風間書房
────（2011b）「戦前・戦時期における日独関係の推移とドイツ大使館の対日宣伝 ── ドイツ極東政策の転換から世界大戦化まで」『世界史研究論叢』第 1 号
────（2012）「戦時期日本の対独文化事業政策方針 ── 日独文化連絡協議会における外務省文化事業部の政策的対応から」『現代史研究』第 58 号
────（2013）「第二次大戦下の日独文化事業 ── 日独文化連絡協議会における学術交換をめぐる論議　1939–42 年」『世界史研究論叢』第 3 号
────（2014）「『体力』の時代と青少年の身体意識」杉山精一編『歴史知と近代の光景』社会評論社
────（2015a）「『精神的共同作戦』としての日独文化事業 ── 1943–44 年の日本における展開」『日本歴史』第 807 号
────（2015b）「ナチズムと日本文化 ── W. ドーナートにおける日独文化提携の論理」『現代史研究』第 61 号
関根真保（2010）『日本占領下の〈上海ユダヤ人ゲットー〉 ──「避難」と「監視」の狭間で』昭和堂
高川邦子（2015）『ハンガリー公使大久保利隆が見た三国同盟 ── ある外交官の戦時秘話』芙蓉書房出版

高田万亀子（1986）「トラウトマン工作と参謀本部和平派」『政治経済史学』第 246 号
高田里惠子（2001）『文学部をめぐる病い —— 教養主義・ナチス・旧制高校』松籟社
高橋勝浩（2007）「日中開戦後の日本の対米宣伝政策 ——『正義日本』の宣明から文化事業へ」（服部・土田・後藤編『戦間期の東アジア国際政治』）
田嶋信雄（1992）『ナチズム外交と「満洲国」』千倉書房
———（1993）「リッベントロップと第三帝国の政策決定環境」細谷千博ほか編『太平洋戦争』東京大学出版会
———（1995）「ナチ時代のベルリン駐在日本大使館 —— 人と政策」『成城法学』第 48 号
———（1997）『ナチズム極東戦略 —— 日独防共協定を巡る諜報戦』講談社
———（2008）「東アジア国際関係の中の日独関係 —— 外交と戦略」（工藤・田嶋編『日独関係史Ⅰ』）
———（2013）『ナチス・ドイツと中国国民政府　1933-1937』東京大学出版会
———（2017）『日本陸軍の対ソ謀略 —— 日独防共協定とユーラシア政策』吉川弘文館
田嶋信雄・工藤章編（2017）『ドイツと東アジア　1890-1945』東京大学出版会
田野大輔（2011）「日本の歓喜力行団 —— 厚生運動と日独相互認識」『甲南大学紀要　文学編』161
ダワー, ジョン・W.（2001）『容赦なき戦争 —— 太平洋戦争における人種差別』猿谷要監修・斎藤元一訳, 平凡社
筒井清忠（2009）『近衛文麿 —— 教養主義的ポピュリストの悲劇』岩波書店
戸部良一（1991）『ピース・フィーラー —— 支那事変和平工作の群像』論創社
———（2010）『外務省革新派 —— 世界新秩序の幻影』中央公論新社
冨田弘著, 冨田弘先生遺著刊行会編（2006）『新装版　板東俘虜収容所 —— 日独戦争と在日ドイツ俘虜』法政大学出版局
ドロー, ルイ（1965）『国際文化交流』三保元訳, 白水社
中埜芳之・楠根重和・ヴィーガント, アンケ（1987）『ドイツ人の日本像 —— ドイツの新聞に現われた日本の姿』三修社
中道寿一（1999）『君はヒトラー・ユーゲントを見たか？ —— 規律と熱狂, あるいはメカニカルな美』南窓社
———（2008）「ヒトラー・ユーゲントと日本」（工藤・田嶋編『日独関係史Ⅲ』）
中村綾乃（2010）『東京のハーケンクロイツ —— 東アジアに生きたドイツ人の軌跡』白水社
———（2013）「ナチス・ドイツの友好国と『人種』—— 日本人との結婚禁止と『混血児』」『ドイツ研究』第 47 号
永岑三千輝（2006-2008）「アウシュヴィッツへの道 ——『過去の克服』の世界的到達点の地平から（1）（2）（3）」『横浜市立大学論叢』人文科学系列　第 58 巻第 1・2 号, 社会科学系列　第 58 巻第 1・2・3 号, 人文科学系列　第 59 巻第 1・2 号
———（2012）「ホロコーストの力学と原爆開発」横井勝彦・小野塚知二編『軍拡と武器移転の世界史 —— 兵器はなぜ容易に広まったのか』日本経済評論社

日独交流史編集委員会編（2013）『日独交流 150 年の軌跡』雄松堂書店
ニッシュ，イアン（1994）『日本の外交政策　1869-1942 ── 霞が関から三宅坂へ』宮本盛太郎監訳，ミネルヴァ書房
───（2004）『戦間期の日本外交 ── パリ講和会議から大東亜会議まで』関静雄訳，ミネルヴァ書房
日本国際政治学会太平洋戦争原因研究部編（1962-1963［新装版 1987-1988］）『太平洋戦争への道　開戦外交史』全 7 巻，別巻資料編，朝日新聞社
野村実（1983）『太平洋戦争と日本軍部』山川出版社
服部聡（2007）「有田八郎外相と『東亜新秩序』」（服部・土田・後藤編『戦間期の東アジア国際政治』）
服部龍二（2008）『広田弘毅 ──「悲劇の宰相」の実像』中央公論新社
服部龍二・土田哲夫・後藤春美編（2007）『戦間期の東アジア国際政治』中央大学出版部
羽場久浘子（1982）「日洪文化協定の背景と成果」日本東欧関係研究会編『日本と東欧諸国の文化交流に関する基礎的研究 ── 1981 年 9 月国際シンポジウムの報告集』日本東欧関係研究会
馬場明（1983）『日中関係と外政機構の研究 ── 大正・昭和期』原書房
早崎えりな（1994）『ベルリン・東京物語 ── 音楽家クラウス・プリングスハイム』音楽之友社
原田一美（1999）『ナチ独裁下の子どもたち ── ヒトラー・ユーゲント体制』講談社
バーリー，M.，ヴィッパーマン，W.（2001）『人種主義国家ドイツ ── 1933-45』柴田敬二訳，刀水書房
阪東宏（2002）『日本のユダヤ人政策　1931-1945 ── 外交史料館文書「ユダヤ人問題」から』未來社
───（2004）『世界のなかの日本・ポーランド関係　1931-1945』大月書店
平井正（1991）『ゲッベルス ── メディア時代の政治宣伝』中央公論社
───（2001）『ヒトラー・ユーゲント ── 青年運動から戦闘組織へ』中央公論新社
平野健一郎（2000）『国際文化論』東京大学出版会
───（2013）「概念の文化触変 ──『〈国際〉社会』という日本語の登場と変遷」平野健一郎ほか編『国際文化関係史研究』東京大学出版会
平野健一郎編（1999）『国際文化交流の政治経済学』勁草書房
ヒルデブラント，クラウス（1987）『ヒトラーと第三帝国』中井晶夫・義井博訳，南窓社
藤本浄彦（1985）「孤高の仏教哲学者　北山淳友 ── ドイツでの思想・業績・活動」（北山『東と西　永遠の道』）
藤原彰・今井清一編（1988〜1989）『十五年戦争史』全 4 巻，青木書店
フライ，ノルベルト（1994）『総統国家 ── ナチスの支配　1933-1945 年』芝健介訳，岩波書店
ブラッハー，K. D.（1975）『ドイツの独裁 II ── ナチズムの生成・構造・帰結』山口定・高橋進訳，岩波書店

古屋哲夫（1985）『日中戦争』岩波書店
古屋はるみ（2003）「第二次世界大戦期における日本人の人種アイデンティティー」木畑洋一，小菅信子，トウル，フィリップ編『戦争の記憶と捕虜問題』東京大学出版会
ベリング, R.（1987）『歴史のなかの教師たち――ドイツ教員社会史』望田幸男・対馬達雄・黒田多美子訳，ミネルヴァ書房
ベルクマン, ヴォルフガング（1991）「ドイツにおける日本語教育の始まり――1944年テンプリン市ヨアヒムスタール・ギムナジウムでの日本語教育」『国士舘大学教養論集』第32号，兒玉光弘・稲村道嘉訳
星新一（1978）『人民は弱し　官吏は強し』新潮社
細谷千博（1979）『日本外交の座標』中央公論社
―――（1987）「三国同盟と日ソ中立条約（1939-1941年）」（日本国際政治学会太平洋戦争原因研究部編『太平洋戦争への道』第5巻）
―――（1988）『両大戦間の日本外交　1914-1945』岩波書店
細谷千博ほか編（1971-1972［新装版2000］）『日米関係史――開戦に至る十年　1931-41年』全4巻，東京大学出版会
堀内直哉（1999）「ヒトラー政権成立直後におけるドイツ外務省の外交構想――1933年3月13日付ビューロー外務次官の覚書を中心にして」（三宅編『ベルリン・ウィーン・東京』）
松村正義（1992）「戦前期における日独・日伊両文化協定の文化外交史的地位」『帝京国際文化』第5号
―――（2002）『新版　国際交流史――近現代日本の広報文化外交と民間交流』地人館
マルティン, ベルント（1993）「ドイツと真珠湾――日独同盟と太平洋戦争の勃発」細谷千博ほか編『太平洋戦争』東京大学出版会
丸山直起（2005）『太平洋戦争と上海のユダヤ難民』法政大学出版局
ミッチェル, J. M.（1990）『文化の国際関係』田中俊郎訳，三嶺書房
三宅正樹（1974）『ヒトラー――ナチス‐ドイツと第二次世界大戦』清水書院
―――（1975）『日独伊三国同盟の研究』南窓社
―――（1982）「ドイツ史と日本――日独関係の歴史（1639-1945年）」望田幸男・三宅正樹編『概説ドイツ史――現代ドイツの歴史的理解』有斐閣
―――（1996）『日独政治外交史研究』河出書房新社
―――（1999）「ヒトラーの政権掌握と日本の論壇――雑誌『改造』と『中央公論』を中心とする考察」（三宅編『ベルリン・ウィーン・東京』）
―――（2000）『ユーラシア外交史研究』河出書房新社
―――（2007）『スターリン，ヒトラーと日ソ独伊連合構想』朝日新聞社
―――（2010）『スターリンの対日情報工作』平凡社
―――（2015）『近代ユーラシア外交史論集――日露独中の接近と抗争』千倉書房
三宅正樹編（1999）『ベルリン・ウィーン・東京――20世紀前半の中欧と東アジア』論創社

宮沢正典（1973［増補版 1982］）『ユダヤ人論考 —— 日本における論議の追跡』新泉社
宮田親平（2007）『毒ガス開発の父ハーバー —— 愛国心を裏切られた科学者』朝日新聞社
宮田昌明（1997）「トラウトマン工作再考」（軍事史学会編『日中戦争の諸相』）
宮本盛太郎（1984）『宗教的人間の政治思想　軌跡編 —— 安部磯雄と鹿子木員信の場合』木鐸社
望田幸男（2009）『二つの戦後・二つの近代 —— 日本とドイツ』ミネルヴァ書房
百瀬宏（1984）「新興東欧諸小国と日本」（入江・有賀編『戦間期の日本外交』）
安松みゆき（2016）『ナチス・ドイツと〈帝国〉日本美術 —— 歴史から消された展覧会』吉川弘文館
柳澤治（2008）『戦前・戦時日本の経済思想とナチズム』岩波書店
山口定（1976）『ナチ・エリート —— 第三帝国の権力構造』中央公論社
山口定・ルプレヒト, R. 編（1993）『歴史とアイデンティティ —— 日本とドイツにとっての 1945 年』思文閣出版
山下利昭（1997）『セピア色の空白 —— 日独同盟下の文化交流　1938–1941』同学社
山中恒（1974）『ボクラ少国民』辺境社
山根幸夫（2005）『東方文化事業の歴史 —— 昭和前期における日中文化交流』汲古書院
山本尚志（1995）「ナチス・ドイツ外交の文化政策と日本音楽界 —— ユダヤ系音楽家をめぐって」『上智史学』第 40 号
———（1999）「在日ユダヤ系音楽家問題 —— ナチス・ドイツの圧力に対する日本側対応の背景」『ユダヤ・イスラエル研究』第 17 号
———（2001）「在日ユダヤ系音楽家問題の研究と展望」黒沢文貴・斎藤聖二・櫻井良樹編『国際環境のなかの近代日本』芙蓉書房
———（2003）「亡命ユダヤ人音楽家と在日ドイツ人音楽家をめぐる政治（1936–1944）」『紀尾井史学』第 9 号
———（2004）『日本を愛したユダヤ人ピアニスト　レオ・シロタ』毎日新聞社
———（2011）「日本政府のユダヤ人政策とユダヤ避難民 —— 1938 年の秋から冬にかけて」『学習院高等科紀要』第 9 号
———（2012）「『猶太人対策要綱』をめぐる若干の視点」『学習院高等科紀要』第 10 号
山本尤（1985）『ナチズムと大学 —— 国家権力と学問の自由』中央公論社
油井大三郎（2005）「世界戦争の中のアジア・太平洋戦争」倉沢愛子ほか編『岩波講座アジア・太平洋戦争 1　なぜ，いまアジア・太平洋戦争か』岩波書店
葉照子（1998）「第一次大戦後の日独関係修復過程における文化交流史的一側面 —— 鹿子木員信をめぐって」『九州ドイツ文学』第 12 号
———（1999）「1930–40 年代の日独緊密化と鹿子木員信」『西洋史学論集』第 37 号
———（2003）「日独文化協定締結とその背景について —— ナチスドイツの人種政策の観点から」稲元萠先生古稀記念論集刊行会『ドイツ文学・語学論集　稲元萠先生古稀記念』
———（2007）「鹿子木員信における日本精神とナチズム」望田幸男編『近代日本と

ドイツ――比較と関係の歴史学』ミネルヴァ書房
義井博（1971）『昭和外交史』南窓社
―――（1987［初版1977］）『増補　日独伊三国同盟と日米関係――太平洋戦争前国際関係の研究』南窓社
―――（1999）『ヒトラーの戦争指導の決断――1940年のヨーロッパ外交』荒地出版社
義井みどり（1989）「日独伊共同行動協定の締結とドイツの対米宣戦布告」『国際政治』第91号
吉岡斉（2011）『新版　原子力の社会史――その日本的展開』朝日新聞出版
吉田裕（2007）『シリーズ日本近現代史⑥　アジア・太平洋戦争』岩波書店
吉見俊哉（1996）「メディア・イベント概念の諸相」津金澤聰廣編『近代日本のメディア・イベント』同文舘
ラバンカ，ニコラ（2011）「イタリアと三国軍事同盟」防衛省防衛研究所編『太平洋戦争と枢軸国の戦略――ドイツを中心に（平成22年度戦争史研究国際フォーラム報告書）』防衛省防衛研究所発行
ルイス，B. R.（2001）『ヒトラー・ユーゲント――第三帝国の若き戦士たち』大山晶訳，原書房
脇圭平（1973）『知識人と政治――ドイツ・1914–1933』岩波書店
渡辺靖（2011）『文化と外交――パブリック・ディプロマシーの時代』中央公論新社
渡邊行男（1993）『宇垣一成――政軍関係の確執』中央公論社

Bieber, Hans-Joachim（2014）, *SS und Samurai. Deutsch-japanische Kulturbeziehungen 1933-1945*, München.
Bloß, Hartmut（1976）, Deutsche Chinapolitik im Dritten Reich（in: Funke（hrsg.）1976）.
Boyd, Carl（1993）, *Hitler's Japanese Confidant. General Oshima Hiroshi and MASIC Intelligence, 1941-1945*, Lawrence（US）（ボイド，カール『盗まれた情報――ヒトラーの戦略情報と大島駐独大使』左近允尚敏訳，原書房，1999年）.
Brenn, Wolfgang / Goerke, Marie-Luise（hrsg.）（1997）, *Berlin-Tokyo im 19. und 20. Jahrhundert*, Berlin（ブレン，ヴォルフガング，ゲールケ，マリー=ルイーゼ編『東京・ベルリン――19世紀–20世紀における両都市の関係』藤野哲子・関川富士子訳〈対訳〉，ベルリン日独センター，1997年）.
Conze, Eckart / Frei, Norbert / Hayes, Peter / Zimmermann, Moshe（2012）, *Das Amt und die Vergangenheit. Deutsche Diplomaten im Dritten Reich und in der Bundesrepublik*, München.
Friese, Eberhard（1984）, Das deutsche Japanbild 1944. Bemerkungen zum Problem der auswärtigen Kulturpolitik während des Nationalsozialismus, in: Josef Kreiner（hrsg.）, *Deutschland-Japan. historische Kontakte*, Bonn.
―――（1985）, *Deutschland-Japan. historische Kontakte*, Tokio（フリーゼ，E. 著，吉田国臣編『1920年代の独日文化交流』同学社，1985年）.
―――（1987）, Einstein, Haber, Berlin und Japan. Ein Kapitel deutsch- japanischer Wissenschaftsbeziehungen, in: Buddensieg, Tilmann（hrsg.）, *Wissenschaften in Berlin. Aus-*

stellungskatalog, Bd. 3, Berlin.

——— (1989), Das Japaninstitut in Berlin, 1926-1945. Bemerkungen zu seiner Struktur und Tätigkeit. Mit einer Liste der Veröffentlichungen des Japaninstitut, in: Walravens, Hartmut (hrsg.), *Du verstehst unsere Herzen gut. Fritz Rumpf (1888-1949) im Spannungsfeld der deutsch- japanischen Kulturbeziehungen*, Weinheim.

——— (1990a), Varianten deutsch- japanischer Kulturpolitik vom Ende des Ersten bis zum Ende des Zweiten Weltkrieges (1918-1945), in: Josef Kreiner / Regine Mathias (hrsg.), *Deutschland-Japan in der Zwischenkriegszeit*, Bonn.

——— (1990b), Kontinuität und Wandel. deutsch-japanische Kultur- und Wissen-schafts beziehungen nach dem Ersten Weltkrieg, in: Vierhaus, Rudolf / Brocke, Bernhard vom (hrsg.), *Forschung im Spannungsfeld von Politik und Gesellschaft. Geschichte und Struktur der Kaiser- Wilhelm-/ Max- Planck- Gesellschaft*, Stuttgart.

——— (1993), Erwägungen zur Kulturarbeit der dreißiger und vierziger Jahre, in: *Veröffentlichungen des Japanisch-Deutschen Zentrums Berlin*, Bd. 17.

——— (1997),"Wir brauchen den Austausch geistiger Güter!" (フリーゼ, E「『我々には精神文化の交流が必要だ』」) (in: Brenn / Goerke (hrsg.) 1997).

Funke, Manfred (hrsg.) (1976), *Hitler, Deutschland und die Mächte. Materialien zur Außenpolotik des dritten Reichs*, Düsseldorf.

Goerke, Marie-Luise (1997), Zwei Weltkriege (ゲールケ, マリー=ルイーゼ「二度の世界大戦」) (in: Brenn / Goerke (hrsg.) 1997).

Haasch, Günther (1997), Die Geschichte der deutsch-japanischen Beziehungen im Spiegel der deutsch-japanischen Gesellschaft Berlin (ハーシュ, ギュンタ「ベルリン独日協会に反映される日独関係史」) (in: Brenn / Goerke (hrsg.) 1997).

Hachmeister, Lutz (1998), *Der Gegnerforscher. die Karriere des SS-Führers Franz Alfred Six*, München.

Hack, Annette (1995), Das japanisch-deutsche Kulturinstitut in Tokyo zur Zeit des Nationalsozialismus. von Wilhelm Gundert zu Walter Donat, in: *Nachrichten der Gesellschaft für Natur- und Völkerkunde Ostasiens (NOAG)*. 157/158, Hamburg.

——— (1997), Botschafter Wilhelm Solf und die ersten Jahre der Nazizeit in Berlin und Tokyo (ハック, アネッテ「ヴィルヘルム・ゾルフ大使とナチ初期時代の東京とベルリン」) (in: Brenn / Goerke (hrsg.) 1997).

Iklé, Frank W. (1956), *German- Japanese Relations 1936-1940*, New York.

——— (1974), Japan's Policies Toward Germany, in: Morley, James W. (ed.), *Japan's Foreign Policy, 1868-1941*, New York.

Klönne, Arno (2008), *Jugend im dritten Reich. die Hitlerjugend und ihre Gegner*, Köln.

Koltermann, Till Philip (2009), *Der Untergang des dritten Reiches im Spiegel der deutsch-japanischen Kulturbegegnung 1933-1945*, Wiesbaden.

Krebs, Gerhard (1984), *Japans Deutschlandpolitik 1935-1941. eine Studie zur Vorgeschichte des Pazifischen Krieges*, Bd. 1, 2, Hamburg.

——— (1997), Berlin- Tokyo- Rom (1933-1945) (クレープス, ゲルハルト「ベルリ

ン・東京・ローマ（1933年–1945年）」）（in: Brenn / Goerke（hrsg.）1997）.
Krebs, Gerhard / Martin, Bernd（hrsg.）（1994）, *Formierung und Fall der Achse Berlin-Tokyo*, München.
Martin, Bernd（2001［1969］）, *Deutschland und Japan im zweiten Weltkrieg 1940-1945. vom Angriff auf Pearl Harbor bis zur deutschen Kapitulation*, Hamburg.
———（1976）, Die deutsch- japanischen Beziehungen während des dritten Reichs（in: Funke（hrsg.）1976）.
———（1995）, *Japan and Germany in the modern world*, Oxford.
Mund, Gerald（2006）, *Ostasien im Spiegel der deutschen Diplomatie. die privatdienstliche Korrespondenz des Diplomaten Herbert v. Dirksen von 1933 bis 1938*, Stuttgart.
Pekar, Thomas（2007）, Held und Samurai. Zu den ideologischen Beziehungen zwischen Japan und Nazi-Deutschland（『ドイツ語圏研究』第24号）.
Schinzinger, Robert（1974）, Rückblick und Ausblick, in: General konsulat der Bundesrepublik Deutschland Osaka-Kobe（hrsg.）, *1874-1974 Hundert Jahre Deutsches Konsulat Kobe*.
Sommer, Theo（1962）, *Deutschland und Japan zwischen den Mächten, 1935-1940. Vom Antikominternpakt zum Dreimächtepakt. eine Studie zur diplomatischen Vorgeschichte des zweiten Weltkriegs*, Tübingen（ゾンマー，テオ『ナチスドイツと軍国日本——防共協定から三国同盟まで』金森誠也訳，時事通信社，1964年）.
Vietsch, Eberhard von（1961）, *Wilhelm Solf, Botschafter zwischen den Zeiten*, Tübingen.
Wollstein, Günter（1973）, Eine Denkschrift des Staatssekretärs Bernhard von Bülow vom März 1933, in: *Militärgeschichtliche Mitteilungen*, 1/1973.
Worm, Herbert（1993）, Japanologie unter dem Nationalsozialismus, in: *Veröffentlichungen des japanisch-deutschen Zentrums Berlin*, Bd. 17.
———（1994）, Japanologie im Nationalsozialismus（in: Krebs / Martin（hrsg.）1994）.
Zahl, Karl（1974）, Wilhelm Solf. 1920-1928, in: Schwalbe, Hans/ Seemann, Heinrich（hrsg.）, *Deutsche Botschafter in Japan 1860-1973*, Tokyo（ツァール，カール「駐日ドイツ大使ヴィルヘルム・ゾルフ」『熊本学園大学論集「総合科学」』第18巻第1号，上村直己訳，2011年）.

事典類

ヴィストリヒ，ロベルト・S.（2002）『ナチス時代ドイツ人名事典』滝川義人訳，東洋書林
加藤友康ほか編（1999）『歴史学事典　第7巻　戦争と外交』弘文堂
戦前期官僚制研究会編・秦郁彦著（1981）『戦前期日本官僚制の制度・組織・人事』東京大学出版会
秦郁彦編（1988）『世界諸国の制度・組織・人事』東京大学出版会
ラカー，ウォルター編（2003）『ホロコースト大事典』井上茂子ほか訳，柏書房

註

序章

1）日独同盟の形成過程を扱った戦後の最も早い時期の研究として，アメリカではF. W. イクレ（Iklé 1956），ドイツではT. ゾンマー（Sommer 1962 邦訳1964年）の研究が挙げられる。また日本では，日米開戦に至るまでの政治過程を実証的にたどった『太平洋戦争への道』第5巻に収録された大畑篤四郎の論考が，38年の第一次三国同盟交渉における日本側政治過程を詳細に明らかにしている（大畑 1963［新装版 1987］）。

2）ただし，これまでの日独伊三国同盟研究においては，ナチ・ドイツの「ジュニア・パートナー」としてのイタリアについては，ほとんど考察の対象とはされてこなかった。こうした問題状況に対して，石田（2013）やラバンカ（2011）が研究史の空白を埋めている。

3）時期区分についてあらかじめ述べておけば，本書では基本的に，37年7月の盧溝橋事件をきっかけとした日中全面戦争化以後を「戦時期」として，そこから45年の敗戦までのあいだの日独関係を「戦時日独関係」という言葉で表現している。ただし，39年9月のドイツによるポーランド侵攻以後の展開を特に指す場合には「第二次世界大戦期」と表現している。また，41年12月の日独の対米開戦後の状況を特に指す場合には，「世界大戦化後」という表現を用いている。

4）ここでは政治外交と文化交流に関する研究に焦点を絞って研究史整理を進めていくが，例えば，企業関係・通商問題については，工藤（1992a，1992b）をはじめ，氏の一連の業績が挙げられる。また，近年の動向においてはさらに，近代日独関係史（1890–1945年）を戦後日独関係史へと接続させる研究（工藤・田嶋編 2014），また近代日独関係史を東アジア国際関係史のなかに位置づける研究（田嶋・工藤編 2017）が進展している。

5）「Japaninstitut Berlin」は，当時は「日本学会」や「日本協会」と呼ばれ，また先行研究では「ベルリン日本研究所」と訳される場合もあり，統一されていない。本書では当時の日本語名称である「日本学会」を統一的に用いる。

6）ヒトラーにおける日本に対する人種的偏見については，『わが闘争』の内容が最も有名であるが，これについての簡潔な考察として，三宅（1996），161–174頁。

7）ナチ時代のドイツに滞在した日本人の記録としては，有吉（1951a，1951b），篠原（1984），新関（1988），藤山（1989），邦（1993）が，反対に日本に滞在したドイツ人の記録としては，Wickert（1991 邦訳1998年），ツァヘルト・雪山・佐々木（1996）が挙げられる。そのほかには，日本に在留したユダヤ系の人々の記録では，ローゼンストック（1980），Löwith（1986 邦訳1990年）が挙げられる。

8）例えば，ナチ政権下の日独「混血児」をめぐる問題状況からアプローチした研究として，中村（2013）参照。

9) 日本における反ユダヤ主義思想・言説を検討した宮沢（1973［増補版 1982］）が古典的研究として挙げられるほか，阪東（2002），金子（2003），丸山（2005），関根（2010）によって，戦前期日本の対ユダヤ人政策の解明が進められ，その際には日本占領下の上海も重要な考察対象となっている。また，山本（1995，1999，2001，2003，2004）では，日本在留のユダヤ系ドイツ人音楽家の経験や，彼らをめぐる日本国内の政治状況を明らかにし，これを日本の対独文化事業との関連で議論している。

10) ここで言う「文化協定」とは，学術・教育交換を主たる目的とした学事協定よりもさらに広く，あらゆる文化領域での交流について規定した，いわゆる「包括的文化協定」（第 1 章参照）のことを指している。戦前期において日本は，45 年までのあいだにこの種の文化協定を 6ヵ国と締結している。すなわち，ドイツ（38 年 11 月），イタリア（39 年 3 月），ハンガリー（38 年 11 月調印，39 年 12 月批准），ブラジル（40 年），タイ（42 年 10 月調印，同年 12 月批准），ブルガリア（43 年）との文化協定である。なお，日本文化に対して比較的好意的な姿勢であったブラジルとの文化協定は，「ブラジル側の都合で批准交換がおくれ」，日米開戦後の国交断絶によって，「その効用を顕わすいとまもなく短命に終焉した」と言われている（石射 2015，358–359 頁）。

11)「日独文化協定ニ基ク細目取極（一九，七，九　條二）」（外務省記録「本邦各国間文化交換関係雑件　日，独国間ノ部　文化研究ノ分野ニ於ケル日独協力関係」I.1.1.0.1-3-1）。

12) 先行研究においてもよく指摘されているように，日中共同事業として実施されたにもかかわらず，当時日本側では「対支」文化事業という一方向的な姿勢を表す呼称が用いられていた。

13) ここでは，朝鮮や台湾における植民地行政の文化政策や，第二次世界大戦期の東南アジア諸国での占領地行政における文化政策に関する研究は取り上げない。仏印に対する日本の文化事業の一例として，桑原（2010）参照。

第 1 章

1) 箕輪は戦後も国際文化交流に携わり，戦後の著作に『ユネスコの解説 ── 国際連合教育科学文化機関』（時事通信社，1948 年），訳書に I. L. カンデル『ヒューマニズムと国際的理解 ── 平和のための知的協力』（岩波書店，1952 年）や D. エラスムス『平和の訴え』（岩波書店，1961 年）がある。ただし本書では，戦後における箕輪の活動や，その戦前期との連続性もしくは転回をめぐる問題は考察対象ではない。

2) 日本の国際文化交流史にとっての 30 年代，とりわけその前半期は，「国境を越えたヒト，モノ，カネ，情報の移動」といった国際交流量の「回復・上昇期」であると同時に，国際文化振興会の設立（34 年 4 月）にも見られるような「制度形成の最盛期」であった（芝崎 1999，17–21 頁）。日本における包括的文化協定への注目やこれを軸とする文化協定政策の創出も，こうした状況変化と軌を一にするものである。

3）ソ連に対する日本の警戒心は依然として強かったが，例えばユーラシア大陸ブロック構想に示されるように，敵対意識の後退とともに提携意識の芽生えも存在し，それは41年4月の日ソ中立条約という形で実現することになる。この日ソ独伊連合構想の内容と外交交渉の顛末は，三宅（2007）参照。

4）外務省記録「日本，洪牙利国間友好及文化的協力ニ関スル協定締結関係一件」B.1.0.0.J/H1，581–583頁。

5）在墺谷公使から広田外務大臣宛，第32号，1937年9月3日（B.1.0.0.J/H1）。

6）広田外務大臣から在墺谷公使宛，第30号，「日洪両国間文化協定並ニ学生交換ニ関スル件」1937年9月9日（B.1.0.0.J/H1）。

7）広田外務大臣から在墺谷公使宛，第29号，「日洪両国間文化協定並ニ学生交換ニ関スル件」1937年10月4日（B.1.0.0.J/H1）。

8）在墺谷公使から広田外務大臣宛，第39号1，1937年10月19日（B.1.0.0.J/H1）。

9）谷のこうした認識は，「同僚（例へハ土耳古公使）ノ極秘内話ニ依リ総合」したものであると自ら述べている。谷公使から広田外務大臣宛，第39号1，1937年10月19日（B.1.0.0.J/H1）。

10）在墺谷公使から広田外務大臣宛，第39号2，1937年10月20日（B.1.0.0.J/H1）。

11）広田外務大臣から在墺谷公使宛，第37号，「日洪文化協定締結ニ関スル件」1937年10月30日（B.1.0.0.J/H1）。

12）広田外務大臣から在墺諏訪代理公使宛，第42号，「日洪文化協定案ニ関スル件」1937年11月24日（B.1.0.0.J/H1）。

13）この会議の内容は，「日洪文化協定問題協議会」（1937年12月11日）と箕輪三郎の報告「日洪文化協定案ニ関スル件」（1938年2月17日）に基づく（B.1.0.0.J/H1）。

14）三谷の外交官活動については足立（1995）が詳しく紹介しているが，同書では文化事業部長としての活動には言及していない。

15）「条約局第一課佐藤事務官意見」（B.1.0.0.J/H1）。この文書の正確な日付は不明であるが，外務省記録の史料整理順から見て1937年12月中旬であると推定される。

16）宇垣外務大臣から在波酒匂大使宛，「日波文化協定締結交渉ニ関スル件」1938年6月1日（外務省記録「日，波文化協定関係一件」B.1.0.0.J/PO2）。

17）「文化協定締結一般方針ニ関スル件」1938年6月（B.1.0.0.J/PO2）。

18）日ポ間には，すでに20年代には一定の軍事協力関係，すなわち日本陸軍参謀本部とポーランド軍部とのあいだでの諜報コネクションが築かれていた。高度な情報収集能力を有し，活発な反ソ政策を展開していたポーランドは，日本にとって対ソ諜報・謀略工作の重要な協力相手国であった。田嶋（2017），51–53頁。30年代の日本・ポーランド関係については，阪東（2004）参照。

19）満洲事変から第二次世界大戦勃発に至るまでの日本・ベルギー関係史の概略は，磯見・黒沢・櫻井（1989），377–385頁参照。日本とベルギーのあいだでは，37年の日中戦争勃発を契機とする貿易額の「激減」にともなって経済関係は縮小し，外交関係についても日独伊防共協定成立以降，特に懸案事項はなかったものの，「両国関係は徐々に疎遠になっていく」（同上，384–385頁）。

20）在白来栖大使から広田外務大臣宛，「日白両国間ノ文化交換ニ関スル件」1937 年 7 月 15 日（外務省記録「日，白文化協定関係一件」B.1.0.0.J/BE2）。
21）宇垣外務大臣から在白来栖大使宛，「日白文化協定締結交渉ニ関スル件」1938 年 6 月 6 日（B.1.0.0.J/BE2）。
22）在亜山崎公使から広田外務大臣宛，普通第 9 号，「日亜文化関係条約締結方ニ関スル件」1936 年 1 月 16 日（外務省記録「日亜文化協定関係一件」B.1.0.0.J/A1）。
23）宇垣外務大臣から在亜内山公使宛，「日亜文化協定締結交渉ニ関スル件」1938 年 6 月 6 日（B.1.0.0.J/A1）。

第 2 章

1）ヒトラーの対外政策構想を示す基本史料としては『わが闘争』（Hitler 1939, Bd. 2, S. 684-758. 邦訳下巻，296−375 頁）と『第二の書』（Weinberg（hrsg.）1961. ヒトラー 2004）が最も有名である。ヒトラー・第三帝国の対外政策については，ブラッハー（1975），521−600 頁，ヒルデブラント（1987），83−100 頁，イエッケル（1991），三宅（1974）を参照。
2）ドイツ外務省本省とディルクセンのあいだでの，満洲国承認問題をめぐる動きについては，田嶋（1992），127−138 頁参照。
3）ナチ政権成立から日中戦争勃発までの独中関係については，田嶋（2013）参照。
4）Dirksen（Tokio）an Trautmann（Nanking）, Tokio, den 9. Okt. 1937（Mund 2006, S. 269）.
5）日独防共協定，同秘密附属協定の全文は，外務省編（2012），3−9 頁。
6）オットからティッペルスキルヒ宛書簡，1936 年 11 月 7 日，および 1937 年 2 月 2 日（田嶋 1997，172 頁）。
7）ホスバッハ覚書の全般的な解説は，三宅（1974），16−51 頁。
8）在上海岡本総領事より広田外務大臣宛電報，第 423 号，1938 年 2 月 8 日（外務省編 2011，1818−1819 頁）。
9）「総統のための覚書」の邦訳と分析は，三宅（1975），115−141 頁。
10）当時においては，首相といえども陸相の更迭は容易ではなく，杉山更迭と板垣任命は，入念に準備された改造工作によるものであったと言われている。その経緯は，第一次近衛内閣の内閣書記長官を務めていた風見章による伝記を参照。風見（1951），111−119 頁。
11）「日独及日伊枢軸強化ニ関スル方策案」（外務省記録「日独伊防共協定関係一件　防共協定強化問題」B.1.0.0.J/X2-5）。
12）極東国際軍事裁判における大島の陳述によれば，リッベントロップは日独防共協定交渉時の秘密漏洩の教訓から，電信や無線ではなく誰かを東京に送り，これを参謀本部に直接伝えることを要求した。そこで帰朝予定であった陸軍少将笠原幸雄にこの任務が任された。「極東国際軍事裁判速記録　第七四号」1946 年 9 月 23 日，7 頁（新田編 1968，第 2 巻，197 頁）。
13）「日独伊防共協定強化に関する有田外相内奏要旨」1939 年 1 月 22 日（外務省編 1955，408 頁）。
14）ゾルフの在日大使時代とナチ体制下における活動については，Hack（1997）参照。

15）星一のドイツとの交流については，星（1978），97–100 頁，136–137 頁，149–154 頁参照。

16）財団法人日独文化協会会長後藤新平「財団法人日独文化協会設立経過報告」1927 年 6 月 18 日（外務省記録「本邦ニ於ケル協会及文化団体関係雑件　日独文化協会関係」I.1.10.0.2-22）。

17）グンダートは 35 年まで日本に滞在し，その後はドイツへ帰国している。彼は，新たなナチのガイドラインに基づいて設置された日本学の教授ポスト（ハンブルク大学）に最初に就いた人物である。グンダートのハンブルク大学招聘の経緯については，Worm（1994), S. 165-172 を参照。友枝高彦は，グンダートを「現在独逸に於ては日本学者として長老」であり，ハウスホーファーとともに「日本理解者として二大閥と称すべき」と非常に高く評価している。友枝（1940b），35–36 頁。

18）Bericht über eine Vortrags- und Filmreise durch Mittel- und Südjapan, durchgeführt von Gebietsführer Schulze und Dr. Donat, vom 24. 1. Bis 13. 2. 1938（BA Kobl. R64 IV/226）.

19）ヒトラーの日本認識においても，ドーナートとは表現の仕方が多少異なるものの，「二種類の日本」を見ていた。すなわち，「一つが資本主義的，親英的日本。もう一つは『日いづる国』『サムライの国』としての日本だ」と，42 年 1 月 4 日夜のテーブル・トークで述べている。ヒトラー著，トレヴァー=ローパー解説（1994），上巻，262 頁。

20）38 年の日独文化協会活動の概要は，「昭和一三年度事業報告」（日独文化協会，1939 年，I.1.10.0.2-22）にまとめられている。

21）シーラッハは HJ 活動を通じて，身体訓練や世界観教育を最も重視するヒトラーの教育理念・教育原則（Hitler 1939, S. 451-481. 邦訳下巻，54–86 頁）を忠実に体現することを目指していた。

22）「日独青少年団交歓会組織（案）」1938 年 4 月（外務省記録「各国少年団及青年団関係雑件」I.1.10.0.4）。

23）男子年長組織 HJ の加盟者数は，37 年末には 123 万 7,078 人，38 年末には 166 万 3,305 人，39 年初めには 172 万 3,886 人であった。Noakes / Pridham（ed.)（2000), Vol. 2, p. 227. HJ の活動は原田（1999），平井（2001），ルイス（2001），Klönne（2008）参照。

24）安倍源基警視総監より末次信正内務大臣，宇垣外務大臣，荒木文部大臣宛，特外欧第 1894 号，「『ヒットラー・ユーゲント』訪日派遣代表団一行ノ入京ニ関スル件」1938 年 8 月 18 日（I.1.10.0.4）。

25）日本の青少年団の統合・一元化の過程における HJ との交流の意義や影響の問題については，中道（1999）のほか，上平・田中・中島（1996），大串（1999）参照。また，このような政策的意図があったこと自体は，当時から言われていた。熊谷（1942），423 頁，山中（1974），290 頁。

26）在洪松宮公使から有田外務大臣宛，第 39 号，1938 年 11 月 15 日（B.1.0.0.J/H1）。

27）有田外務大臣から在洪松宮公使宛，「日洪文化協定締結ニ関スル件」第 24 号，1938 年 11 月 11 日，第 25 号，11 月 14 日（B.1.0.0.J/H1）。

28）在洪松宮公使から有田外務大臣宛，第 39 号，1938 年 11 月 15 日（B.1.0.0.J/H1）。

29）有田外務大臣から在洪松宮公使宛，「日洪文化協定締結ニ関スル件」第 25 号，1938 年 11 月 14 日（B.1.0.0.J/H1）。

30）在洪松宮公使から有田外務大臣宛，第 39 号 2，1938 年 11 月 15 日（B.1.0.0.J/H1）。

31）有田外務大臣から在洪松宮公使宛，「日洪文化協定締結ニ関スル件」第 20 号，1938 年 11 月 7 日（B.1.0.0.J/H1）。

32）有田外務大臣から在洪松宮公使宛，「日洪文化協定締結ニ関スル件」第 29 号，1938 年 11 月 16 日（B.1.0.0.J/H1）。

33）「ハンガリーとも文化協定締結調印」『東京日日新聞』1938 年 11 月 18 日（B.1.0.0.J/H1）。

34）外務省「外務省公表集　第一七輯」1938 年，116 頁（佐藤元英監修 1992，第 7 巻）。

35）同上，113–114 頁。

36）外務省条約局「昭和一三年度執務報告」1938 年 12 月 1 日，17–18 頁（外務省編 1995a，第 1 巻）。

37）外務省文化事業部「昭和一三年度執務報告」1938 年 12 月 1 日，158 頁（外務省編 1995b）。

38）「日独文化の夕」における挨拶，祝辞，講演内容は，日独文化協会「昭和一三年度事業報告」1939 年，9–11 頁，付録 2，5–20 頁。

39）「昭和一三年度事業報告」，付録 2，9 頁。

40）枢密院会議文書「枢密院会議筆記　一　文化的協力ニ関スル日本国独逸国間協定締結ノ件」1938 年 11 月 22 日，国立公文書館所蔵。

41）「昭和一三年度事業報告」，付録 2，11 頁。日独文化協会ドイツ人主事であったドーナートも，日独文化協定は「両国従来の密接なる親善関係が更に強化増加せられた一証左」であり，これが「両国の政治的親善関係と相並行して日独文化関係を尚一層緊密にし，増進せんとするもの」と位置づけている。ドーナートはさらに，ドイツとの文化協定を結んだ日本が，すぐ後には「防共国伊太利と文化協定を締結することは殆ど確定的」と考えていた。ただし，枢軸国間の確たる文化的提携を自明のものとして述べる一方，それが確立した上でならば，日本が「更に仏蘭西とか米国のような第三国と親善関係のため，文化協定を結んでも一向差支ない」とも述べている（ドーナート 1939a，21–23 頁）。このように現場での文化事業活動に従事していたドーナートにおいては，民主主義諸国を含めた第三国への文化協定の拡大は，防共協定と同じ論理でもって考えられ，その限りでは日本側の防共枢軸外交のなかの文化協定政策とも合致している。ただし，日本側がその際に，少なくとも表面上は政治色を排除した文化協定によって緩やかな拡大を目指したのに対して，ドーナートは政治的提携と同様に文化的提携においても，まずはその中核となる枢軸諸国のあいだで確固たる提携関係を築いた後に第三国への拡大を図るという方法の違いがあった。

42）在葡柳澤公使から有田外務大臣宛，機密第 200 号，「日葡両国間ノ文化協定締結ニ関スル件」1938 年 12 月 6 日（外務省記録「日，葡文化協定関係一件」B.1.0.0.J/PR1）。

43)「英国トノ文化協定締結ニ関スル件」，1 頁（外務省記録「日，英文化協定関係一件」B.1.0.0.J/B3)。

44) 周知の通り，日本は戦争経済における重要戦略物資の多くをアメリカとの貿易に依存していた。例えば，39 年度における重要物資の対米依存度は，バナジウム鉱 100 パーセント，電気銅 98.7 パーセント，原油 92.9 パーセント，屑鉄 90.1 パーセント，屑銅 81 パーセント，石油製品 64.7 パーセント，モリブデン鉱 62.2 パーセント，鉄鉱 30 パーセント，鉛 26.6 パーセント，マンガン鉱 18 パーセント，亜鉛 16.4 パーセント，銅鉱 13.6 パーセントであった。外務省通商局第五課「日米通商航海条約廃棄ニ関スル対米処理案」1939 年，74–79 頁。

45) 在米斎藤大使から有田外務大臣宛，第 528 号，1938 年 11 月 15 日，第 548 号，11 月 28 日（外務省記録「民族問題関係雑件　猶太人問題」I.4.6.0.1-2)。ほかにも，例えば在シドニー総領事館では，11 月 26 日にヘラルド紙が「日独文化協定ハ独逸ノ反猶太主義承認ノ条項ヲ含ム旨」を報道したことを受けて，当地においても「猶太人ニ関スル各国政策ノ動向ハ多大ノ注意ヲ惹キ居リ我方ノ方策如何ニ依リテハ自然対日経済関係ニモ影響アルヘシト存セラルル」という危惧のもと，日独文化協定の内容について本省に照会を行っている。在シドニー若松総領事から有田外務大臣宛，第 163 号，1938 年 11 月 26 日（外務省記録「日，独文化協定並医事取極関係一件」B.1.0.0.J/G1)。

46) 若杉総領事から有田外務大臣宛，第 434 号，1938 年 11 月 29 日（I.4.6.0.1-2)。

47) しかもこれと並行して，すでに 37 年 12 月 12 日に起きたアメリカ砲艦パナイ号撃沈事件を受けて，さらには拡大の一途をたどる日本の中国侵略を批判して，全米各地で決して小さからぬ規模の日貨排斥運動が起きていた（笠原 1997，246–279 頁)。この日貨排斥運動の状況は各地の在米日本領事館から本省にも報告が届いており，この点からも，日本外務省としてはここでさらに余計な火種を撒くことは極力避けたかったはずである。

第 3 章

1)「外務省公表集」第 17 輯，1938 年，116 頁（佐藤元英監修 1992，第 7 巻)。

2)「日独文化連絡協議会規定案」1938 年 12 月 15 日，12 月 16 日（外務省記録「本邦ニ於ケル協会及文化団体関係雑件　日独文化連絡協議会関係」I.1.10.0.2-21)。

3)「日独文化連絡協議会ニ関スル件　一九三八年一二月二九日付在本邦独逸国大使館(「ボルツェ」参事官発三谷文化事業部長宛書簡）ニヨル」(I.1.10.0.2-21)。

4) Deutsche Botschaft in Tokyo an den Ministerialdirektor Mitani, den 29. Dezember 1938, S. 2 (I.1.10.0.2-21).

5)「日独文化連絡協議会設置ニ関スル件（一九三九年一月一七日付帝国外務省対案)」(I.1.10.0.2-21)。

6) 有田外務大臣から在独大島大使宛，文化二　第 22 号，「日独文化連絡協議会設置ニ関スル件」1939 年 2 月 24 日（I.1.10.0.2-21)。

7) Deutsche Botschaft in Tokyo an das Kaiserlich-Japanische Ministerium der Auswärtigen Angelegenheiten, K27/39, den 22. März 1939.「在京独逸国大使館発帝国外務省宛一九

三九年三月二二日付口上書K二七／三九号仮訳」(I.1.10.0.2-21)。

8)「日独文化連絡協議会ニ関スル件」(3月22日のドイツ側第二案を検討した記録)(I.1.10.0.2-21)。

9)「日独文化連絡協議会ニ関スル件」(I.1.10.0.2-21)。これは文化事業部第二課において39年4月11日に起草され，22日に同趣旨の回答がドイツ大使館に送られた。帝国外務省から在京独逸国大使館宛，文化二　第83号，「日独文化連絡協議会ニ関スル件」1939年4月22日（I.1.10.0.2-21)。

10) Deutsche Botschaft in Tokyo an das Kaiserlich-Japanische Ministerium der Auswärtigen Angelegenheiten, K57, den 11. Mai 1939.「在京独逸国大使館発帝国外務省宛口上書五月一一日付K五七号（仮訳文)」(I.1.10.0.2-21)。

11) 帝国外務省から在京独逸国大使館宛，文化二　第118号，「日独文化連絡協議会ニ関スル件」1939年6月10日（I.1.10.0.2-21)。

12)「在東京日独文化連絡協議会発会式次第」,「日独文化連絡協議会発会式ニ於ケル次官挨拶」(I.1.10.0.2-21)。

13) 有田外務大臣から在独大島大使宛，文化二　第98号，「日独文化連絡協議会ニ関スル件」1939年6月27日（I.1.10.0.2-21)。

14) 有田外務大臣から在独大島大使宛，文化二　第118号，「日独文化連絡協議会第二回議事要録送付ノ件」1939年7月29日，添付資料「日独文化連絡協議会第二回会合議事要録」(I.1.10.0.2-21)。

15) 東京協議会第四回会合に向けて行われた，39年9月19日の日本側の内部会議では「此ノ際急速実現スルノ要ナカルベシ」とされた。「第四回日独文化連絡協議会準備打合会議決要綱」(I.1.10.0.2-21)。

16) Deutsch-Japanischer Kulturausschuss（外務省記録「各国ニ於ケル協会及文化団体関係雑件　独国ノ部」I.1.10.0.1-5).

17) 北山のドイツ滞在期の活動については，藤本（1985）参照。

18) 在独来栖三郎大使から有田外務大臣宛，普通第201号，「在伯林日独文化協議会議事規定送付ノ件」1940年7月12日（I.1.10.0.1-5)。同規定のドイツ語文（Geschäftsordnung des Deutsch-Japanischen Kulturausschusses in Berlin）も作成されているが，ここでは日本語版のみを挙げておく。

19) Tätigkeitsbericht (gez. Donat), Tokyo, 19. 1. 1939 (BA Kobl. R64 IV/226, S. 138).

20) こうした対中国関連での日本の文化的役割は，第一次世界大戦前のそれとの比較でも興味深い。大戦前のドイツの対中文化政策論においては，中国思想に内在する普遍性への脅威としての西洋の人種主義と革命思想，それらを媒介する存在としての日本（「日禍（Japanische Gefahr)」）という考えがあった。浅田（2003)，71頁。

21) Deutsche Botschaft in Tokyo an das Kaiserlich-Japanische Ministerium der Auswärtigen Angelegenheiten, K27/39, Den 22. März 1939, S. 2 (I.1.10.0.2-21).

22) 例えば，在京ドイツ大使館はすでに日独文化協定の締結以前から，新交響楽団の首席指揮者であるユダヤ系のローゼンストックを追い出し，「純血のドイツ人」をこれに据えようと干渉していたが，新響側は「自らの意見を頑として変え」なかったという（ローゼンストック 1980，40頁)。

23）ナチズムにおける「文化」と人種主義の内的連関については，小川（1996）参照。

24）枢密院会議文書「枢密院会議筆記　一　文化的協力ニ関スル日本国独逸国間協定締結ノ件」1938年11月22日，国立公文書館所蔵。

25）有田外務大臣から在独大島大使宛，文化二　第118号，「日独文化連絡協議会第二回議事要録送付ノ件」1939年7月29日，添付資料「日独文化連絡協議会第二回会合議事要録」，Protokoll der zweiten Sitzung des Ausschusses zur Durchführung des Kulturabkommens am 19. Juli 1939（Protokoll geführt: Dr. von Weegmann）.（I.1.10.0.2-21）。連絡協議会の各会合では日独双方で議事録が作成されている。日独両言語の議事録が存在する場合，特に断りのない限り，日独各側の視点を示す際にはそれぞれが作成した議事録からの引用による（以下の会合も同様）。なお日本外務省史料には，東京協議会議事録は日本側作成によるものが第1回から第15回まで，ドイツ側作成によるものが第2回から第5回までと第9回，第10回（それ以後は公式には日本語議事録のみ作成された）のものが所蔵されている。

26）ドーナートはこれを「協定相手国の民族的独自性の深い理解」へ繋がるものと位置づけている。Donat（1943a）, S. 8.

27）連絡協議会の場に限らず，日常生活の場面においてもドーナートが文化協定を「活用」していたことは，在留ドイツ人ゼッケルの回想からも窺われる。すなわち，「彼〔ドーナート〕は東京中の本屋をまわって歩き，ユダヤ人作家の本やトーマス・マンの翻訳が置かれていないかを調べてまわり，それを見つけると本屋の主人に向かって『いいですか，ドイツと日本の間には文化協定があるんですよ，こういう本は直ちにお宅の店から一掃していただきたい』と言ってまわっていた」という。上田・荒井（2003），148頁。Ehmcke / Pantzer (hrsg.)（2000）, S. 50も参照。

28）39年8月23日の独ソ不可侵条約締結による日本国内の全体的な対独論調の急激な冷却化の様子については，岩村（2005），78–82頁参照。

29）「第四回日独文化連絡協議会準備打合会議決要項」（I.1.10.0.2-21）。

30）Tätigkeitsbericht von W. Donat, 5. 10. 1939（BA Kobl. R64 IV/226, S. 128）.

31）野村外務大臣から在独大島大使宛，文化二　第147号，「日独文化連絡協議会第四回議事要録送付ノ件」1939年10月10日，添付資料「日独文化連絡協議会第四回会合議事要録」，Protokoll der 4. Sitzung des Ausschusses zur Durchführung des Kulturabkommens am 27. 9. 1939（Protokoll geführt: Dr. von Weegmann）（I.1.10.0.2-21）。

32）Memorandum, J. Nr. 1218, 28. Juli, 1938（外務省記録「本邦雇傭外国人関係雑件　高等学校ノ部」K. 4. 2. 0. 1-2）. 山本（1999），26頁。

33）有光次郎文部省専門学務局学務課長より箕輪三郎外務事務官宛，1939年2月1日（K.4.2.0.1-2）。山本（1999），26頁。

34）「ドイツ人教師雇入ニ関スル件」1939年2月13日（K.4.2.0.1-2）。山本（1999），26頁。

35）帝国外務省から在京ドイツ大使館宛，文化二　第35号，1939年2月28日（K.4.2.0.1-2）。山本（1999），26頁。

36）これについて市河も同じく，協定前文は「〔日独両国が〕相互にその独自なるもの

を認めあつてそのお互いに相犯さざることを誓つた」ものであり，「日本の如く国民のうちに既に多種の民族を抱擁している国では，各民族に等しく仁慈の及ぶ，八紘一宇的政策をとるのが当然である」，前文は日独文化協定に懐疑的であった外国新聞が言うような「何か狭量なる政策」とは「正反対のことを堂々と宣言したもの」であると述べている。市河（1939），175–176 頁。

37）近衛外務大臣から在ウィーン山路領事宛，第 33 号，「猶太人避難民ノ入国問題ニ関スル件」1938 年 10 月 7 日（I.4.6.0.1-2）。

38）在ソ重光大使から宇垣外務大臣宛，調機密第 259 号，「猶太人問題ニ関スル調書送付ノ件」1938 年 8 月 2 日（I.4.6.0.1-2）。

39）有田外務大臣より在独大使，在米大使，在満大使，在北京参事官，および上海，香港，新嘉坡，浦塩総領事宛訓令（その後あらゆる地域の在外公館に転送），合第 3544 号，「猶太人対策要綱」1938 年 12 月 7 日（I.4.6.0.1-2）。同史料の全文紹介及び解説は，阪東（2002），88–90 頁，365–367 頁。

40）ただし 41 年の日米開戦後には，「情勢ノ根本的変化」により，対英米関係への配慮やユダヤ人を利用した外資導入計画は「全ク無意義」として，38 年 12 月の「猶太人対策要綱」が廃止され，対ユダヤ人政策は強硬化していく。大本営政府連絡会議決定「時局ニ伴フ猶太人対策」1942 年 3 月 11 日（I.4.6.0.1-2）。阪東（2002），296–299 頁も参照。

41）在伊堀田大使から宇垣外務大臣宛，公第 258 号，「伊国ニ於ケル猶太人問題ニ関シ報告ノ件」1938 年 9 月 6 日（I.4.6.0.1-2）。

42）在米斎藤大使より近衛外務大臣宛，普通公第 515 号，「伊ノ猶太人排斥令ニ対スル米ノ要求ニ関スル件」1938 年 10 月 8 日（I.4.6.0.1-2）。

43）野村外務大臣から在独来栖大使宛，文化二　第 160 号，「日独文化連絡協議会第五回会合議事要録送付ノ件」1939 年 12 月 7 日，添付資料「日独文化連絡協議会第五回会合議事要録」，Protokoll der fünften Sitzung des Ausschusses zur Durchführung des Kulturabkommens am 24. November 1939（Protokoll geführt: Dr. von Weegmann）（I.1.10.0.2-21）。

44）Vorschlag der deutschen Seite zur Besprechung in der fünften Sitzung des Ausschsses zur Durchführung des Kulturabkommens, S. 1（I.1.10.0.2-21）.

45）交換放送の実施をめぐっては，その後も同様の問題が継続している。東京協議会第 12 回会合に先立って，41 年 2 月 12 日に日本側で開かれた準備会議において，箕輪は「先般独逸側ヨリ本邦放送協会ヘ新ニ協定案ヲ送付越セリ右独逸側協定案ハ注文多ク技術員交換，番組ヘノ容喙等詳細ナルモノニシテ現在情報局ニ於テ右ニ付研究中ナリ日本側トシハ《（ママ）》放送内容ニ関スル規定等ヲ条文ニ入ルルハ好マシカラス」と述べている。「第一二回日独文化連絡協議会準備打合会議事要録」（I.1.10.0.2-21）。そして，2 月 18 日の第 12 回会合では，日本側（箕輪）は，「〔ドイツ側提案の〕条文ヲ一層簡単ニシ融通ノ利クモノト致シタキ意向」を伝え，情報局によって作成された日本側案を渡している。「日独文化連絡協議会第一二回会議議事要録」（I.1.10.0.2-21）。

46）第 6 回会合（40 年 1 月 31 日）でも，市河は「今回は『ヒットラー，ユーゲント』

来朝ノ際ノ如キオ祭騒ヲ止メテ可及的学生会議等地味ニシテ且実質的ナル日独文化交歓」を行うべきと主張している。有田外務大臣から在独来栖大使宛，文化二　第［不明］号，「日独文化連絡協議会第六回会合議事要録送付ノ件」1940年2月8日，添付資料「日独文化連絡協議会第六回会合議事要録」（I.1.10.0.2-21）。

47）幣原外務大臣より在日公使汪栄宝宛，「団匪賠償金返還協定草案ニ関スル件」1930年9月26日（外務省記録「日支共同委員会関係一件　団匪賠償金返還，汪一出淵協定廃止日支委員非公式会見」H.2.2.0.1-2）。

48）在華日本大使館若杉参事官より広田外務大臣宛，「対支文化事業改善案並北平ニ於ケル文化事業振興案ニ関スル件」1935年9月19日（外務省記録「各国の団匪賠償金処分関係雑件　日本の態度」H.2.2.0.2-4）。

49）そもそも，38年初頭に企画院立案の東亜事務局設置案（東亜局長石射はこれを「東亜省」問題と書いている）が出されたときから，外務省は同様の理由からこれに強く反対していた。石射（2015），304–305頁。

50）内川編（1975），273–316頁［史料番号45，47，48，50–52］。

51）在英重光大使から松岡外務大臣宛，第1356号，1940年8月5日（外務省編 1955，439頁）。

52）日独伊三国同盟の成立と日米関係の破局・日米開戦との連関性，その要因としての三国同盟の評価については，義井（1987），141–193頁参照。

53）外務省調査部第五課「擬問擬答集案（第七六回議会）」1941年1月（外務省記録「帝国議会関係雑件　説明資料関係」A.5.2.0.1-3）。これについて，当時は東北帝国大学助教授であった法学者斎藤秀夫は，41年の著書『ナチス・ドイツの文化統制』の序においてこう述べている。すなわち，目下，「自由主義文化の擁護ではなく新しい国民文化の創造を目標とすべく，［…］文化と政治との緊密なる連繫が要望せられること今日に如くはない」。国内では大政翼賛会文化部が強力なイニシアティヴを発揮して「文化新体制の建設」が進められているなかで，「同一世界観に立つ以上，〔文化部門の〕関係者の孤立は許されない」。組織としてはまた，内閣情報局の設立が極めて重要であり，「それは更に名実共に宣伝省に発展せしめられなければならぬと信ずる」。そして，その意味でナチ・ドイツの文化統制の指導精神，組織機構，立法を「他山の石として善用」すべきと主張している（同上，1–3頁）。なお，国際文化事業の一元化の対象には国際文化振興会も含まれていたが，これについて芝崎（1999）は，日本における従来の「国際」文化事業が「対外」文化事業に質的に転換したこと，さらにはこの「対外」文化事業が「対外宣伝」の下位概念として位置づけられたことを指摘している（同上，129–130頁）。

54）松岡外務大臣から在独来栖大使宛，文化二　第161号，「日独文化連絡協議会第九回会合議事要録送付ノ件」1940年11月27日，添付資料「日独文化連絡協議会第九回会合議事要録」，Protokoll der 9. Sitzung des Ausschusses zur Durchführung des Kulturabkommens am 6. November1940（Protokoll geführt: Dr. von Weegmann）（I.1.10.0.2-21）。

55）本省で条約局長・文化事業部長を兼任していた三谷は，40年10月29日から在スイス特命全権公使に任命された。高川（2015）はこれを，「条約局長といえば外務

省の中核的ポジションであり，在外勤務に転ずる場合は重要国の大使級で赴任するのが通例だったため，これは降格人事だった」としている（同上，44頁）。

56）「日独文化連絡協議会第一一回会議議事要録」，「日独文化連絡協議会第一二回会議議事要録」，「日独文化連絡協議会第一三回会議議事録」，「日独文化連絡協議会第一四回会議議事要録」，「日独文化連絡協議会第一五回会議議事要録」（I.1.10.0.2-21）。

57）「情報局職員表（昭和一六年四月一八日現在）」（石川 1976，188–189頁）。

58）史料中における表現として，「非政治的」という形容詞のほかに，「政治から独立した」とか「政治中立的な」という形容が用いられる場合があり，本書ではその言葉づかいのまま引用しているが，これらは同義の表現として用いている。

第4章

1）本書では扱わないが，日本側はこのほかにスポーツ協定の締結にも大きな関心を有していた。ただし，政府間取極を希望するドイツ側とは反対に，日本側は39年の医事取極と同じく，これも非政府組織間の取極にしたいと考えていた。

2）「日独文化連絡協議会第二回会合議事要録」，Protokoll der zweiten Sitzung des Ausschusses zur Durchführung des Kulturabkommens am 19. Juli 1939（I.1.10.0.2-21）。

3）「在独日本人交換学生ヨリ市河課長宛書簡抄録」（I.1.10.0.2-21）。同様の経済的苦境と生活不安は留学生だけでなく，ベルリン大学で講師を務めていた村田豊文の34年11月27日の書簡にも見て取ることができる。小川（2010），136–137頁。

4）「日独文化連絡協議会第三回会合議事要録」，Protokoll der dritten Sitzung des Ausschusses zur Durchführung des Kulturabkommens am 16. August 1939 im Außenministerium（I.1.10.0.2-21）。

5）「第四回日独文化連絡協議会準備打合会議決要綱」（I.1.10.0.2-21）。

6）「日独文化連絡協議会第四回会合議事要録」（I.1.10.0.2-21）。

7）在独特命全権大使来栖三郎から有田外務大臣宛，機密202号，「在伯林日独文化協議会ニ関スル件」1940年7月12日における「在伯林日独文化協議会第二回協議会議事録」，Aufzeichnung über die 2. Sitzung der Arbeitstagung des deutsch-japanischen Kulturausschusses in der Kulturpolitischen Abteilung des Auswärtigen Amts am 5. April 1940（I.1.10.0.1-5）。

8）戦前期ドイツとその近隣諸国の諸大学における講師の一覧は小川（2010）の巻末資料を，在独日本人講師の社会的地位や思想，研究活動については，88–94頁参照。「日本研究の伝統的な中心地」であるハンブルク，ベルリン，ライプツィヒの各大学の状況は，Worm (1994), S. 161-164.

9）三谷文化事業部長から文部省専門学務局長永井浩ほか宛，文化二　普通合第2584号，「伯林日独文化連絡協議会ニ関スル件」1940年6月5日付添付資料（在独来栖大使からの報告書）（I.1.10.0.1-5）。

10）「日独文化連絡協議会第八回会合議事要録」（I.1.10.0.2-21）。この間の主要な学術交流事業の一つに40年4月14日から21日にかけて，河口湖で開かれた第1回日独学徒大会があり，その講演内容は荒木編（1941）にまとめられている。

11）Vorschläge der deutschen Seite zu dem Programm der 8. Sitzung des Ausschusses zur Durch-

führung des Kulturabkommens（I.1.10.0.2-21）.

12）在独来栖大使から有田外務大臣宛，第 202 号，「在伯林日独文化協議会ニ関スル件」1940 年 7 月 12 日，添付資料「教授講師助手交換問題ニ関スル小委員会議事録」（I.1.10.0.1-5）。

13）この出来事は日本では「血迷うたナチス」（『東京日日新聞』1933 年 7 月 21 日夕刊），「情けなき父の国ドイツ／温い母の国日本」（同，1933 年 9 月 18 日）と報道されている。岩村（2005），8 頁。また、同書によれば、ウルハンは東京文理科大学講師にも就任したとある（同上、34 頁）。

14）ナチ人種主義における日本人差別の問題は当初からさまざまな社会的場面において顕在化し，そのつどドイツ側は「日本人」が差別の対象ではないことを牽強付会に説明した。三宅（1996），161–174 頁，古屋（2003），岩村（2005），8–9 頁参照。

15）日独伊三国同盟条約の全文は，外務省編（2012），249–254 頁。

16）「日独文化協定実施要領案（昭和一六年四月在独日本大使館文化部）」（I.1.10.0.2-21）。

17）41 年 3 月末に松岡がベルリンを訪問したときの街の様子を，篠原はこう述べている。「ベルリン中の目抜きの通りという通りが，これほど日の丸の旗で埋めつくされるとは，私も予想しなかった。[…] このときほど，日の丸の旗が外国の町中にあふれたのは，おそらくこれが最初で最後かもしれない」と（篠原 1984，10 頁）。

18）39 年 2 月 28 日から 3 月 31 日にかけて開催された伯林日本古美術展覧会（Ausstellung Altjapanischer Kunst. Berlin 1939）の詳細は，安松（2016）参照。

19）「第一三回日独文化連絡協議会準備打合会議事要録（昭和一六，六，一九，條三）」（I.1.10.0.2-21）。

20）「独逸科学の粋　電波でわが国へ紹介」『読売新聞』1942 年 5 月 20 日夕刊（I.1.10.0.2-21）。

21）「日独文化連絡協議会第一四回会議準備打合会議事要録（昭和一七，七，八，條三）」（I.1.10.0.2-21）。

22）「日独文化連絡協議会第一三回会議議事要録（外務省条約局第三課）」（I.1.10.0.2-21）。

23）このほかには，例えば 42 年 11 月 29 日に大日本体育会主催，在京ドイツ大使館および日独文化協会後援のもと，「日独交歓送球国際試合」というハンドボールの親善試合が行われた。全日本選抜チームと，ドイツ本国でナショナル・チームに加わっていたという選手 3 名を含む，当時横浜港に寄港中のドイツ艦船のハンドボールチームが明治神宮外苑競技場にて対戦し，人々の注目を大いに集めた。だが，翌 30 日には横浜港・新港埠頭においてドイツ艦船爆発事故が起こり，乗船していたドイツ将兵たちはそのまま戦後，47 年まで箱根での駐留生活を余儀なくされた。その具体的な経緯については，石川（2011）参照。

24）外務省条約局「昭和一六年度執務報告」1941 年，238–242 頁（外務省編 1995a，第 2 巻）。

25）外務次官から内務次官宛，および外務省条約局長から文部省専門学務局長ほか宛，條三普通合第 466 号，「在伯林日独文化連絡協議会第四回会議ノ件」1942 年 3 月 13

日（I.1.10.0.1-5）。

26）ナチ・ドイツにおける大学行政のナチ化・中央集権化，教授資格規定については，山本（1985），66–76 頁，158–164 頁，教員層をめぐる政治状況については，ベリング（1987），151–176 頁参照。

27）小川（2010）で用いられている「文部省部門担当官 Scurla〔ヘルベルト・スクルラ〕より文部大臣に宛てられた特別書類（1942 年 4 月 24 日付）」というドイツ側史料においては，ドイツ側の要求を拒絶してきたこれまでの日本側の対応に対する不満や，日本側の要求を受け入れる前提条件として，「双方向性」などが述べられている（同上，232–247 頁）。

28）日本国内では，42 年頃から親衛隊大佐ヨーゼフ・マイジンガーの日本での活動が活発化し，それによって在留ドイツ人社会のグライヒシャルトゥンク（強制的同質化）がますます徹底的に図られるようになった。マイジンガーの活動によって，「そのころ密告行為が広がっていたので，人々はとても用心深くしなければならなかった」。Ehmcke / Pantzer (hrsg.) (2000), S. 50.

29）すでに指摘したように，日米開戦後には日本の対ユダヤ人政策は強硬化していく。ただし，この時点でもなお，全面的なユダヤ人排除政策にまでは至っていない。大本営政府連絡会議決定「時局ニ伴フ猶太人対策」1942 年 3 月 11 日（I.4.6.0.1-2）。対米開戦にともなう日本の東アジア・ユダヤ人政策の転換については，阪東（2002），295–304 頁参照。

30）ニッシュ（2004），257 頁。「大東亜共同宣言」の内容は，外務省編（1955），593–594 頁。この「宣言」やそこでの「人種差別撤廃」の内実およびその歴史的評価については，油井（2005），254–256 頁参照。

31）Deutsche Botschaft in Tokyo an den Chef der Vertragsabteilung des Kaiserlich Japanischen Ministeriums der Auswärtigen Angelegenheiten Ministerialdirektor Shunichi Matsumoto, den 3. Juli 1942. 在京ドイツ大使館より大日本帝国外務省条約局長松本俊一宛，1942 年 7 月 3 日（I.1.10.0.2-21）。

32）日本側警察の報告によれば，41 年には在京ドイツ大使館文化部は 100 人ほどの語学講師を動員し，彼らはナチ党日本支部との連絡のもとに教員連盟を結成して統制活動を行い，「将来本邦の上層部を構成すべき専門学校学生に対し，独逸的イデイオロギー《（ママ）》を吹き込み，〔…〕朝野の有力者と交際する機会多きに乗じ，対日宣伝及び情報の蒐集をなし」ていたと報告されている。内務省警保局編（1980），第 8 巻，387–388 頁。

33）「日独文化連絡協議会第一四回会議準備打合会議事要録（昭和一七，七，八，條三）」（I.1.10.0.2-21）。

34）日本側外事警察の年次報告である「外事警察概況」におけるこの時期の対独論調には，ドイツやドイツ人に対する不信感や自己優越意識が散見される。清水（2011b），10–15 頁。

35）浦和高等学校でのゼッケルの勤務状況は，彼の回想録からは明らかでない。しかし，ゼッケルは戦後，91 年に日本政府から勲三等瑞宝章を授与され，これは浦和時代の教え子たちの推挙によるものであったという。上田・荒井（2003），76 頁。

Ehmcke / Pantzer（hrsg.）（2000）, S. 57.

36）「日独文化連絡協議会第一四回会議議事要録（外務省条約局第三課）」（I.1.10.0.2-21）。

第5章

1）ドイツの対米宣戦布告をめぐる意思決定構造の分析については，大木（1989）参照。

2）「日独伊軍事協定　昭和一七，一，一八」（「重要国策決定綴　其二　昭和一六年一二月一〇日–一七年七月二九日」，防衛省防衛研究所所蔵）。

3）内務省警保局「昭和一六年中に於ける外事警察概況」，319頁（内務省警保局編 1980，第7巻）。

4）内務省警保局「昭和一七年中に於ける外事警察概況」，381頁（内務省警保局編 1980，第8巻）。

5）「昭和一六年中に於ける外事警察概況」，321頁。

6）「昭和一七年中に於ける外事警察概況」，381–382頁。

7）同上，379–380頁。

8）引用はともに，同上，369–371頁。

9）開戦からおよそ半年間，日本軍の華々しい「戦果」が大々的に報道され，「銃後」の戦争熱は著しい高まりを見せ，楽観ムードが漂っていた。木坂（1994），69–80頁，川島（2004），54–60頁参照。ヒトラーも42年1月10日には，「目下，日本はあらゆる分野での独立を勝ち取りつつある。ゴム，石油，亜鉛，タングステンなど，どんどん自給体制に持ち込んでいるのだ。日本は世界の大金持ち国にのし上がるだろう。なんたる変わりよう！　つい数週間前までは世界に名だたる貧乏国だった日本が！　世界の歴史でもこれほどの急速で完璧な逆転の例はあまりない」と述べ，この時点ですでにシンガポール陥落（2月15日）を予測し，太平洋での英軍降伏の期待を抱いていた。ヒトラー著，トレヴァー=ローパー解説（1994），上巻，288頁。

10）ジックスのバイオグラフィーについては，大野（2001），127–185頁のほか，アングラオ（2012）もあわせて参照。外務省文化政策局でのジックスの活動は，Hachmeister（1998）, S. 239-270に詳しいが，いずれの研究においても対日文化政策における彼の役割には言及されていない。

11）同会合についての叙述・引用はすべて以下の史料に基づく。在独大島大使から重光外務大臣宛，第22号，「第五回日独文化連絡協議会議事録送付ノ件」1943年9月16日，添付資料 Niederschrift über die fünfte Vollsitzung des Deutsch-Japanischen Kulturausschusses, Berlin, den 8. Juli 1943. 安東義良条約局長から文部省藤野恵総務局長ほか宛，條二秘143号，「在伯林独日文化連絡協議会第五回会議ノ件」1944年2月28日，添付資料「独日文化連絡協議会第五回会議議事録（仮訳）」。ただし引用は日本語議事録より（I.1.10.0.1-5）。

12）ジックスは別のところでも同様の主張を述べている。「戦後には幅広い分野にわたる文化政策的な交流の根本的な基礎を築きたいという願望が，あらゆる文化政策的

な個々の努力を通じて示されている。[…] こうして独日文化関係はごくささやかな始まりと思いがけない関心の共有から，両国の外交政策の領域へと発展した。両国の密接な軍事同盟と運命的な闘争，そして両民族の生存が，独日の文化政策に共同の精神的な戦争指導という性格を付与したのである。そしてそれは，両国民の豊かな伝統の民族的な基本的価値，ならびに共同の闘争が目指すところの精神的・文化的な諸目標の民族的な基本的価値，これらについての広範囲にわたる相互的な取り決めにおいて，将来の道を指し示している」。Six (1943), S. 21.

13) 日独経済協定の規定内容（邦文，独文）および附属協定の内容は，外務省条約局編「条約集」第21輯第7巻，1943年1月22日（外務省記録「日，独経済協力協定関係一件（貿易，技術協力，支払）」B.2.0.0.J/G5）。

14)「日独伊三国条約ニ関スル記事取締ニ関スル件」内務省警保局発第13号，1940年9月27日，「最近に於ける出版界の動向」内務省警保局検閲課情報局第四部第一課通報，1941年4月。内川編（1975），274–276頁，346頁。

15) 例えば，41年末から42年初頭にかけての，次のような発言が挙げられる。「もし白色人種の国々が結束してことに当たっておれば［…］その場合には日本がこれほどのさばることもなかったはずだ」(41年12月31日夜)。「〔日本のシンガポール占領間近を予測して〕日本参戦の意味するところは，大陸を一つそっくり失ったということだ。そして残念なことに失ったのは白人側なのだぞ」(42年1月5日昼)。「今さらいうまでもないが，我々ドイツ人は日本人に親近感など抱いてはいない」(1月7日夕)。「〔イギリスは〕我々と友好を保っていればギニアくらいを我々に差し出すだけですんだのに，今は自分の愚かさのために全世界を失いつつある。しかも我々を日本の同盟者にしてしまったのだ！」(1月27日夕，傍点原文)。「第一級の軍事国家である日本が初めて我々の側についた。日本との同盟を破棄してはいけない。日本は信頼するに値する勢力である」，しかし「極東を日本に与えれば，日本は〔ドイツのイギリスとの〕和平に反対しないだろう」(2月6日夕)。ヒトラー著，トレヴァー=ローパー解説（1994），上巻，237頁，265頁，275頁，366頁，413頁。

16) その内訳は，大使館関係109人，ベルリン総領事館6人，ハンブルク総領事館9人，ウィーン総領事館23人，陸軍関係61人，海軍関係47人，その他の官庁10人，銀行・会社関係116人，新聞・通信社37人，その他124人となっている。また，総領事館の管轄別に見ると，在ベルリン総領事館管内が489人，在ハンブルク総領事館管内が18人，在ウィーン総領事館管内が35人となっている。さらに性別で見ると，男367人，女97人，子供78人（男子37人，女子41人），であった。外務省記録「第二次欧州大戦関係一件　在留邦人保護，避難及引揚関係　在独邦人名簿（昭和二〇年一月現在）」A.7.0.0.8-6-2。

17) 重光外務大臣から馬瀬総領事宛，第2号，「避難邦人在独在留邦人状況ニ関スル件」，1945年1月8日（I.1.1.0.1-3-1）。

18)「日独文化連絡協議会下打合会ノ件（昭和一九，六，七　條二）」(I.1.10.0.2-21)。

19) 情報局第二部長から外務省政務局長宛，情二芸第136号，「独逸人音楽家『マンフレット・グルリット』ノ東京交響楽団演奏会出演拒否ニ関スル件回答」1944年5

月 22 日（I.1.10.0.2-21）。ただし山本（2004）は，この通牒に基づいて，「摩擦の少ないあいまいな形で，日本音楽界はユダヤ系音楽家を演奏活動から排除した」と指摘している（同上，210 頁）。

20）日本在留ユダヤ系ドイツ人はすでに 42 年 1 月 1 日付けでドイツ国籍を剝奪（113 名）され，そこには著名なピアニストとして日本国内で大きな人気を博していたレオ・シロタなどの名前も挙がっているが，この時点ではグルリットの名は見当たらない。「独逸国籍を喪失せる猶太人表（昭和一七年二月五日独逸大使館通告）」（内務省警保局編 1980，第 8 巻，372–374 頁）。

21）「独逸人婦女子ニ対スル殴打事件覚書（昭和一九年六月一三日）」（I.1.10.0.2-21）。

22）英米人約 400 名を擁する神奈川県では，当局が対外国人関係の動静を監視していたが，「戦端勃発以来の四日間全県を通じて何等の故障やいさかひも起ら」なかった（「外人関係事故なし　県民の冷静と細心を要望」『朝日新聞』神奈川版，1941 年 12 月 12 日）。年が明けても「緒戦の赫々たる戦果」もあってか，アメリカ人捕虜（ウエーキ島の俘虜カニングハム少佐ほか 1,300 名）の入港に際して，「俘虜船が来たと聴いても捕はれの身の気持ちを思ひやる温い情からか，物見高い見物人が集まるでもなく，波止場付近はいつもと変りなく静かで大国民の襟度を覗かせていた」（「横浜へ来た米俘虜の横顔」『読売新聞』神奈川版，1942 年 1 月 19 日）。横浜市・横浜の空襲を記録する会編（1975），第 6 巻，162–163 頁，168 頁。

23）アメリカによる日本本土への戦略爆撃は，44 年 6 月 16 日の北九州空爆（「マッターホーン作戦」）に始まる。その後，サイパン陥落にともなって東京が B29 の航続距離内に入ると，同年 11 月から 45 年 2 月中旬にかけて，戦略爆撃は北九州から東京にいたる大都市の，主に航空機工場へ向けられる。しかし，3 月 10 日の東京大空襲以降は，「銃後」の戦意喪失を目的とした都市市街地に対する無差別絨毯爆撃（「アイス・バーグ作戦」，夜間の低空飛行による焼夷弾の投下）へと切り替わっていく。川島（2004），157–158 頁。

24）これに関して，日米戦争における両国の人種主義的な対敵イメージの詳細な分析は，ダワー（2001）参照。

25）例えば，44 年 10 月 6 日の閣議決定「決戦輿論指導方策要綱」では，「二，要領（一）（五）敵ニ対スル敵愾心ニ激成」において，「米英指導者ノ野望ガ今次戦争誘発シタル事実ヲ解明シ且米英人ノ残忍性ヲ実例ヲ挙ゲテ示シ殊ニ今次戦争ニ於ケル彼等ノ暴虐ナル行為ヲ暴露ス」とされている。赤沢・北河・由井編（1985），第 13 巻，180–181 頁。

26）なお，ドイツ降伏後には公然たる激しい暴力事件が起きている。45 年 5 月 25 日，東京への大空襲の直後，「ドイツの大会社社長の C 氏」は，明治神宮外苑付近で「四人の日本の若者に襲われた。彼らは C 氏を追いまわし，こん棒で殴った。その後兵士も暴行に加わり，銃剣で彼の靴を刺し，腕にも刺し傷を負わせた。／彼は兵士のひとりにパスポートと警察の証明書と小田原への定期券を見せ，やっとドイツ人だということをわかってもらった」。しかしそれにもかかわらず，「若い連中は徐々にいなくなったが，ひとりが振り向きざまに青竹で C 氏の頭に一発くらわせた。彼の鼻の上にはななめにシャベルで打たれたすり傷ができていた」。ヴィッケ

ルト（1998），175–176 頁。多くの日本民衆にとって，すでに軽井沢などに集団疎開していたドイツ人とは，疎開地域以外の路上で接触する機会はほとんどなかったと思われるため，こうした出来事は稀な事例かもしれない。ただしこれは，ドイツ音楽やドイツ語とともに，「西洋人」である「ドイツ人」が「敵国人」であるアメリカ人やイギリス人と感覚的に同一視されて扱われた，象徴的な事件であると思われる。

27）Tätigkeitsbericht (gez. Donat), Tokyo, 19. 1. 1939 (BA Kob., R64IV/226).

28）軽井沢では特高や憲兵の厳しい監視の目にさらされながら，さまざまな国籍の外国人が暮らしており，ドイツ人は愛宕山の別荘地に 200 家族ほど在留していた。軽井沢町（1988），306–307 頁。多くの避難外国人はこうした流言飛語に不安を募らせて生活していた。山本（2004），219 頁。特高はドイツ人にも容赦をしなかったが，それでも生活物資の面では国籍によって格差があったようである。ユダヤ人などの「亡命者たち」の生活苦と比べて，ドイツ人たちは大使館からの配給などにより，「安楽に，比較的贅沢な暮らしをしていた」とも言われている。ローゼンストック（1980），86 頁，92–94 頁。

29）ナチ体制成立後のドイツ国内における日本人との結婚禁止措置，「混血児」差別の具体的な過程については，中村（2013）参照。なお，44 年末の日本においてさえ，親ナチ的ドイツ人による「混血児」への差別的対応の事例が見られる。例えば，日本人の父とドイツ人の母を持ち，日本の姓であるドイツ人少年は，親ナチ的ドイツ人によりドイツ映画の入場を妨害されている。偶然その場に立ち会わせたツァッヘルトの妻ズザンナはこれに強く抗議した。ズザンナもかつて「日本人の血が混ざっているという理由で」，軽井沢のドイツ婦人会への入会を拒否された経験があった。ツァヘルト・雪山・佐々木（1996），132–133 頁。

30）「日独文化連絡協議会提案（財団法人日独文化協会案）」（日付不明）（I.1.10.0.2-21）。

31）戦時期日本の原爆開発の概要は，吉岡（2011），45–54 頁参照。同書によれば，米英独では 39 年から核分裂爆弾に関する研究が開始され，日本においても陸軍（「二号研究」）および海軍（「F 研究」）によって，それぞれ開発研究が進められた。しかし，これらは構想内容における問題点や空襲による設備の焼失，あるいは戦局悪化にともなうレーダーなどの実用的な兵器開発の強化を求める動きや，わずかな予算による細々とした基礎研究の範囲にとどまったことで，マンハッタン計画はおろか，ドイツの原爆開発と比べても「比較にならない低水準」であった。しかも，この開発過程で，ドイツから日本へは核分裂研究に関する情報は全く伝わっていなかった。日本側が原爆の情報提供をドイツ側に求めなかったのとは裏腹に，在独大使大島を通じてウラン鉱石の送付の要請を出しており，2 トン送付の回答まで得ていた（ただし，ウランを積んだ潜水艦沈没により，日本には届かなかった）。またレーダーやジェット戦闘機，ロケット戦闘機などの新兵器については，「日本はドイツに熱心に情報提供を求めた」。結局，日本の科学者は原爆研究にさほど興味を示さず，戦時協力よりも軍から支給される研究費を自己のアカデミックな研究テーマに用いるという行動様式をとっていた。他方，第二次世界大戦期のドイツにおい

ても，武器の開発・製造・投入に関してさまざまな科学的研究が進められていた。永岑（2012）によれば，しかしナチの台頭，ナチ体制の成立にともなうユダヤ人迫害の急進化は，ドイツから特にアメリカへの，意図せざる広義の「武器移転」を生みだした。41年末から42年初頭における，アメリカ参戦を契機とした戦時国際関係の構造的転換のなかで，アメリカのマンハッタン計画への着手とは対照的に，ドイツは対ソ戦における停滞と後退，経済的疲弊などの諸要因によって，短期的な兵器開発とその生産へと転回し，原爆開発は大きく制限された。

32）「日独文化連絡協議会第一五回会議議事要録（外務省条約局第二課）」（I.1.10.0.2-21）。

33）なお日本側文部省でも，「戦争は文化の母と言はれており，戦争を通じて日に月に新しい文化が創造せられつつある［…］優れた文化によって最後の勝利への道が開かれる」という主張の下，日独同盟は「戦力の増強」に資するとして，同様の姿勢が共有されている。文部省総務局渉外課長から福岡領事宛，1944年8月11日（I.1.10.0.2-21）。

34）「日独文化連絡協議会第一五回会議議事要録（外務省条約局第二課）」，別紙3「日独文化協会事業報告」の添付資料，日独文化協会「昭和一八年度事業概観」第1期−第3期，「昭和一九年度事業概観」第1期。Begrüssungsansprache von Dr. h. c. Marquis S. Inouye, Präsident des Japanisch-Deutschen Kulturinstituts, anlässlich der 15. Kulturausschußsitzung am 11. VIII. 1944 im Teikoku-Hotel. Tätigkeitsbericht des Japanisch-Deutschen Kulturinstituts（Bericht des japanischen Leiters）, 15. Kulturausschußsitzung am 11. 8. 1944 im Teikoku-Hotel. Übersicht über die Veranstaltungen des Japanisch-Deutschen Kulturinstituts von April 1943-Juli 1944.（I.1.10.0.2-21）。

35）ドイツでも独日協会の下で同様の企画（ただし，テーマはアメリカに対する共同の意義）が並行的に実施され，あらゆる住民階層から応募された作文は420篇を数えた。Friese（1984）, S. 276-277.

36）「文化研究ノ分野ニ於ケル日独間協力ニ関スル件（昭和二〇，一，一六　條二）」（I.1.1.0.1-3-1）。

37）内務省警保局保安課『思想旬報』第7号，1944年6月10日（東京大空襲・戦災誌編集委員会編　1974，第5巻，265−266頁）。他方，日本の戦争遂行に対するドイツの人々の称賛も戦争の最終段階まで続いていた。ドイツ国内ではヨーゼフ・ゲッベルスによって日本宣伝が推進され，44年12月初めにはその頂点を迎えていた。『フェルキッシャー・ベオバハター』の太平洋の戦場に関する報道は，44年10月から年末にかけて，センセーショナルな日本の「カミカゼ」に集中した。Koltermann（2009）, S. 150-151.

38）44年の『外交時報』（第943号）には，「日独の締盟固し（敬服すべきドイツの反発力）」と題する時評が掲載されている。そこでは，例えば「打算」的な日英同盟とは異なって，日独同盟は「道義的素因」を基盤としており，それゆえ「日独の結盟関係は不易不動であらねばならない。今次世界大戦の局部的状況によつて漂蕩さるべき謂れは絶対にあり得ない」と主張される（同上，4頁）。ここにも日独の離間を何とかしてくいとどめたいという意識を見て取ることができる。

39）条約局第二課長から佐藤会計課長宛，「昭和二〇年度予算新規要求ノ件」1944年6月10日の添付資料「昭和二〇年度文化協定実施ニ要スル経費　一九，六，一〇条二」（I.1.10.0.2-21）。

終章

1）このような姿勢は降伏後のドイツに対する処遇にも表れている。ドイツ降伏がもはや誰の目にも間近に映っていたころ，まさにヒトラーが総統官邸地下壕で自殺した日である45年4月30日，日本では最高戦争指導会議決定「独屈服ノ場合ニ於ケル措置要綱」において，次のような決定がなされた。「独屈服ノ場合ニ於テハ国内的動揺ヲ抑制スル如ク指導措置スルト共ニ愈一億鉄石ノ団結ノ下必勝ヲ確信シ皇土ヲ護持シテ飽ク迄戦争ノ完遂ヲ期スルノ決意ヲ新ニス」という方針を基に，ドイツに対する措置として，「（イ）防共協定三国条約及三国協定等日独間一切ノ取極ニ付テハ適宜措置／（ロ）在東亜独官民及其ノ権益ニ付テハ寛大ナル措置ヲ為スコトトシ別途之ヲ定ム／（ハ）独艦船ハ対米英戦ニ使用スル如ク措置シ右ニ応ゼザルモノハ抑留ス」とされた。また国内世論指導としては，「（三）（ロ）独屈服ニ依リ敵ノ反攻更ニ熾烈化スベキヲ以テ一層覚悟ヲ強クスルノ要アルヲ指導スルコト／（ハ）独ニ関シテハ独官民最後迄ノ健闘ヲ讃ヘテ朝野ノ奮起ニ資スルト共ニ独ノ屈服ニ因ル三国条約不信行為ヲ殊更ニ詰ラザル如ク留意ス但シ『ソ』ヲ刺激セザル如ク注意ス」とされた。すなわち，降伏後のドイツに対する「寛大」な措置や「独官民最後迄ノ健闘ヲ讃ヘテ朝野ノ奮起ニ資スル」ことで，諦観的・悲観的態度や厭戦気分を覆そうとし，日本は自らの戦いを「完遂」すべきことが改めて強調された。東京大空襲・戦災誌編集委員会編（1973），第3巻，493–494頁。しかし日本の人々のあいだには，「ドイツ」に対する疎遠な態度や不信感，無関心が，自らの生活環境がさらに悪化するにつれ，またドイツの敗色が濃厚になるにつれて高まっていた。もちろん，この場合にはドイツ降伏は決定打となった。山田（1971），85–86頁，95頁，97–98頁，高見（1964），第4巻，36–37頁。